"十四五"普通高等教育会计专业精品规划教材

高级财务会计

Advanced Financial Accounting

苏子豪　李希阳　编著

苏州大学出版社
Soochow University Press

图书在版编目(CIP)数据

高级财务会计 / 苏子豪，李希阳编著. -- 苏州 ：苏州大学出版社，2025. 7. --（“十四五”普通高等教育会计专业精品规划教材）. -- ISBN 978-7-5672-5316-2

Ⅰ. F234.4

中国国家版本馆 CIP 数据核字第 2025DT0260 号

GAOJI CAIWU KUAIJI

责任编辑： 施小占　　**装帧设计：** 刘　俊

出版发行： 苏州大学出版社　　**网　址：** www. sudapress. com

社　址： 苏州市十梓街 1 号　　**邮　箱：** sdcbs@ suda. edu. cn

邮　编： 215006　　**开　本：** 787mm×1092mm　1/16

印　刷： 镇江文苑制版印刷有限责任公司　　**印　张：** 13. 75

版　次： 2025 年 7 月第 1 版　　**字　数：** 301 千

印　次： 2025 年 7 月第 1 次印刷　　**定　价：** 48. 00 元

苏州大学出版社营销部电话　0512-67481020

苏州大学出版社天猫旗舰店　https://szdxcbs. tmall. com

“十四五”普通高等教育会计专业精品规划教材

编 审 委 员 会

Preface 前言

本教材通过引入更深入、更具挑战性的财务会计知识，旨在帮助已经具有一定财务会计基础，尤其是系统学习过基础会计、中级财务会计的读者，深入了解和学习高级财务会计知识，进一步提升财务会计专业能力。本教材立足财务会计基本理论，把握我国企业会计准则发展动向，着力提升会计专业学生符合时代要求的高级财务会计素养。

本教材具有以下特点：

(1) 高级财务会计知识晦涩难懂，我们坚持实践引领，以经济生活中的真实案例和案例思考作为每一章的开头，通过情境导入，让学生明确本章的学习目标。在每一章的最后又设计了难度适宜的练习题用于夯实基础，希望通过练习使学生进一步掌握高级财务会计的基础知识点，具有初步进行高级财务会计相关业务的处理能力。

(2) 为使学生更好地掌握高级财务会计涉及的相关会计准则，本教材设计了大量典型例题，以引导学生进行具体的会计处理。其中，每章中信息披露的示例，全部来源于真实发生的企业信息披露。这样做的目的是避免学生"重分录、轻披露"，希望达到让学生了解会计能够为财务报告使用者提供什么样的信息的目标。

(3) 本教材设计了"警示案例""职业道德思考""准则与实务""学术观点"等栏目，以激发学生辩证思考。

本教材共十三章，包括或有事项(第一章)、政府补助(第二章)、债务重组(第三章)、借款费用(第四章)、非货币性资产交换(第五章)、股份支付(第六章)、租赁(第七章)、套期会计(第八章)、外币折算(第九章)、所得税会计(第十章)、每股收益(第十一章)、企业合并(第十二章)和合并财务报表(第十三章)。

本教材的章节设置与系列教材中的《中级财务会计》内容相衔接，每章难度适中，学生只要熟悉相关基础课程习得的知识即可充分理解每章所介绍的内容。在需要本学科其他知识、跨章节知识、跨学科知识作为学习前提时，我们尽量提及或对相关知识进行补充。同时，为了避免信息过度带来的冲击，我们尽量使表达简单化，使学生能够将注意力集中在本教材强调的内容上，增强学习效果。

本教材由苏州大学商学院苏子豪副教授和李希阳博士编著。苏子豪负责制订全书编写计划，确定知识范畴；苏子豪和李希阳共同完成每章内容的写作。编著者在编写教材的过程中，进行了大量的沟通和交流，在保障思路贯通、内容一致的前提下，尽可能地提高教材质量。同时，完成本教材的编著工作离不开一些专家的帮助，尤其感谢苏州大学商学院的贺超副教授、刘海燕副教授、郁刚博士，北京交通大学的张姗姗副教授，北京工商大学的彭斐博士，他们对本教材的编著或提供宝贵建议，或提供专业指导，或协助出版事宜。

不同于中级财务会计，高级财务会计具有突破会计假设、突破常规业务、知识难度高、相关业务复杂、业界争议大等特点，因此在编著过程中，不免有观点的争议、思路的差异等问题，恳请读者不吝交流、批评指正，以便我们在修订时加以完善。

Contents 目录

第一章

或有事项

学习目标

1. 掌握或有事项的定义；
2. 掌握预计负债的会计处理；
3. 熟悉或有事项的列报和披露。

引　例

2020 年 5 月 6 日，上海证券交易所对拟 IPO（首次公开发行）企业海目星出具《关于深圳市海目星激光智能装备股份有限公司首次公开发行股票并在科创板上市申请文件的第二轮审核问询函》。其中涉及预计负债事宜（问题七）：根据招股书披露，报告期各期末，公司预计负债的金额分别为 330.89 万元、400.30 万元及 574.86 万元，主要为履行公司产品质量保证而承担的现时义务。公司实际发生的售后服务费金额分别为 675.69 万元、833.72 万元和 1 288.08 万元。上海证券交易所要求发行人结合实际发生的售后服务费用说明预计负债是否计提充分，并提请申报会计师对预计负债事项进行核查，并发表明确意见。

中信证券作为海目星首次公开发行股票并在科创板上市的保荐机构，与海目星、北京市金杜律师事务所（发行人律师）及天健会计师事务所（申报会计师）等相关各方对问询函相关问题逐项进行了落实。

一、公司针对预计负责事宜的部分回复

（一）公司发生售后服务费相关情况

根据公司的售后服务政策，一般给予客户 1 年的产品保修期，少量客户存在 2~3 年的质保期。公司对于售后服务制定了《返修管理制度》《客退品物流费用管理规范》等政策，明确了维修相关流程和费用承担方式。公司收到客户的保修申请后，根据客户提供的机器 SN 码查询机器的销售情况，以判断机器是否在质保期内。对于质保期内的报修，工程师上门进行故障检测。在故障检测中发现人为因素或者使用不当、不可抗力因素及与其他外部设备（如切割头、冷水机、稳压器及机床等配套设备）无法兼容等原因导致机器出现故障的，则判定属于客户责任，按保外处理，费用由客户承担；质保期内非客户责任的售后维修费用由公司承担。

（二）公司报告期内预计负债处理方式

公司的质保期一般为设备验收后 1 年，由于收入确认时点并非在每年的 12 月 31 日，因此公司每年度实际发生的售后服务费用主要为上年度主营业务收入和本年度主营业务收入的设备在质保期内发生的售后服务费用。报告期内，质保期内实际发生售后服务费用时，直接计入当期销售费用——售后服务费用，各期末预计负债余额反映当期验收确认收入的设备预计未来将发生的售后服务费用。

二、中介机构核查意见

中介机构进行了核查，并在回复函中对相关情况进行了说明。

（一）核查程序

针对上述事项，申报会计师执行了以下核查程序：① 检查预计负债的期后情况，分析预计负债是否足额计提；② 复核公司预计负债计提基数的合理性及预计负债计算的过程。

（二）核查意见

经核查，申报会计师认为，公司报告期内账面售后服务费及期末预计负债余额，与按照会计准则进行处理的结果相比，差异均较小，公司预计负债计提充分。

{资料来源：天健会计师事务所，《关于深圳市海目星激光智能装备股份有限公司首次公开发行股票并在科创板上市申请文件第二轮审核问询函回复的修改意见》，2020 年 6 月 2 日}

案例思考

1. 海目星在 IPO 过程中，因预计负债计提问题受上海证券交易所问询。操作中的争议问题是如何判断预计负债计提是否充分。结合引例，在学习过程中，思考或有事项的会计处理如何影响会计信息质量和投资决策。

分析提示

2. 结合海目星预计负债计提问题，思考会计人员对会计信息质量负有什么样的责任，会计人员应当如何履行责任。

第一节　或有事项概述

一、或有事项的概念和适用准则

或有事项，是指过去的交易或事项形成的，其结果须由某些未来事项的发生或不发生才能决定的不确定事项。需要注意的是，虽然或有事项的结果具有不确定性，但其仍然符合“过去的交易或事项形成的”要求，因此当其可能性达到一定标准时，可能涉及资产和负债的确认。

《企业会计准则第13号——或有事项》（以下简称《或有事项准则》）规范了或有事项的确认、计量和相关信息的报告。

二、或有事项的特征

（一）由过去的交易或事项形成

由过去的交易或事项形成，是指或有事项的现存状况是过去的交易或事项引起的客观存在。比如，未决诉讼是企业因过去的行为而产生的尚未了结的诉讼，包括企业起诉其他单位或被其他单位起诉。这是现存的一种状况而不是未来将要发生的事项。未来可能发生的自然灾害、交通事故、经营亏损等，不属于或有事项。

（二）结果具有不确定性

结果具有不确定性，是指或有事项的结果是否发生具有不确定性，或者或有事项的结果预计将会发生，但发生的具体时间或金额具有不确定性。比如，债务担保事项的担保方到期是否承担和履行连带责任，需要根据债务到期时被担保方能否按时还款加以确定。这一事项的结果在担保协议达成时具有不确定性。

（三）由未来事项决定

由未来事项决定，是指或有事项的结果只能由未来事项的发生或不发生决定。比如，债务担保事项只有在被担保方到期无力还款时企业（担保方）才承担和履行连带责任。

常见的或有事项主要包括未决诉讼或仲裁、债务担保、产品质量保证（含产品安全保证）、承诺、亏损合同、重组义务、环境污染整治等。

第二节 或有事项的确认和计量

出于会计谨慎性的要求,与或有事项相关的资产和负债的确认标准并不对称,负债的确认标准更低,而资产的确认标准更高。

一、预计负债

(一)预计负债的确认

《或有事项准则》规定,与或有事项相关的义务同时满足下列条件的,应当确认为预计负债:

(1)该义务是企业承担的现时义务;

(2)履行该义务很可能导致经济利益流出企业;

(3)该义务的金额能够可靠地计量。

因此,预计负债的确认条件与《企业会计准则——基本准则》(以下简称《基本准则》)规定的负债的确认条件完全一致。如果某或有事项能够使一项义务符合会计上负债的定义,那么该或有事项即产生一项预计负债。如果不能符合,那么该或有事项产生一项或有负债,现行《或有事项准则》不要求企业确认或有负债。

警示案例

2019年3月,庞大汽贸集团股份有限公司(以下简称"庞大集团")形成对廊坊京御房地产开发有限公司(以下简称"廊坊京御")的债务2.29亿元,庞大集团子公司廊坊市庞大冀龙汽车销售有限公司(以下简称"冀龙公司")承担连带责任。2019年4月,廊坊京御向法院提起诉讼,要求庞大集团返还2.29亿元及利息,冀龙公司承担连带责任。庭审过程中廊坊京御变更诉讼请求,要求冀龙公司支付2.29亿元及利息。2019年9月,廊坊京御向庞大集团管理人申报债权2.35亿元,管理人将该项债权作为暂缓确认债权。2019年12月18日,廊坊京御向庞大集团管理人撤回债权申报。2019年12月26日,法院一审判决冀龙公司支付廊坊京御2.29亿元。2019年年末,庞大集团在法院已经做出一审判决,且不符合债转股条件的情况下,对2.35亿元债务进行债转股处理,并确认投资收益1.79亿元。2020年5月,法院二审判决冀龙公司支付廊坊京御2.29亿元。

2022 年 11 月，经法院调解，廊坊京御、庞大集团、冀龙公司和吉林省汉普松科技有限公司（以下简称“汉普科技”）签订和解协议，由汉普科技向廊坊京御支付人民币 1.15 亿元，收购法院二审判决认定的廊坊京御对冀龙公司债权。截至 2022 年 12 月 31 日，汉普科技未按约定向廊坊京御支付款项。据此，庞大集团于当年确认预计负债 1.15 亿元。

上述行为，不符合《企业会计准则——基本准则（2014 年修正）》第十二条、《企业会计准则第 12 号——债务重组（2019 年修订）》第十一条和《企业会计准则第 13 号——或有事项》第二条的规定，导致庞大集团虚增 2019 年度利润总额 1.79 亿元，虚减 2022 年度利润总额 1.15 亿元，相关年度报告存在虚假记载。

{资料来源：中国证券监督管理委员会河北监管局行政处罚决定书〔2024〕4 号}

职业道德思考

如何识别和避免企业通过或有事项中的会计判断进行财务造假？

同时需要注意的是，预计负债完全符合负债的定义，并没有超出会计要素的范畴。例如，A 企业与 B 企业之间存在一项未决诉讼，A 企业可能因某项合同需要向 B 企业支付一定数额的赔款。如果这项赔款的金额能够可靠地计量，且 A 企业预计很可能败诉，那么 A 企业就应当确认一笔预计负债。这笔预计负债并不是因诉讼而产生的，而是由过去的交易和事项（基于该项合同产生的经济关系）引起的，只不过 B 企业通过诉讼的方式行使对 A 企业的赔偿请求权。

（二）预计负债的计量

预计负债应当按照履行相关现时义务所需支出的最佳估计数进行初始计量。由于或有事项的结果具有不确定性，因此就需要考虑事项结果及其不确定性的特征，从而确定预计负债的计量金额。《或有事项准则》要求按最佳估计数进行预计负债的初始计量，在不同情形下，最佳估计数的确定方法不同。

第一种情形是所需支出存在一个连续范围，且该范围内各种结果发生的可能性相同。此时，最佳估计数应当按照该范围内的中间值确定。例如，某或有事项可能导致企业未来支出 80 万～100 万元，该范围内各种结果发生的可能性相同，那么企业确认的预计负债（如符合确认条件）应当为中间值 90 万元。

第二种情形是所需支出不存在连续范围，或者存在连续范围但各种结果发生的可能性不同。如果或有事项涉及单个项目，按照最可能发生金额确定。如果或有事项涉及多个项目，按照各种可能结果及相关概率计算确定。

【例1-1】乙公司指控甲公司侵犯其专利权并诉至法院，法院已受理，至2024年12月31日，法院尚未判决。甲公司法律顾问认为，该案件败诉的可能性为60%，如果败诉，根据经验分析，赔偿100万元的可能性为30%，赔偿120万元的可能性为70%。

甲公司未决诉讼事项涉及单个项目（一项专利权侵权诉讼），可能赔偿金额不存在连续范围，应按照最可能支出的结果120万元计量预计负债。2024年年末，甲公司的会计处理如下：

借：营业外支出　　1 200 000

　贷：预计负债　　1 200 000

【例1-2】丙公司对购买本公司A产品的消费者做出承诺：A产品售出后1年内如出现非人为损坏，丙公司承担保修责任。丙公司2024年共计销售A产品4万台，单价为8 000元。根据以往经验，A产品在使用1年内出现严重问题的概率约为1/1 000，出现一般问题的概率约为1/500，出现微小问题的概率约为1/100。严重问题、一般问题和微小问题的保修费用经测算分别约为销售收入的50%、20%和5%。

本例中，丙公司因销售A产品而承担了产品质量保证（其结果取决于未来）的现实义务，该义务的履行很可能导致经济利益流出丙公司，且该义务的金额能够可靠地计量。丙公司应当在年末确认预计负债。

经丙公司专业人员按照以往经验估计，约有40台、80台和400台产品将很可能分别出现严重问题、一般问题和微小问题。因此，该种情形涉及多个项目，且并无支出的连续范围，应当按照各种可能结果及相关概率计算确定预计负债。计算的预计负债金额为448 000（40×50%×8 000+80×20%×8 000+400×5%×8 000）元。2024年年末，丙公司的会计处理如下：

借：销售费用　　448 000

　贷：预计负债　　448 000

企业在确定最佳估计数时，应当综合考虑与或有事项有关的风险、不确定性和货币时间价值等因素。货币时间价值影响重大的，应当通过对相关未来现金流出进行折现后确定最佳估计数。例如，很多重污染企业可能面临停产后的弃置费用问题，企业需要按照能够维持经营的年限对未来发生的弃置费用进行折现。

企业应当在资产负债表日对预计负债的账面价值进行复核。有确凿证据表明该账面价值不能真实反映当前最佳估计数的，应当按照当前最佳估计数对该账面价值进行调整。

此外，企业不应当就未来经营亏损确认预计负债。

二、亏损合同

待执行合同变成亏损合同的，该亏损合同产生的义务满足预计负债的确认条件的，应当确认为预计负债。待执行合同,是指合同各方尚未履行任何合同义务,或部分地履行了同等义务的合同。亏损合同,是指履行合同义务不可避免会发生的成本超过预期经济利益的合同。

【例1-3】2023年12月1日,甲公司与乙公司签订商品销售合同,约定在2024年6月1日以每件200元的价格向乙公司销售5 000件A产品,若甲公司违约,由甲公司赔偿乙公司20万元。合同签订日,甲公司估计每件产品的生产成本为170元。资产负债表日,甲公司尚未进行生产,发现A产品原料市场发生大幅波动,原料价格大幅上涨,预计将导致A产品单位生产成本上升到220元。

合同签订日,甲公司尚未履行任何合同义务,该合同属于待执行合同,预期A产品销售交易将产生利润15万元。资产负债表日,由于市场条件变化,A产品单位生产成本上升到220元,超过合同约定销售单价200元,继续履行合同将导致甲公司亏损10万元,合同变为亏损合同。该亏损金额少于违约成本20万元,因此判断甲公司应当继续履行亏损合同。甲公司应当确认由继续履行亏损合同引起的预计负债20万元。

借:营业外支出　　200 000

　贷:预计负债　　200 000

本例中,由于甲公司尚未开始生产,因此不存在标的资产。如果甲公司已经开始生产,那么预计负债对应的借方科目应当为资产减值损失,反映标的资产(A产品)的减值。

三、重组义务

重组,是指企业制定和控制的,将显著改变企业组织形式、经营范围或经营方式的计划实施行为。企业承担的重组义务满足预计负债的确认条件的,应当确认为预计负债。同时存在下列情况时,表明企业承担了重组义务:

(1)有详细、正式的重组计划,包括重组涉及的业务、主要地点、需要补偿的职工人数及其岗位性质、预计重组支出、计划实施时间等;

(2)该重组计划已对外公告。

企业应当按照与重组有关的直接支出确定预计负债金额。直接支出不包括留用职工岗前培训、市场推广、新系统和营销网络投入等支出。

【例1-4】丙公司是大型重工业企业,为了应对政策和市场环境变化,决定在未来半年内进行重组。丙公司的重组计划已经过详细规划,并获得正式批准,已对外正式公告。丙公司拟关闭某工厂,预期解聘员工40人,按当地政策支付补偿费用100万元;拟开设一条适应市场环境的新产品生产线,预期从人员臃肿部门抽调50人组织生产线,预计支付200万元用于新生产线人员岗前培训。

丙公司已对外公告详细、正式的重组计划，实际承担了重组义务。丙公司预期支付的员工补偿款100万元属于与重组业务有关的直接支出，预期的留用职工岗前培训费用200万元不属于直接支出。丙公司的会计处理如下：

借：管理费用	1 000 000	
贷：应付职工薪酬		1 000 000

重组计划涉及的员工辞退补偿款虽然属于预计负债性质，但为了使职工薪酬的计量更为准确，在“应付职工薪酬”科目中核算。因此，本例中，丙公司编制的会计分录中贷方科目“应付职工薪酬”具有预计负债性质，同时反映企业承担的职工薪酬义务。

四、或有资产

或有事项有可能引起企业产生一项资产，但《或有事项准则》对或有事项中资产的确认条件比较苛刻。《或有事项准则》规定，企业清偿预计负债所需支出全部或部分预期由第三方补偿的，补偿金额只有在基本确定能够收到时才能作为资产单独确认。确认的补偿金额不应当超过预计负债的账面价值。

出于谨慎性的会计信息质量特征要求，《或有事项准则》规定，企业不应当确认或有资产。或有资产，是指过去的交易或者事项形成的潜在资产，其存在须通过未来不确定事项的发生或不发生予以证实。

第三节　或有事项的列报和披露

一、或有事项的列报

企业应当在资产负债表中列报确认的预计负债及其他与或有事项有关的资产或负债。企业应当在利润表中列报与或有事项有关的损益。

二、或有事项的披露

企业应当在附注中披露预计负债，具体包括：

（1）预计负债的种类、形成原因及经济利益流出不确定性的说明。

（2）各类预计负债的期初、期末余额和本期变动情况。

（3）与预计负债有关的预期补偿金额和本期已确认的预期补偿金额。

企业应当在附注中披露或有负债（不包括极小可能导致经济利益流出企业的或有负债），具体包括：

(1) 或有负债的种类及其形成原因,包括已贴现商业承兑汇票、未决诉讼、未决仲裁、对外提供担保等形成的或有负债。

(2) 经济利益流出不确定性的说明。

(3) 或有负债预计产生的财务影响,以及获得补偿的可能性;无法预计的,应当说明原因。

企业通常不应当披露或有资产,但或有资产很可能(一般认为概率高于 50%,但《或有事项准则》并未给出明线)会给企业带来经济利益的,应当披露其形成的原因、预计产生的财务影响等。

在涉及未决诉讼、未决仲裁的情况下,披露全部或部分信息预期对企业造成重大不利影响的,企业无须披露这些信息,但应当披露该未决诉讼、未决仲裁的性质,以及没有披露这些信息的事实和原因。

【例 1-5】深圳 M 控股公司 2022 年度报告中披露预计负债余额 254 770 万元,包括售后质保费、专利使用费和印度公司预计税款及罚金。

公司披露:① 售后质保费,系公司对所销售的自有品牌手机等产品提供一定期限的质保服务,按照未来可能支付的金额计提的售后质保费。具体计提方法为:本期应计提数=当期收入×经验费用率。② 专利使用费,系公司销售的自有品牌手机可能存在未获授权情况下使用第三方标准专利,按照未来可能支付的金额计提的专利使用费。具体计提方法为:本期应计提数=当期收入×预计费用率。③ 印度公司预计税款及罚金,系印度税收情报局(DRI)针对本公司的印度子公司 2021 年 9 月 30 日之前进口的屏组件适用税率进行调查,根据公司与 DRI 的初步沟通结果,公司对上述进口屏组件可能补缴的税款及延期缴纳的罚金基于谨慎性原则进行了计提。截至 2022 年度报告前,公司尚未收到 DRI 出具的正式结案报告。

本章小结

或有事项是由过去的交易或事项引起的,其结果具有不确定性,且可能引起经济利益流入或流出企业。本章主要介绍了或有事项的确认、计量、列报和披露,这些都是确保企业财务透明度和合规性的关键步骤。确认或有事项时,需要结合资产和负债的确认条件,并熟悉《或有事项准则》的特殊要求。对或有事项进行计量时,需要进行可能性和经济影响的评估或估计。即使某些或有事项未能达到确认标准,企业仍需在财务报告中对其进行适当的披露,这有助于利益相关者了解企业可能面临的风险和不确定性。

练习题

一、简答题

1. 什么是或有事项？或有事项为何能够产生资产或负债？

2. 如果一项或有负债的金额无法被准确计量，企业应当如何处理？

3. 如何对预计负债进行确认和计量？

4. 如何处理或有事项产生的资产？

二、实务题

1. 甲公司是一家制造业企业。根据以往经验，甲公司对其销售的产品提供为期2年的质量保证服务。在最近一个会计年度结束时，甲公司根据历史数据和当前销售情况，预计因产品质量保证产生的维修费用为400万元。请问甲公司应当如何进行会计处理？

2. 乙公司是一家软件开发企业。近期，乙公司与一家大型企业签订了一份软件开发协议。协议约定，如果乙公司成功按时开发出符合要求的软件，并经过客户验收合格，将获得额外的技术奖励100万元。乙公司按时完成软件开发，等待客户验收期间，乙公司认为成功验收的可能性超过50%。请问乙公司应当如何对预期获得的技术奖励进行会计处理？

3. 丙公司是一家药品研发销售企业。丙公司因某项争议专利面临一项侵权诉讼，某公司认为丙公司一款新产品侵犯了其专利权，要求丙公司停止侵权并赔偿损失。丙公司法律顾问认为，公司有60%的可能性需要赔偿，预估赔偿金额有60%的可能性为1 000万元，有40%的可能性为500万元。请问丙公司应当如何对该项诉讼业务进行会计处理？

第二章

政府补助

学习目标

1. 掌握政府补助的定义和分类；
2. 掌握政府补助的会计处理；
3. 熟悉政府补助的列报和披露。

引　例

2022 年 6 月 24 日，雪松发展股份有限公司①（以下简称“雪松发展”，原“希努尔”）收到中国证监会下发的《行政处罚事先告知书》（处罚字〔2022〕108 号）。其后，雪松发展收到《行政处罚决定书》（〔2022〕56 号）。《行政处罚决定书》内容节选如下：

一、2018 年、2019 年诸城松旅②收到政府补助情况

2018 年 6 月，诸城松旅购得两宗地块；7 月 18 日、19 日，诸城市旅游局向诸城市财政局申请“按照《诸城恐龙大世界旅游项目投资协议书补充协议》约定，向诸城松旅返还购地款剩余部分（缴纳的购地款扣除土地成本部分后）的 50%，以及返还诸城松旅缴纳的购地税费（契税和印花税）的 50%”；8 月 2 日，旅游局发布诸旅字〔2018〕12 号文，向诸城松旅下发 3 369.72 万元的旅游产业发展奖励资金。

2018 年 9 月 13 日，诸城松旅向旅游局申请拨付诸城恐龙大世界旅游项目扶持资金（策划费）1.05 亿元；10 月 23 日，财政局以“暂付款”预算科目下达 3 000 万元；10 月 31 日，旅游局发布诸旅字〔2018〕20 号文，给予诸城松旅 3 000 万元旅游产业发展奖励资金。

---

① 雪松发展股份有限公司原名为希努尔男装股份有限公司，简称“希努尔”。

② 2018 年 2 月，希努尔设立全资子公司诸城市松旅恐龙文化旅游发展有限公司，简称“诸城松旅”。

2019 年 7 月 19 日，旅游局向财政局申请“按照《关于〈诸城恐龙大世界旅游项目投资协议书〉的补充协议》《关于〈诸城恐龙大世界旅游项目投资协议书〉的第二补充协议》约定，拨付该旅游项目产业扶持专项资金 6 477 万元”；8 月 16 日，旅游局发布诸文旅字〔2019〕16 号文，给予诸城松旅 2 077 万元旅游产业发展奖励资金；8 月 29 日，旅游局发布诸文旅字〔2019〕17 号文，给予诸城松旅 4 400 万元旅游产业发展奖励资金。

上述政府补助发放原因是支持诸城恐龙大世界项目的建设，应当认定为与资产相关。

二、希努尔对上述政府补助的会计处理及信息披露情况

2018 年，在收到上述政府补助资金后，公司发布公告，称子公司诸城松旅收到的政府补助与收益相关，上述资金将直接计入营业外收入。希努尔 2018 年度报告记载 2018 年度收到政府补助收入（营业外收入）9 739.44 万元。

2019 年，在收到上述政府补助资金后，公司发布公告，称子公司诸城松旅收到的政府补助与收益相关，上述资金将直接计入营业外收入。希努尔 2019 年度报告记载 2019 年度收到政府补助收入（营业外收入）6 477 万元。

2021 年 4 月 29 日，希努尔发布《希努尔男装股份有限公司关于前期差错更正的公告》，将上述诸城松旅 2018 年度和 2019 年度收到的政府补助确认为与资产相关，计入递延收益，并追溯调整了相应财务报表。

希努尔将前述政府补助计入当期营业外收入并直接计入当期损益的行为不符合《企业会计准则第 16 号——政府补助》第八条的规定，导致 2018 年年度报告虚增营业外收入 9 739.44 万元，虚增利润总额 9 739.44 万元，占当期利润总额的比例为 51.29%；2019 年年度报告虚增营业外收入 6 477 万元，虚增利润总额 6 477 万元，占当期利润总额的比例为 27.68%。

｛资料来源：雪松发展股份有限公司董事会，《雪松发展股份有限公司关于公司及相关当事人收到〈行政处罚决定书〉的公告》，2022 年 10 月 27 日｝

案例思考

1. 雪松发展因将与资产相关的政府补助误计为与收益相关的营业外收入受到行政处罚。业务难点在于如何准确理解政府补助的性质，并正确区分不同类型的政府补助。结合引例，在学习过程中，思考将政府补助错误地划分为不同类型，将对财务报表产生什么影响，以及将如何影响投资者的决策。

分析提示

2. 结合政府补助类型的判断，思考会计判断的专业性要求会计人员具备什么能力，会计人员需要提升哪些方面的职业素养。

第一节　政府补助概述

一、政府补助的定义和特征

（一）政府补助的定义

政府补助，是指企业从政府无偿取得货币性资产或非货币性资产。

（二）政府补助的特征

（1）政府补助是来源于政府的经济资源。对于企业收到的来源于其他方的补助，有确凿证据表明政府是补助的实际拨付者，其他方只起到代收代付作用的，该项补助也属于来源于政府的经济资源。

（2）政府补助具有无偿性。企业取得来源于政府的经济资源，不需要向政府交付商品或服务等对价。

【例 2-1】2024 年，甲公司发生如下事项：

（1）发生直接减征、增加计税抵扣额、抵免部分税额共计 100 万元。

（2）收到增值税出口退税 100 万元。

（3）销售环保型产品，收到补贴 100 万元。

（4）公司成功上市，当地政府奖励 100 万元。

（5）收到棚户区改造补贴款 100 万元。

（6）向银行借款，政府采用财政贴息方式补偿利息 100 万元。

本例中，（1）项不涉及资产直接转移的经济资源流动，（2）项实际上是退回企业事先垫付的进项税，因此（1）（2）项不属于政府补助；（3）~（6）项应作为政府补助核算。

警示案例

为整顿行业秩序，严肃财经法纪，回应社会关切，国务院办公厅组织了督查，财政部于 2016 年年初组织力量，对 90 家主要的新能源汽车生产企业进行了专项检查，共涉及 2013—2015 年已获得和已申报中央财政补助资金的新能源汽车 40.1 万辆，抽查 13.3 万辆已销售的新能源汽车的运营状态。检查发现，一些企业违反相关法律法规涉嫌骗取财政补贴，部分车辆未销售就给消费者提前申报补贴，不少车辆领取补贴后闲置。

深圳市五洲龙汽车有限公司申报2015年度中央财政补助资金的新能源汽车中，有154辆车截至2015年年底仍未完工，但在2015年提前办理了机动车行驶证，多申报中央财政补助资金5 574万元。

奇瑞万达贵州客车股份有限公司申报2015年度中央财政补助资金的新能源汽车中，有327辆车截至2015年年底仍未完工，但在2015年提前办理了机动车行驶证，多申报中央财政补助资金9 810万元。

河南少林客车股份有限公司申报2015年度中央财政补助资金的新能源汽车中，有252辆车截至2015年年底仍未完工，但在2015年提前办理了机动车行驶证，多申报中央财政补助资金7 560万元。

{资料来源：中国新闻网．财政部通报5起骗取新能源汽车财政补贴典型案例，2016-09-08}

职业道德思考

企业为何要骗取或不当使用政府补助？如何避免这些问题？

二、政府补助的适用准则

政府补助的会计处理适用《企业会计准则第16号——政府补助》（以下简称《政府补助准则》）。但企业从政府取得的经济资源，如果与企业销售商品或提供服务等活动密切相关，且是企业商品或服务的对价或者是对价的组成部分，适用《企业会计准则第14号——收入》等相关会计准则。所得税减免，适用《企业会计准则第18号——所得税》。政府以投资者身份向企业投入资本，享有相应的所有者权益，不符合无偿性的特征，不适用《政府补助准则》。

三、政府补助的分类

（一）根据目的分类

政府对企业进行补助，可能是助强型的奖励补助，如鼓励发展的资金、对企业上市的奖励、人才引进的支持性补助等；也可能是扶弱型的支援补助，如与员工安置、危房改造等有关的补助，救助“僵尸企业”的支援，等等。总之，政府补助的施与一定有其目的，可以分为旨在提升企业创新能力的研发补助、旨在调节就业市场的就业稳岗补助、旨在提高环境质量的环保补助、旨在提升企业融资能力的财政贴息等。

(二) 根据用途分类

根据政府补助的用途,政府补助分为与资产相关的政府补助和与收益相关的政府补助。

与资产相关的政府补助,是指企业取得的、用于购建或以其他方式形成长期资产的政府补助。例如,某地政府为了支持企业创新研发,拨款一定数额,这项政府补助与无形资产的形成有关,属于与资产相关的政府补助。

与收益相关的政府补助,是指除与资产相关的政府补助之外的政府补助。例如,某地政府为了支持企业家创业,为一些初创企业拨付创业奖励基金以弥补创业初期的高额运营成本,这项政府补助与长期资产的形成无关,而是为了补偿已发生或未发生的成本,属于与收益相关的政府补助。

第二节　政府补助的确认和计量

一、政府补助的确认

《政府补助准则》规定,政府补助同时满足下列条件的,才能予以确认:

(1) 企业能够满足政府补助所附条件;

(2) 企业能够收到政府补助。

企业能够满足政府补助所附条件与政府补助的无偿性并不矛盾。例如,有些政府补助需要企业申请,那么申请获批就要求企业具有相应的资质条件,满足一定的要求;再如,政府补助可能分批发放,政府补助为企业和社会(而非政府)创造了一定意图内的价值,才会发放完全。有时,政府补助还有收回条款,如在企业严重违法违规等情况下收回,若已确认,则应当终止确认并按退回金额转回。

二、政府补助的计量

政府补助为货币性资产的,应当按照收到或应收的金额计量。政府补助为非货币性资产的,应当按照公允价值计量;公允价值不能可靠取得的,按照名义金额计量。其中,名义金额为 1 元。政府补助的计量与政府补助的用途有关,即需要考虑政府补助是不是用于企业取得或购建长期资产。

三、会计实务

(一) 与资产相关的政府补助

《政府补助准则》为企业对政府补助的会计处理设置了比较自由的选择权。对于与资产相关的政府补助,企业应当冲减相关资产的账面价值或确认为递延收益。企业将与资产相关的政府补助确认为递延收益的，应当在相关资产使用寿命内按照合理、系统的方法分期计入损益。

其中，直接冲减相关资产的账面价值会导致相关资产的账面价值为企业付出成本扣除政府补助的净额，因此这种处理方法称为“净额法”；确认为递延收益的方法，称为“总额法”。

损益类型的确定原则是考察政府补助与企业日常活动的相关性。若相关，则应当按照经济业务实质，计入其他收益或冲减相关成本费用；若无关，则应当计入营业外收支。

“递延收益”属于负债类科目，反映企业因收到政府补助所承担的义务，这种义务的产生并不代表政府因政府补助而有偿。

按照名义金额计量的政府补助，直接计入当期损益。

学术观点

会计制度设计对企业盈余管理活动的动机和能力有实质的影响。2017 年政府补助准则修订前，企业利用研发补助开展研发活动时，研发费用计入营业利润，而政府补助收入计入营业外收入，即出现收入和费用不配比的问题。企业可能高估开发支出资本化水平来避免由此产生的营业利润下降。基于 2007—2016 年（准则变更之前）A 股上市公司数据的实证研究表明，获得研发补助的企业更倾向于将开发支出资本化；盈利水平较低时，这一现象更为明显；获补企业开发支出资本化与专利申请数的正向关系弱于未获补企业，即在研发补助情境下，资本化会计信息反映研发水平的作用降低。站在配比原则的角度，2017 年政府补助准则修订具备合理性。

{资料来源：宋建波，张海晴，苏子豪．研究开发支出资本化反映了研发水平吗：基于研发补助情境[J]．会计研究，2020(6)：3-23．有改动}

【例 2-2】为了鼓励企业创新，某地政府对当地符合要求的高新技术企业进行补助，专款专用于仪器设备购买。2024 年 1 月 1 日，甲公司收到当地政府拨付的 100 万元补助款，于当日支付 300 万元购买并收到一台不需要安装的先进仪器设备。该设备预计使用年限为 10 年，企业采用直线法折旧，预计净残值为 0。不考虑相关税费。收到政府补助当日，公司支付银行存款 200 万元。总额法下，按固定资产总额入账，其金额等于收到的政府补助款（相应确认递延收益，金额为 100 万元）加上公司自行支付部分；按折旧方法将递延收益在每月转入其他收益。净额法下，则不需要确认递延收益。

1. 总额法的处理如下：

(1) 收到政府补助款时

借：固定资产	3 000 000	
贷：银行存款		2 000 000
递延收益		1 000 000

(2) 每月计提折旧时

借:管理费用　25 000

　贷:累计折旧　25 000

借:递延收益　8 333

　贷:其他收益　8 333

或:

借:管理费用　16 667

　递延收益　8 333

　贷:累计折旧　25 000

2. 净额法的处理如下:

(1) 收到政府补助款时

借:固定资产　2 000 000

　贷:银行存款　2 000 000

(2) 每月计提折旧时

借:管理费用　16 667

　贷:累计折旧　16 667

相关资产在使用寿命结束前被出售、转让、报废或发生毁损的,应当将尚未分配的相关递延收益余额转入资产处置当期的损益。

(二) 与收益相关的政府补助

1. 一般规定

对于与收益相关的政府补助,企业应当按照《政府补助准则》的要求,分情况进行会计处理。政府补助用于补偿企业以后期间的相关成本费用或损失的,确认为递延收益,并在确认相关成本费用或损失的期间,计入当期损益或冲减相关成本;用于补偿企业已发生的相关成本费用或损失的,直接计入当期损益或冲减相关成本。损益类型的确定原则仍然是考察政府补助与企业日常活动的相关性。

对于同时包含与资产相关部分和与收益相关部分的政府补助,应当区分不同部分分别进行会计处理;难以区分的,应当整体归类为与收益相关的政府补助。

2. 财政贴息

企业取得政策性优惠贷款贴息的,应当区分财政将贴息资金拨付给贷款银行和财政将贴息资金直接拨付给企业两种情况。财政将贴息资金拨付给贷款银行,由贷款银行以政策性优惠利率向企业提供贷款的,企业可以选择下列方法之一进行会计处理:

(1) 以实际收到的借款金额作为借款的入账价值,按照借款本金和该政策性优惠利率计算相关借款费用。在此种方法下,政府补助不在会计上予以反映(但企业仍然需要履行披露义务)。

（2）以借款的公允价值作为借款的入账价值并按照实际利率法计算借款费用，实际收到的金额与借款公允价值之间的差额确认为递延收益。递延收益在借款存续期内采用实际利率法摊销，冲减相关借款费用。

财政将贴息资金直接拨付给企业，企业应当将对应的贴息冲减相关借款费用。

（三）政府补助的退回

已确认的政府补助需要退回的，应当在需要退回的当期分情况按照以下规定进行会计处理：

（1）初始确认时冲减相关资产账面价值的，调整资产账面价值。

（2）存在相关递延收益的，冲减相关递延收益账面余额，超出部分计入当期损益。

（3）属于其他情况的，直接计入当期损益。

第三节　政府补助的列报和披露

一、政府补助的列报

企业应当在利润表中的“营业利润”项目之上单独列报“其他收益”项目，计入其他收益的政府补助在该项目中反映。

二、政府补助的披露

企业应当在附注中单独披露与政府补助有关的下列信息：

（1）政府补助的种类、金额和列报项目。

（2）计入当期损益的政府补助金额。

（3）本期退回的政府补助金额及原因。

【例2-3】深圳传音控股股份有限公司2022年度报告显示，期末递延收益余额19 749万元，形成原因为“政府给予的无偿补助”。公司披露，政府补助包括“重庆传音智汇园产业发展扶持资金”“技术装备投资补助”“产品生产线技术改造项目补助”“SMT生产线智能改造升级项目补助”“基于深肤色人种人脸识别技术的手机终端生产线改造项目补助”“运营管理系统专项补助”“研发大楼装修项目补助”等，这些政府补助为与资产相关的政府补助。

本章小结

政府补助涉及会计处理、财务报告和监管要求等方面的内容。本章详细讨论了政府补助的定义、分类、确认和计量方法，旨在使读者全面了解和掌握政府补助的概念及相关准则的应用。政府补助是政府向企业提供的资金、资源或其他经济利益，一般旨在促进特定项目或行业的发展。政府补助分为与资产相关的政府补助和与收益相关的政府补助，这一分类非常重要，因为它关系到相关补助的确认和计量。另一需要重视的内容是政府补助核算的总额法和净额法，两种方法的选择可能对企业的经营成果产生影响。最后，企业应当在财务报告中充分披露政府补助的有关信息，了解这些信息的范畴和产生的原理对于理解企业政府补助事项很有帮助。

练习题

一、简答题

1. 什么是政府补助？政府补助为何能够产生资产或负债？

2. 如何对政府补助进行确认和计量？

3. 简述与资产相关的政府补助的会计处理方法。

二、实务题

1. 甲公司是一家制造业企业。近期，甲公司某个环保项目获得政府的事前补助 200 万元，用于购买环保设备并改进生产流程。甲公司在收到补助款后，按照政府要求购买了相应的环保设备，并开始进行生产流程改造。假设该设备预计使用寿命为 5 年，预计净残值为 0，采用直线法计提折旧。甲公司采用总额法核算获得的政府补助。请问甲公司应当如何对获得的政府补助进行会计处理？

2. 乙公司是一家高新技术企业。近期，乙公司因研发创新项目获得政府的事后补助 200 万元，该补助用于补偿企业已经发生的研发支出。请问乙公司应当如何进行会计处理？

3. 丙公司是一家高新技术企业。2023 年年初，丙公司获得了一笔为期 3 年的政府补助，总额为 300 万元，旨在支持新产品的研发。该补助按以下条件分期支付和确认：① 第一年年初，政府拨付 100 万元；② 若到第一年年末，丙公司完成研发计划的 80%以上，则第二年年初政府拨付 150 万元；③ 若到第二年年末，丙公司完成研发，新产品通过验收，可投入市场，则第三年年初政府拨付 50 万元。

丙公司在 2023 年年末完成研发计划的 80%，并在 2024 年年初收到第二笔补助款。但是，丙公司在 2024 年遇到技术障碍，导致项目无法按期完成，因此无法在 2025 年年初收到最后一笔补助款。2023 年和 2024 年，丙公司分别发生相关的研发成本 200 万元和 120 万元(全部资本化)。丙公司采用净额法对政府补助进行会计处理。

要求：编制丙公司每个会计年度对于政府补助款的会计处理的相关会计分录。

第三章

债务重组

学习目标

1. 掌握债务重组的定义和方式；
2. 掌握重组债权人和债务人的会计处理；
3. 熟悉债务重组的列报和披露。

引 例

上海证券交易所在《关于＊ST天成通过债务重组解决部分资金占用事项的问询函》中对＊ST天成与天地合明、银河集团签订《债权债务抵偿协议》事项进行提问。＊ST天成以其对银河集团享有的部分债权抵偿公司对天地合明的部分债务。上海证券交易所提请＊ST天成及相关方补充披露与该项债务重组业务有关的信息，并量化分析该债务重组对公司财务的具体影响。

＊ST天成回复内容如下。

（一）银河集团非经营性资金占用形成对公司应付债务的情况

截至2020年12月31日，银河集团对天成控股的非经营性资金占用余额为310 695 570.86元，该笔资金占用视为银河集团对天成控股的应付债务，公司已全额计提信用减值损失。

（二）通过债务转移的方式解决银河集团对公司的部分非经营性资金占用情况

经天成控股2021年第四届临时董事会会议审议，董事会通过天地合明、银河集团和公司签订的《债权债务抵偿协议》，以公司对银河集团享有的部分债权抵偿公司对天地合明的部分债务。

《债权债务抵偿协议》中，债权债务的冲抵约定如下：

天地合明同意以其对公司的48 807 396.46元债权冲抵银河集团对公司的

48 807 396.46 元债务。银河集团同意受让公司对天地合明的债务。本协议签署后，天地合明对公司享有的 48 807 396.46 元债权消灭，对公司享有的剩余债权 30 000 000.00 元，公司根据自身的经营情况择期以现金等方式偿还；银河集团对公司的非经营性资金占用形成的公司对银河集团的部分债权 48 807 396.46 元消灭，天地合明对银河集团形成 48 807 396.46 元的债权。

*ST 天成将此次债权债务的冲抵视为银河集团归还对公司的非经营性资金占用。经相关决策程序批准后，*ST 天成进行相关财务处理。本次以债务转移的方式冲抵银河集团对公司的非经营性资金占用完成后，*ST 天成非经营性资金占用余额减少 48 807 396.46 元，公司负债减少 48 807 396.46 元，公司净资产增加 48 807 396.46 元。

主审会计师事务所中审亚太会计师事务所（特殊普通合伙）针对本次债务重组中账务处理的合理性问题执行了相应的审计核查程序，具体包括：获取与本次债务重组相关的协议及补充协议、资产置换协议及债权债务抵偿协议等资料，了解本次债务重组具体情况；通过中国裁判文书网对涉及本次债务重组的诉讼事项进行查询，并将查询结果与所收集的与本次债务重组相关的民事判决书进行交叉对比分析；收取并审阅了与本次债务重组相关的资产评估报告及法律意见书；审阅了与本次债务重组相关的会计处理、财务报表编制及相关披露。

中审亚太会计师事务所（特殊普通合伙）最终发表了无法表示意见的审计报告。他们认为，针对公司 2020 年度关联方占用资金全额计提坏账准备，尚需实施审计程序对关联方占用资金计提坏账准备的事项进一步核实，因此其对公司债权债务抵偿交易事项涉及转回的坏账准备 48 807 396.46 元而影响公司财务报表期初未分配利润、本期利润的具体分类数额无法发表意见。

{资料来源：中审亚太会计师事务所，《关于上海证券交易所〈问询函〉中有关问题的核查意见》，2021 年 12 月 23 日}

案例思考

1. 引例中的争议是*ST 天成通过债务重组解决部分资金占用事项的处理方法。在理顺引例事项的基础上，思考关联方之间的债务重组业务存在的会计和法律风险。结合引例，在学习过程中，思考债务重组业务是如何影响企业（债权人和债务人）的财务报表的。

分析提示

2. 结合上述债务重组案例，思考关联方交易为什么可能引起财务报表舞弊风险。会计人员应当如何严谨地处理关联方交易。

第一节　债务重组概述

一、债务重组的概念

债务重组，是指在不改变交易对手方的情况下，经债权人和债务人协定或法院裁定，就清偿债务的时间、金额或方式等重新达成协议的交易。

债务重组涉及的债权和债务是指《企业会计准则第 22 号——金融工具确认和计量》规范的金融工具。《企业会计准则第 22 号——金融工具确认和计量》规定，金融工具是指形成一方的金融资产并形成其他方的金融负债或权益工具的合同。《企业会计准则第 22 号——金融工具确认和计量》规定了四类能产生金融资产的条件和四类能产生金融负债的条件。其中，从其他方收取现金或其他金融资产的合同权利，如企业因销售商品所形成的应收账款，是债权的主要形式；向其他方交付现金或其他金融资产的合同义务，是债务的主要形式。

债务重组一般包括下列方式，或下列一种以上方式的组合：

（1）债务人以资产清偿债务。

（2）债务人将债务转为权益工具。

（3）除前两项以外，采用调整债务本金、改变债务利息、变更还款期限等方式修改债权和债务的其他条款，形成重组债权和重组债务。

【例 3-1】甲公司的债务重组事项如下：

情形一：甲公司无力偿还对乙公司的 100 万元到期欠款，与乙公司达成一致。双方约定，甲公司以市场价值为 30 万元的丙公司股权、市场价值为 65 万元的甲公司 A 产品抵偿债务。

情形二：甲公司无力偿还对丙公司的 200 万元到期欠款，与丙公司达成一致。双方约定，甲公司以自身股权清偿 50 万元的债务，剩余 150 万元延期 1 年偿还，借款利息减半收取。

情形三：甲公司无力偿还对丁公司的 300 万元到期欠款，与丁公司达成一致。双方约定，丁公司免除甲公司当年的欠款利息，将借款期限延长 1 年。如果甲公司 1 年后实现盈利，应归还全部欠款并补偿丁公司展期内欠款利息；如果甲公司 1 年后仍然亏损，应归还全部欠款的 90%且免去展期内欠款利息。

二、债务重组的适用准则

债务重组的确认、计量和报告适用《企业会计准则第 12 号——债务重组》（以下简称《债务重组准则》）。除形成企业合并的债务重组和符合权益性交易条件的债务重组之外，《债务重组准则》适用于所有的债务重组，但债务重组中涉及的债权、重组债权、债务、重组债务和其他金融工具的确认、计量和列报，分别适用《企业会计准则第 22 号——金融工具确认和计量》和《企业会计准则第 37 号——金融工具列报》。

通过债务重组形成企业合并的，适用《企业会计准则第 20 号——企业合并》。债权人或债务人中的一方直接或间接对另一方持股且以股东身份进行债务重组的，或者债权人与债务人在债务重组前后均受同一方或相同的多方最终控制，且该债务重组的交易实质是债权人或债务人进行了权益性分配或接受了权益性投入的，适用权益性交易的有关会计处理规定。

【例 3-2】 除以下交易外，甲公司和乙公司无其他关联。甲公司到期无力归还乙公司 1 000 万元货款，双方经协商决定进行债务重组。双方约定，甲公司将其所有的资产和负债（包括对乙公司的 1 000 万元债务）整体转让给乙公司，换取等价的乙公司股份。重组业务导致甲公司全部资产和负债的转让，甲公司成为乙公司的子公司，适用企业合并相关规定。

学术观点

《债务重组准则》第二条第二款规定，债务重组涉及的债权和债务是指《企业会计准则第 22 号——金融工具确认和计量》规范的金融工具，将债权、债务直接框定为必须是金融工具，但实务中，债务重组涉及的债权和债务可能还包括预收账款、预付账款等不属于金融工具的资产和负债。对于此类涉及非金融工具的债权、债务的重组交易，应如何进行会计处理，在债务重组准则指南中，需要进一步明确。

《债务重组准则》第四条第三款规定，债务重组交易存在权益性交易成分的，按权益性交易原则进行处理。这样规定的出发点在于，避免关联方之间通过债务重组的方式输送相关的债务重组收益。但部分情况下，发生在关联方之间的债务重组交易同样具备公允性，不应排除在债务重组准则规范的范围之外。

{资料来源：鲁立. 新债务重组准则若干变化、影响及建议[J]. 中国注册会计师，2020(8)：85-86. 有改动}

第二节　债权人的会计处理

以资产清偿债务或者将债务转为权益工具方式进行债务重组的，债权人应当在相关资产符合其定义和确认条件时予以确认。

一、以资产清偿债务方式进行债务重组

《债务重组准则》规定，以资产清偿债务方式进行债务重组的，债权人初始确认受让的金融资产以外的资产时，应当按照下列原则以成本计量：

（1）存货的成本，包括放弃债权的公允价值和使该资产达到当前位置和状态所发生的可直接归属于该资产的税金、运输费、装卸费、保险费等其他成本。

（2）对联营企业或合营企业投资的成本，包括放弃债权的公允价值和可直接归属于该资产的税金等其他成本。

（3）投资性房地产的成本，包括放弃债权的公允价值和可直接归属于该资产的税金等其他成本。

（4）固定资产的成本，包括放弃债权的公允价值和使该资产达到预定可使用状态前所发生的可直接归属于该资产的税金、运输费、装卸费、安装费、专业人员服务费等其他成本。

（5）生物资产的成本，包括放弃债权的公允价值和可直接归属于该资产的税金、运输费、保险费等其他成本。

（6）无形资产的成本，包括放弃债权的公允价值和可直接归属于使该资产达到预定用途所发生的税金等其他成本。

放弃债权的公允价值与账面价值之间的差额，应当计入当期损益。

【例3-3】甲公司遭遇财务困难，无法按期偿还对乙公司的500万元应付账款（公允价值为490万元）。双方经协商决定进行债务重组，乙公司同意甲公司按以下方式偿还债务：①甲公司将其持有的公允价值为300万元的丙公司股票转让给乙公司（乙公司作为交易性金融资产核算）；②甲公司将其拥有的一座公允价值为190万元的厂房转让给乙公司（乙公司作为投资性房地产核算）。乙公司放弃对甲公司剩余的10万元债权。

乙公司（债权人）的账务处理如下：

借：交易性金融资产	3 000 000	
投资性房地产	1 900 000	
投资收益	100 000	
贷：应收账款		5 000 000

二、将债务转为权益工具方式进行债务重组

将债务转为权益工具方式进行债务重组导致债权人将债权转为对联营企业或合营企业的权益性投资的，债权人应当按照《债务重组准则》的规定计量其初始投资成本。

放弃债权的公允价值与账面价值之间的差额，应当计入当期损益。

【例3-4】 甲公司遭遇财务困难，无法偿还对乙公司的500万元到期货款（公允价值为480万元）。双方就债务重组事宜达成一致，约定甲公司出让对其联营企业丙公司持有的全部股权抵偿债务。重组前，甲公司持有丙公司20%的股权，公允价值为480万元。乙公司放弃对甲公司的剩余债权。乙公司已对该部分应收账款计提50万元的坏账准备。

乙公司（债权人）的会计处理如下：

借：长期股权投资——丙公司	4 800 000	
坏账准备	500 000	
贷：应收账款		5 000 000
投资收益/其他收益——债务重组收益		300 000

警示案例

2019年9月，庞大汽贸集团股份有限公司（以下简称"庞大集团"）进入重整程序。2019年12月9日，法院裁定准予《庞大汽贸集团股份有限公司重整计划》执行。2019年12月30日，法院裁定重整计划执行完毕。2019年年末，庞大集团在不符合债转股条件的情况下，对部分债务进行债转股处理，导致相关年度报告存在虚假记载。

庞大集团重整前，其实际控制的企业因保理融资等业务对信达一汽商业保理有限公司负债10.16亿元。2019年年末，在上述债务不符合债转股条件的情况下，庞大集团对其进行债转股处理，合计确认投资收益7.75亿元。同时，未确认上述债务2019年至2022年的利息费用。

上述行为，不符合《企业会计准则——基本准则（2014年修改）》第十二条、《企业会计准则第12号——债务重组（2019年修订）》第十一条规定，导致庞大集团2019年度至2022年度分别虚增利润总额8.01亿元、0.67亿元、0.43亿元、0.27亿元，相关年度报告存在虚假记载。

{资料来源：中国证券监督管理委员会河北监管局行政处罚决定书〔2024〕4号}

职业道德思考

如何看待企业不当债务重组和相应会计处理?

三、以其他方式或组合方式进行债务重组

采用修改其他条款方式进行债务重组的,债权人应当按照《企业会计准则第22号——金融工具确认和计量》的规定,确认和计量重组债权。

【例3-5】 甲公司遭遇财务困难,无法偿还对乙公司的500万元到期货款,逾期年利率为12%。逾期2个月后,双方就债务重组事宜达成一致,约定债务本金减少100万元,免除相应利息,剩余400万元的债务,由甲公司在未来2年内分期偿还,每年偿还200万元,以15%作为重组债务的年利率。实际年利率为13%。

乙公司(债权人)确认放弃债权导致重组损失的会计处理如下:

借:投资收益	1 100 000	
贷:应收账款		1 100 000

其中,投资收益金额等于放弃债权的账面价值,-1 100 000[4 000 000-(5 000 000×2×12%/12+5 000 000)]元,记借方。

乙公司(债权人)确认剩余债权转为新债权的会计处理如下:

借:应收账款	4 102 122	
贷:应收账款		4 000 000
投资收益		102 122

其中,投资收益等于新债权公允价值减去剩余债权账面价值(4 000 000元)。新债权公允价值通过按13%利率将新债权本息折现计算得到。

以多项资产清偿债务或者组合方式进行债务重组的,债权人应当首先按照《企业会计准则第22号——金融工具确认和计量》的规定确认和计量受让的金融资产和重组债权,然后按照受让的金融资产以外的各项资产的公允价值比例,对放弃债权的公允价值扣除受让金融资产和重组债权确认金额后的净额进行分配,并以此为基础分别确定各项资产的成本。

【例3-6】 甲公司遭遇财务困难,无法按期偿还对乙公司的600万元应付账款。双方经协商决定进行债务重组,乙公司同意甲公司按以下方式偿还债务:① 甲公司将其持有的公允价值为200万元的丙公司股票转让给乙公司(乙公司作为交易性金融资产核算);② 甲公司将其拥有的一座公允价值为200万元的厂房转让给乙公司(乙公司作为投资性房地产核算);③ 甲公司将一台公允价值为120万元的设备转让

给乙公司(乙公司作为固定资产核算);④ 甲公司确认新债务 80 万元。原债权公允价值为 580 万元。

乙公司(债权人)的账务处理如下:

借:交易性金融资产	2 000 000
投资性房地产	1 875 000
应收账款	800 000
固定资产	1 125 000
投资收益	200 000
贷:应收账款	6 000 000

其中,投资性房地产金额按放弃债权公允价值扣除受让金融资产和重组债权确认金额后的净额(300 万元)分配,数额等于 187.5[300×200/(120+200)]万元。固定资产金额按相同方式分配,数额等于 112.5 万元。

第三节 债务人的会计处理

以资产清偿债务方式进行债务重组的,债务人应当在相关资产和所清偿债务符合终止确认条件时予以终止确认,所清偿债务账面价值与转让资产账面价值之间的差额计入当期损益。

将债务转为权益工具方式进行债务重组的,债务人应当在所清偿债务符合终止确认条件时予以终止确认。债务人初始确认权益工具时应当按照权益工具的公允价值计量,权益工具的公允价值不能可靠计量的,应当按照所清偿债务的公允价值计量。所清偿债务账面价值与权益工具确认金额之间的差额,应当计入当期损益。

【例 3-7】甲公司到期无力偿还对乙公司的 500 万元货款(分类为以摊余成本计量的金融负债)。双方经协商决定进行债务重组,乙公司将该债权转为对甲公司的股权投资,甲公司办妥增资手续,发行权益工具支出相关税费 10 万元。乙公司债权转股后,甲公司总股本为 500 万元,乙公司持有甲公司总股本的 20%(全部由此次转股产生),对甲公司有重大影响,甲公司股权的公允价值不能可靠计量。甲公司应付款项的公允价值为 420 万元。

甲公司股权的公允价值不能可靠计量,初始确认权益工具时应当按照所清偿债务的公允价值扣除发行权益工具支出的相关税费后的 410 万元计量。

借:应付账款　5 000 000
　贷:实收资本　1 000 000
　　资本公积——资本溢价　3 100 000
　　银行存款　100 000
　　投资收益　800 000

其中,资本公积按发行股份取得410万元扣除实收资本100(500×20%)万元金额核算。投资收益金额按债务账面价值减去公允价值核算。

采用修改其他条款方式进行债务重组的,债务人应当按照《企业会计准则第22号——金融工具确认和计量》和《企业会计准则第37号——金融工具列报》的规定,确认和计量重组债务。

以多项资产清偿债务或者组合方式进行债务重组的,债务人应当按照《债务重组准则》的规定确认和计量权益工具和重组债务,所清偿债务的账面价值与转让资产的账面价值及权益工具和重组债务的确认金额之和的差额,应当计入当期损益。

第四节　债务重组的披露

一、债权人的披露

债权人应当在附注中披露与债务重组有关的下列信息:

(1) 根据债务重组方式,分组披露债权账面价值和债务重组相关损益。

(2) 债务重组导致的对联营企业或合营企业的权益性投资增加额,以及该投资占联营企业或合营企业股份总额的比例。

二、债务人的披露

债务人应当在附注中披露与债务重组有关的下列信息:

(1) 根据债务重组方式,分组披露债务账面价值和债务重组相关损益。

(2) 债务重组导致的股本等所有者权益的增加额。

【例3-8】浙江康盛股份有限公司2022年度报告显示,当年发生债务重组损益139万元,2021年发生债务重组损益254万元,2020年发生债务重组损益216万元。该公司在财务报表附注"投资收益"部分将债务重组收益纳入投资收益进行加总,同时在"当期非经常性损益明细表"部分将债务重组损益纳入非经常性损益。

本章小结

债务重组是债权人和债务人在面对债务潜在或现实违约风险时所做出的特定交易，通常伴随债权人的利益损失和债务人的利益获得。因此，在介绍债务重组的定义、一般形式和适用准则的基础上，本章分别从债权人和债务人角度详细阐述了债务重组的会计处理和披露要求。债务重组并不是常见的交易，但是一旦发生就可能对财务报表的诸多要素产生较大影响。

练 习 题

一、简答题

1. 债权人进行债务重组的目的是什么？
2. 债务人进行债务重组的目的是什么？
3. 债务重组的常见方式有哪些？
4. 债务重组中债权人如何进行会计处理？
5. 债务重组中债务人如何进行会计处理？

二、实务题

1. 甲公司是一家电气设备制造企业。2023 年 5 月 1 日，甲公司向乙公司销售了一批电气设备，应收账款金额为 800 万元，双方约定乙公司于 2023 年 12 月 31 日前付款。2023 年年末，由于市场状况变化，乙公司在支付款项方面遇到了困难，仅能支付 100 万元。

为了解决这个问题，双方在 2024 年 1 月 1 日达成了债务重组协议，内容如下：① 乙公司以其持有的一项交易性金融资产（股票）抵偿部分债务，这批股票的成本为 200 万元，公允价值为 220 万元；② 乙公司以一座厂房抵偿部分债务，该厂房的成本为 250 万元，已计提折旧 100 万元，计提减值 20 万元，公允价值为 100 万元；③ 乙公司按面值向甲公司定向发行 300 万元的公司债券作为剩余债务的抵偿；④ 甲公司免除乙公司剩余债务。

债务重组日，甲公司已对该项应收账款计提 400 万元的坏账准备。

要求：分别编制债务重组日，甲公司与乙公司进行会计处理的分录。

2. 丙公司到期无力偿还对 A 银行的贷款，总额为 500 万元，贷款年利率为 6%。丙公司与 A 银行就该项贷款达成债务重组协议，内容如下：① A 银行同意减免丙公司 100 万元的贷款本金；② 丙公司向 A 银行定向发行面值为 1 元的本公司股票，市价 50 万元，抵偿 50 万元债务；③ 对于剩余的贷款本金 350 万元，A 银行同意将年利率调整为 5%，并延长还款期限 2 年，采用等额本金方式还款。

要求：编制丙公司对该项债务重组业务进行会计处理的分录。

第四章

借款费用

学习目标

1. 掌握借款费用的资本化和费用化的涵义；
2. 掌握借款费用资本化的条件；
3. 熟悉借款费用的列报和披露。

引 例

2021 年 5 月 31 日，泰禾集团股份有限公司收到深圳证券交易所公司（以下简称深交所）下发的《关于对泰禾集团股份有限公司 2020 年年报的问询函》。问询函指出，“公司 2020 年财务报告被出具保留意见的审计报告，形成保留意见的基础包括利息资本化的影响等。审计报告显示，公司 2020 年融资借款利息费用 99.13 亿元，其中，资本化金额 83.88 亿元，费用化金额 15.25 亿元。因公司资金周转困难，部分工程停工缓建，年审会计师无法获取充分适当的审计证据判断利息资本化和费用化金额的准确性”。

深交所要求公司和相关中介机构就公司借款费用资本化确认原则、报告期内工程项目停工缓建情况等，说明相关会计处理是否符合企业会计准则的相关规定。

公司回复称：

2020 年上半年，公司对部分在建项目暂停施工，其后在确保安全情况下，对项目实施封闭管理，控制现场施工人员数量，施工进度放缓，致使部分项目建设周期延长。公司综合考虑了项目的实际情况和施工进度，对于在建项目，停工缓建时间连续超过三个月且未发生实质性复工的项目，未将相关利息资本化；对停工缓建时间未连续超过三个月，由于施工进度不够密集而导致建设周期延长的项目，继续进行利息资本化处理。由于项目停工缓建的情况在客观上造成无法收集完整的监理月报，公司在判断停工缓建时间是否超过三个月主要依据工地管理人员的反馈信息，与第三方出具的监理月报相比，在信息收集的频次和精细程度方面有所欠缺。对于已完工项目，公司不存在对利息资本化的情形。

公司对于已到期未归还借款相关的利息、罚息、违约金的处理，依据相关借款协议的约定。对于利息的计算，参照借款协议中的本金、利率和 2020 年占用资金的天数计算得出；对于罚息的计算参照协议中的约定，将其视同借款利息予以资本化；对于因为违反协议约定而应支付的一次性违约金，计入当期费用。公司认为按上述原则计算的借款利息资本化金额具有合理性。

为消除该保留事项，公司正在逐步增加驻场施工人员的数量，全面梳理项目停工缓建情况，并协调各项目监理机构配合上述工作，夯实停工缓建对融资费用资本化和费用化的影响金额。

问询函中，深交所提请年审会计师说明对上市公司利息资本化事项所执行的审计程序和获取的审计证据，以及相比 2019 年，本报告期无法获取充分适当审计证据的具体原因。要求年审会计师说明是否存在审计范围受限的情形，前后任年审会计师是否充分做好审计沟通工作，未采取或无法采取其他替代程序的原因及合理性。

对此，年审会计师向深交所说明借款费用资本化的相关核查程序及结论。

（一）针对利息资本化事项所执行的审计程序和获取的审计证据

发现存在停工缓建情况，且无法提供相关时点依据资料。

（二）本报告期无法获取充分适当审计证据亦无法采取替代程序的原因

2020 年年报审计时，泰禾集团因资金周转困难部分项目停工缓建，但无法提供记录停工缓建的相关资料，也无法完整提供监理月报，且部分监理公司已撤场也未配合会计师访谈问询，因此主审会计师无法判断资本化事项的准确性，亦无法采取其他替代程序。

｛资料来源：泰禾集团股份有限公司董事会，《泰禾集团股份有限公司关于对深圳证券交易所〈2020 年年报问询函〉的回复公告》2021 年 7 月 8 日｝

案例思考

1. 泰禾集团因部分项目停工缓建导致无法准确判断利息资本化金额。结合引例，在本章学习中，请思考借款费用资本化的原始凭证是什么，同一借款费用的资本化和费用化的会计处理将会给财务报表带来什么影响，并分析该影响引起管理层操纵财务会计信息的可能性。

分析提示

2. 企业为什么有动机对借款费用进行不合理的资本化？

第一节 借款费用概述

一、借款费用的概念及准则适用

借款费用,是指企业因借款而发生的利息及其他相关成本。借款费用包括借款利息、折价或者溢价的摊销、辅助费用以及因外币借款而发生的汇兑差额等。

按照使用用途是否专用,可以将借款划分为专门借款和一般借款。专门借款,是指为购建或者生产符合资本化条件的资产而专门借入的款项。一般借款,是指专门借款以外的全部借款。通常,构建或生产某项资产需要动用借款,首先使用专门借款,专门借款不足时,可能占用一般借款。

借款费用的确认、计量和报告适用《企业会计准则第 17 号——借款费用》(以下简称《借款费用准则》)。

二、符合借款费用资本化条件的存货

《借款费用准则》规定,企业借款购建或者生产的存货中,符合借款费用资本化条件的,应当将符合资本化条件的借款费用予以资本化。符合借款费用资本化条件的存货,主要包括企业(房地产开发)开发的用于对外出售的房地产开发产品、企业制造的用于对外出售的大型机械设备等。这类存货通常需要经过相当长时间的建造或者生产过程,才能达到预定可销售状态。其中“相当长时间”,是指为资产的购建或者生产所必需的时间,通常为 1 年以上(含 1 年)。

第二节 借款费用的确认

一、借款费用的确认原则

借款费用的确认问题主要有两方面。一方面是借款费用应当被确认成资产还是费用,即资本化和费用化问题。另一方面是借款费用的确认时点问题,包括借款费用的确认条件问题,以及开始、中断和停止资本化的条件要求。

总的原则是,符合资本化条件的,应当资本化;不符合资本化条件的,应当费用化。所谓资本化,就是将借款费用计入相关资产的成本,也即借款费用的确认影响相关资产的账面价值。符合资本化条件的资产,是指需要经过相当长时间的购建或者生产活动才能达到预定可使用或者可销售状态的固定资产、投资性房地产和存货等资产。

《借款费用准则》规定,企业发生的借款费用,可直接归属于符合资本化条件的资产的购建或者生产的,应当予以资本化,计入相关资产成本;其他借款费用,应当在发生时根据其发生额确认为费用,计入当期损益。

二、借款费用资本化的条件

为了明确借款费用的资本化要求,准则设计了如下条件,同时满足则能开始资本化:

(1) 资产支出已经发生,资产支出包括为购建或者生产符合资本化条件的资产而以支付现金、转移非现金资产或者承担带息债务形式发生的支出;

(2) 借款费用已经发生;

(3) 为使资产达到预定可使用或者可销售状态所必要的购建或者生产活动已经开始。

三、借款费用资本化的停止条件

一些现象可能表明借款费用与资产价值的关系减弱。《借款费用准则》规定,符合资本化条件的资产在购建或者生产过程中发生非正常中断、且中断时间连续超过3个月的,应当暂停借款费用的资本化。在中断期间发生的借款费用应当确认为费用,计入当期损益,直至资产的购建或者生产活动重新开始。如果中断是所购建或者生产的符合资本化条件的资产达到预定可使用或者可销售状态必要的程序,借款费用的资本化应当继续进行。

【例4-1】为建造新厂房,甲公司向银行借入一笔为期三年的专门借款。

情形一:突发天气原因导致工程暂停4个月。突发天气原因(不可预见的不可抗力)导致符合资本化条件的资产(在建工程)发生非正常中断时间超过3个月,超出3个月的期间(1个月)的专门借款利息应当停止资本化,直至厂房建设活动重新开始;

情形二:甲公司地处东北,冬季停工4个月。东北冬季(可预见的不可抗力)导致的中断不属于非正常中断,借款费用应当继续资本化;

情况三:甲公司需进行厂房功能测试,导致工程暂停4个月。正常测试、调试停工导致的中断不属于非正常中断,借款费用应当继续资本化。

职业道德思考:

如何识别和避免企业通过借款费用资本化和费用化的选择而进行财务造假?

购建或者生产符合资本化条件的资产达到预定可使用或者可销售状态时，借款费用应当停止资本化。在符合资本化条件的资产达到预定可使用或者可销售状态之后所发生的借款费用，应当在发生时根据其发生额确认为费用，计入当期损益。

购建或者生产符合资本化条件的资产达到预定可使用或者可销售状态，可从下列几个方面进行判断：

（1）符合资本化条件的资产的实体建造（包括安装）或者生产工作已经全部完成或者实质上已经完成；

（2）所购建或者生产的符合资本化条件的资产与设计要求、合同规定或者生产要求相符或者基本相符，即使有极个别与设计、合同或者生产要求不相符的地方，也不影响其正常使用或者销售；

（3）继续发生在所购建或生产的符合资本化条件的资产上的支出金额很少或者几乎不再发生；

（4）购建或者生产符合资本化条件的资产需要试生产或者试运行的，在试生产结果表明资产能够正常生产出合格产品、或者试运行结果表明资产能够正常运转或者营业时，应当认为该资产已经达到预定可使用或者可销售状态。

这些判断标准符合一般经济市场参与者对一般企业生产经营活动的一般观点，采取这些标准有助于提高会计信息在不同企业之间的可比性。

购建或者生产的符合资本化条件的资产的各部分分别完工，且每部分在其他部分继续建造过程中可供使用或者可对外销售，且为使该部分资产达到预定可使用或可销售状态所必要的购建或者生产活动实质上已经完成的，应当停止与该部分资产相关的借款费用的资本化。购建或者生产的资产的各部分分别完工，但必须等到整体完工后才可使用或者可对外销售的，应当在该资产整体完工时停止借款费用的资本化。

第三节　借款费用的计量

一、一般规定

在资本化期间内，每一会计期间的利息（包括折价或溢价的摊销）资本化金额，应当按照下列规定确定：

（1）为购建或者生产符合资本化条件的资产而借入专门借款的，应当以专门借款当期实际发生的利息费用，减去将尚未动用的借款资金存入银行取得的利息收入或进行暂时性投资取得的投资收益后的金额来确定；

（2）为购建或者生产符合资本化条件的资产而占用了一般借款的，企业应当根据累计资产支出超过专门借款部分的资产支出加权平均数乘以所占用一般借款的资本化率，计算确定一般借款应予资本化的利息金额。

资本化率应当根据一般借款加权平均利率计算确定。资本化期间，是指从借款费用开始资本化时点到停止资本化时点的期间，借款费用暂停资本化的期间不包括在内。

【例4-2】为建造新办公楼，甲公司于2023年1月1日向银行借入了两笔款项：(1)年利率为6%，2 000万元的专门借款(用于建造办公大楼)；(2)年利率8%，1 000万元的一般借款。在2023年初，甲公司动用专门借款1 400万元，剩余600万元存入银行，按0.15%的月利率获得银行利息；6月1日，动用剩余专门借款400万元。

专门借款当期实际发生的利息费用120万元(2 000×6%)，尚未动用的借款资金的利息收入4.5万元(600×5×0.15%)。专门借款应予资本化的利息115.5万元(120-4.5)。累计支出超过专门借款的部分400万元。一般借款应予资本化的利息金额18.67万元(400×8%×7/12)。资本化的利息总额为134.17万元(115.5+18.67)。

二、其他规定

(一) 借款的价值调整

借款存在折价或者溢价的，应当按照实际利率法确定每一会计期间应摊销的折价或者溢价金额，调整每期利息金额。

【例4-3】为构建新生产线，甲公司于2025年1月1日发行5年期、年利率5%的债券，债券面值1 000万元，每年末支付利息。甲公司共募集资金950万元。

甲公司折价发行债券，应先根据筹资金额和未来偿还债券本金及利息的现金流计算出实际利率，以摊余成本与实际利率作为计算每期资本化金额的基础。

(二) 汇兑差额

在资本化期间内，外币专门借款本金及利息的汇兑差额，应当予以资本化，计入符合资本化条件的资产的成本。

为防止过度资本化的会计操纵，准则要求，在资本化期间内，每一会计期间的利息资本化金额不应当超过当期相关借款实际发生的利息金额。

(三) 辅助费用

辅助费用，即与借款取得有关的费用，例如手续费、佣金等。

专门借款发生的辅助费用，在所购建或者生产的符合资本化条件的资产达到预定可使用或者可销售状态之前发生的，应当在发生时根据其发生额予以资本化，计入符合资本化条件的资产的成本；在所购建或者生产的符合资本化条件的资产达到预定可使用或者可销售状态之后发生的，应当在发生时根据其发生额确认为费用，计入当期损益。一般借款发生的辅助费用,应当在发生时根据其发生额确认为费用,计入当期损益。

第四节　借款费用的披露

企业应当在附注中披露与借款费用有关的下列信息:

(1) 当期资本化的借款费用金额;

(2) 当期用于计算确定借款费用资本化金额的资本化率。

【例 4-4】 M 公司 2022 年年度报告中,"已资本化的利息支出"作为财务费用的减项予以呈现,金额共计 49 700 万元,2021 年该项目金额共计 850 万元。公司披露计算确定借款费用资本化金额的资本化率为 1.8%至 4.41%,2021 年度为 1.8%至 4.9%。

学术观点

房地产开发企业的资金来源一般以外部融资为主,会产生高额的借款费用;该借款费用在不同场合会有不同的名称,如:利息支出、融资成本、财务费用等。当年的利息支出直接反映了该公司的债务负担;很多公司可能债务本金还未到期,就因无法支付本期利息而出现违约。因此,当期利息支付是反映企业债务风险的重要指标;传统上有利息保障倍数(或已获利息倍数)等指标来衡量企业的短期偿债能力。通常情况下,当期利息支出可通过公司损益表上的利息支出获取;但为开发房地产等建造周期长的项目而借入的资金所发生的利息费用,在开发完工之前,可将利息资本化处理,计入开发产品成本,在开发完工交付后结转成本处理。

我国房地产行业资产负债率高,每年应支付的利息规模也十分庞大;但由于房地产行业的特殊性,利息资本化比例高。房地产企业的大部分利息都被资本化计入房地产开发建造成本。如果这部分资本化的利息未能真实有效披露,企业外部人员对当期真实的融资成本和违约风险将无从得知,最终可能会影响信息使用者对整个企业本年度付息压力的判断;造成的资源错误投放形成连锁反应,影响到投资者利益甚至危及系统性金融安全。因此,房地产企业资本化利息是反映企业债务风险的重要指标,其真实有效披露影响深远。

{资料来源:谢绵陛,裴小雨,李昱帆. 房地产企业资本化利息披露存在的问题与改进建议[J]. 财会通讯,2024(07):102-105+110.}

本章小结

本章内容包括借款费用的性质、确认条件、计量方法以及在财务报告中的列报和披露要求。本章特别探讨了资本化的概念,其与费用化的差异,借款费用的资本化和费用化是本章最为重要的内容。在某些条件下,借款费用可以作为资产的获取、建造或生产成本的一部分进行资本化。读者要重视一般借款、专门借款在适用准则下特定的资本化要求,包括确认条件和计量方法。一些中止、终止借款费用资本化的情形,我们需要着重考虑,尤其考虑资本化和费用化下借款费用对财务报表的影响。通常符合相应情形,但仍然进行资本化的会计行为可能与舞弊有关。

练习题

一、简答题

1. 借款费用的资本化和费用化的分别指什么?

2. 如何确定借款费用是否应资本化,并说明资本化的开始和终止条件。

二、实务题

1. 甲企业于2023年1月1日开始建造一座厂房,预计建造时间为2年,总建设成本计划为1 000万元。甲企业为厂房建设,从银行取得一笔两年期,金额为1 000万元的专门借款,年利率为5%。2023年12月31日,甲企业实际支出600万元用于厂房建设。

请编制甲企业2023年银行借款使用的会计分录。

2. 乙企业为构建生产线,于2023年1月1日向银行借入3年期专门借款5 000万元,年利率为6%,当年发生与购建生产线相关的支出包括:(1)1月1日支付材料款2 000万元;(2)3月1日支付工程进度款1 800万元;(3)6月1日支付工程进度款2 000万元。

乙企业将暂时未使用的专门借款用于货币市场投资,月利率为0.5%,除专门借款外,乙企业尚有一笔一般借款,为2022年10月1日向银行借入的2年期借款5 000万元,年利率为7%。

建设过程中,乙企业发生两次停工,一次是7月1日到10月1日因当地洪水导致的停工,一次是12月1日到年末因与施工方发生质量纠纷造成的停工。

请计算乙企业2023年应予资本化的借款费用。

第五章

非货币性资产交换

学习目标

1. 掌握非货币性资产交换的定义；
2. 掌握商业实质的概念与认定；
3. 掌握非货币性资产交换的会计处理；
3. 熟悉非货币性资产交换的列报和披露。

引　例

2020 年 4 月 17 日，深圳证券交易所对上海新阳半导体材料股份有限公司（以下简称“上海新阳”）下达了《关于对上海新阳半导体材料股份有限公司的关注函》，要求上海新阳补充说明 2019 年非货币性资产交换交易的具体情况、非货币性资产交换具有商业实质的判断依据、换入资产成本的确认依据、具体会计处理及是否符合会计准则的规定。

众华会计师事务所代表公司回复如下。

一、2019 年非货币性资产交换交易的具体情况

2018 年 12 月 31 日，公司持有上海新昇半导体科技有限公司（以下简称“上海新昇”）股权由最初的 38%降至 27.56%，上海硅产业集团股份有限公司（以下简称“硅产业集团”）持有上海新昇 72.44%的股权。2019 年，公司将持有的 26.06%上海新昇股权置换为硅产业集团新增发的 139 653 500 股股票，交易对价为 48 231.18 万元人民币。交易完成后，公司仍持有上海新昇 1.5%的股权。

2019 年 4 月，上海新昇和硅产业集团已分别在各自所在地市场监督管理局完成备案手续，至此公司本次交易事项全部完成，遂确认因换出上海新昇 26.06%的股权及将剩余 1.5%的股权按置换日的公允价值重新计量合计产生的投资收益约

30 803.88 万元人民币。

二、非货币性资产交换具有商业实质的判断依据

2016 年,国家集成电路产业投资基金股份有限公司和上海国盛(集团)有限公司共同出资并发起设立硅产业集团,成立后的硅产业集团于 2016 年以 3.085 亿元人民币认购上海新昇增发的全部 2.8 亿元股份,随后又收购了上海新傲科技股份有限公司和深圳市兴森快捷电路科技股份有限公司原持有的上海新昇的全部股份。至此,硅产业集团实现了对上海新昇的绝对控股。

2019 年,硅产业集团拟申报科创板上市,对下属非全资子公司少数股东股权进行了整合。硅产业集团提出采用增发股份购买资产的方式交换公司所持有的上海新昇 26.06%的股权。

公司基于以下因素考虑:

1. 随着上海新昇大硅片规划产能的不断提升,后续投资金额巨大。公司认为以自有资金无法支撑这部分继续投资,而作为非控股股东公司也无法通过募集资金按持股比例进行投资,所以存在着股权比例被不断稀释的现实问题,进而导致可能无法持续对上海新昇的经营决策实施重大影响。

2. 硅产业集团产业链布局较上海新昇更完整且已布局投资境外产业,所以其经营风险相与上海新昇存在着明显的区别。

3. 硅产业集团若能在申报科创板成功上市,持有其股份的流动性将远胜于上海新昇,也相应拥有一定的流动性溢价。

综上判断,公司认为此次股权置换涉及的公司两项股权投资所产生的未来现金流量在风险、时间和金额方面存在显著差异,公司依据《企业会计准则第 7 号——非货币性资产交换》准则的相关规定判断该交易是具有商业实质的。

三、换入资产成本的确认依据

硅产业集团公司股权价值经中联资产评估集团有限公司评估后确认价值为 5 310 762 600.00 元人民币,并出具了评估报告,然后在有关国资部门完成备案。上海新昇股权价值经中联资产评估集团有限公司评估后确认价值为 1 850 483 200.00 元人民币,然后在有关国资部门完成备案。

根据国务院国有资产监督管理委员会、财政部、中国证券监督管理委员会联合发布的《上市公司国有股权监督管理办法》中关于国有股东间接转让所持上市公司股份的规定及《发行股份购买资产协议》签署后相关主管部门的指导意见:根据资产评估报告载明的重大期后事项的影响,硅产业集团的估值调整为 559 488.34 万元人民币,折合每股估值 3.453 6 元人民币;上海新昇的估值未做调整,仍为 185 048.32 万元人民币。

参考上述资产评估结果，交易各方一致同意将上海新昇 26.06%的股权交易作价 48 231.18 万元人民币。公司对应获得硅产业集团公司股票股数为 139 653 500 股，对应估值 48 230.73 万元人民币与换出资产公允价值 48 231.18 万元人民币差异不大。由于本次交易不涉及补价，公司遂按换出资产的公允价值确认换入资产的成本。

关注函中，深圳证券交易所要求年审会计师发表明确意见。众华会计师事务所（特殊普通合伙）根据关注函的要求对关注函中与财务会计相关的问题进行了核查，并回复：

如公司所述，该项股权置换交易是具有商业实质的，所涉及的相关会计处理均符合各项企业会计准则的规定。

{资料来源：众华会计师事务所，《关于对上海新阳半导体材料股份有限公司的关注函之回复》，2020 年 4 月 21 日}

案例思考

1. 上海新阳的非货币性资产交换案例说明，在复杂的股权交易或资产置换交易中，商业实质的判断与合理的价值评估非常重要。结合引例，在本章学习中，思考企业在判断非货币性资产交换是否具有商业实质、确定换出和换入资产计量属性时应该考虑哪些关键因素，以及资产评估对非货币性资产交换会计处理的影响。

2. 会计人员应当具有资产评估知识吗？

分析提示

第一节 非货币性资产交换概述

一、非货币性资产交换的定义

首先介绍非货币性资产的定义。需要做区分的是流动性与货币性。货币性和非货币性与流动性的关系颇深。现金，作为一种货币形式，是流动性最强的资产，变现的难度或成本极低。资产负债表中的资产按流动性列示，但并非列示在前的就是货币性资产，列示在后的就是非货币性资产。货币性代表资产是货币或具有接近货币的性质，通常伴随较强的流动性，但并不必然。

非货币性资产和货币性资产的核心差异在于收取固定或可确定金额的货币资金的能力。货币资金本身就是货币,属于货币性资产。企业持有的公开可交易债券,可以在公开市场上交易,迅速以可确定的金额变现,因此也属于货币性资产。货币性资产要么可以作为支付手段,要么未来将以确定的金额转换为现金,而这种转换不需要企业额外承担成本。例如,应收账款,不同于合同资产,企业因其产生的收取可确定现金的权利的实现只取决于时间的流逝。

非货币性资产是指货币性资产以外的资产。例如,存货,虽然企业能够将其出售以换取现金,且其具有较强的流动性,但存货的存在不代表收入的实现,企业用以收取固定或可确定金额的货币资金的权利并不直接来自存货,而是来自双方因交易存货而产生的债权债务关系。再如,预付账款,企业因其产生收取标的资产的权利,而非产生一项对货币资金的收取权利。

非货币性资产交换,是指企业主要以固定资产、无形资产、投资性房地产和长期股权投资等非货币性资产进行的交换。这类交换不涉及或只涉及少量的货币性资产(补价)。将涉及补价的交换也认定为非货币性资产交换,是出于对交易主要部分的考虑,体现了会计信息质量的重要性原则。

【例5-1】甲公司有如下资产交换交易:

交易一:甲公司以其持有的一项专利权交换乙公司的一项土地使用权,不涉及补价,属于非货币性资产交换。

交易二:甲公司以其持有的丙公司股票(公允价值为1 000万元)交换丁公司的一项商标权(公允价值为990万元),并收取补价10万元。该交易涉及少量货币性资产,属于非货币性资产交换。

交易三:甲公司以一台生产设备交换戊公司持有的丙公司债券,不涉及补价。该交易是甲公司以非货币性资产换取货币性资产,不属于非货币性资产交换。

交易四:甲公司以一项期货合约交换己公司持有的丙公司股权。股权、期货合约的未来现金流量不固定,不属于货币性资产,因此该交易属于非货币性资产交换。

二、非货币性资产交换的适用准则

非货币性资产交换的会计处理适用《企业会计准则第7号——非货币性资产交换》(以下简称《非货币性资产交换准则》),但存在一些特定类型的非货币性资产交换,在进行会计处理时,适用其他相关会计准则的规定。

具体规定如下:

(1) 企业以存货换取客户的非货币性资产的,适用《企业会计准则第14号——收入》。其中,没有商业实质的非货币性资产交换,不确认收入。

(2) 非货币性资产交换中涉及企业合并的,适用《企业会计准则第20号——企业合并》《企业会计准则第 2 号——长期股权投资》《企业会计准则第 33 号——合并财务报表》。

（3）非货币性资产交换中涉及由《企业会计准则第 22 号——金融工具确认和计量》规范的金融资产的，金融资产的确认、终止确认和计量适用《企业会计准则第 22 号——金融工具确认和计量》和《企业会计准则第 23 号——金融资产转移》。

（4）非货币性资产交换中涉及由《企业会计准则第 21 号——租赁》规范的使用权资产或应收融资租赁款等的，相关资产的确认、终止确认和计量适用《企业会计准则第 21 号——租赁》。

（5）非货币性资产交换的一方直接或间接对另一方持股且以股东身份进行交易的，或者非货币性资产交换的双方均受同一方或相同的多方最终控制，且该非货币性资产交换的交易实质是交换的一方向另一方进行了权益性分配或交换的一方接受了另一方权益性投入的，适用权益性交易的有关会计处理规定。

三、非货币性资产的确认

《非货币性资产交换准则》规定，企业应当分别对非货币性资产交换中的换入资产进行确认，对换出资产终止确认。对于换入资产，企业应当在换入资产符合资产定义并满足资产确认条件时予以确认；对于换出资产，企业应当在换出资产满足资产终止确认条件时终止确认。

换入资产的确认时点与换出资产的终止确认时点存在不一致的，企业在资产负债表日应当按照下列原则进行处理：

（1）换入资产满足资产确认条件，换出资产尚未满足资产终止确认条件的，在确认换入资产的同时将交付换出资产的义务确认为一项负债；

（2）换入资产尚未满足资产确认条件，换出资产满足资产终止确认条件的，在终止确认换出资产的同时将取得换入资产的权利确认为一项资产。这一处理原则是为了满足会计信息质量的及时性。

第二节　非货币性资产交换的计量

一、计量属性的确定

（一）以公允价值为基础计量的非货币性资产交换

在现行准则中，非货币性资产交换的规范导向是公允价值计量，但采用公允价值计量须同时满足以下两个条件：

（1）该项交换具有商业实质；

（2）换入资产或换出资产的公允价值能够可靠地计量。若非货币性资产交换不满足上述条件,则采用账面价值计量。

商业实质,是指正常条件下,交易对合理的商业目的的满足。若交易能够满足以下条件之一,则认为非货币性资产交换具有商业实质:其一,换入资产的未来现金流量在风险、时间分布或金额方面与换出资产显著不同;其二,使用换入资产所产生的预计未来现金流量现值与继续使用换出资产不同,且其差额与换入资产和换出资产的公允价值相比是重大的。换言之,如果换入资产与换出资产的使用价值或实现未来现金流量的方式均无差异,那么这项交换不具有一般商业意义上的合理性,被认为不具有商业实质。

《非货币性资产交换准则》规定,以公允价值为基础计量的非货币性资产交换,换入资产和换出资产的公允价值均能够可靠计量的,应当以换出资产的公允价值为基础计量,但有确凿证据表明换入资产的公允价值更加可靠的除外。这一规定实际上是一种公允价值计量下的历史成本计量。

(二) 以账面价值为基础计量的非货币性资产交换

当非货币性资产交换不具有商业实质,或换出资产及换入资产均不能可靠计量时,非货币性资产交换采用账面价值计量。这里的账面价值一定是换出资产的账面价值,因为换入资产的账面价值对于换出资产的企业而言往往难以取得,也不能被证明之于换出资产的企业具有更强的可靠性。

职业道德思考

公允价值的采用将对非货币性资产交换的会计处理产生什么影响?站在职业道德的角度,讨论这些影响对财务报表使用者利益的潜在危害有哪些。

二、以公允价值为基础的计量

(一) 一般规定

以公允价值为基础计量的非货币性资产交换,对于换入资产,应当以换出资产的公允价值和应支付的相关税费作为换入资产的成本进行初始计量;对于换出资产,应当在终止确认时,将换出资产的公允价值与其账面价值之间的差额计入当期损益。有确凿证据表明换入资产的公允价值更加可靠的,则改为以换入资产的公允价值进行计量。本节内容均据此要求处理,后文不再赘述。

(二) 涉及补价的情形

对于支付补价的一方,应当以换出资产的公允价值,加上支付补价的公允价值和应支付的相关税费,作为换入资产的成本,换出资产的公允价值与其账面价值之间的差额计入当期损益。

对于收到补价的一方,应当以换出资产的公允价值,减去收到补价的公允价值,加上应支付的相关税费，作为换入资产的成本，换出资产的公允价值与其账面价值之间的差额计入当期损益。

【例 5-2】甲公司以自产的 A 产品交换乙公司的机器设备，A 产品的账面价值为 15 万元，公允价值为 20 万元；机器设备的账面价值为 19 万元，公允价值为 24 万元。甲公司向乙公司另支付补价 4 万元。该项交易具有商业实质。

对于甲公司（支付补价的一方）而言：

机器设备的入账价值＝换出存货的公允价值＋支付补价的公允价值＝20+4＝24（万元）

甲公司的会计处理如下：

借：固定资产	240 000	
贷：主营业务收入		200 000
银行存款		40 000
借：主营业务成本	150 000	
贷：库存商品		150 000

对于乙公司（收到补价的一方）而言：

A 产品的入账价值＝换出机器设备的公允价值－收到补价的公允价值＝24－4＝20（万元）

乙公司的会计处理如下：

借：原材料	200 000	
银行存款	40 000	
贷：固定资产（清理过程略）		190 000
资产处置收益		50 000

（三）同时换出或换入多项资产的情形

对于同时换出多项资产的一方，其处理规定与前述一般规定一致。将各项换出资产的公允价值与其账面价值之间的差额，在各项换出资产终止确认时计入当期损益。

有确凿证据表明换入资产的公允价值更加可靠时例外，应当按照各项换出资产的公允价值的相对比例，将换入资产的公允价值总额（涉及补价的，减去支付补价的公允价值或加上收到补价的公允价值）分摊至各项换出资产，分摊至各项换出资产的金额与各项换出资产账面价值之间的差额，在各项换出资产终止确认时计入当期损益。

对于同时换入多项资产的一方，应当按照换入的金融资产以外的各项换入资产公允价值的相对比例，将换出资产的公允价值总额（涉及补价的，加上支付补价的公允价值或减去收到补价的公允价值）扣除换入金融资产的公允价值后的净额进行分摊，以分摊至各项换入资产的金额，加上应支付的相关税费，作为各项换入资产的成本进行初始计量。

【例5-3】 甲公司以其持有的设备和专利权交换乙公司的土地使用权和存货。甲公司设备的账面价值为80万元,公允价值为100万元;专利权的账面价值为14万元,公允价值为30万元。乙公司土地使用权的账面价值为100万元,公允价值为140万元;存货的账面价值为8万元,公允价值为10万元。甲公司另支付10万元的补价。甲公司有确凿证据表明换入资产的公允价值更加可靠。

甲公司以换入资产的公允价值计量换入资产的入账价值,并据此计算换出资产的处置损益:

换入资产的公允价值总额减去补价的公允价值后的金额为140万元,应按换出资产的公允价值的相对比例分摊至设备和专利权,分别为107.69[100/(100+30)×140]万元和32.31[30/(100+30)×140]万元。

相应地,因换出设备确认的资产处置损益金额为107.69万元减去设备账面价值80万元,即27.69万元;因换出专利权确认的资产处置收益金额为32.31万元减去专利权账面价值14万元,即18.31万元。

甲公司的会计处理如下:

借:原材料	100 000	
无形资产——土地使用权	1 400 000	
贷:固定资产(清理过程略)		800 000
无形资产——专利权		140 000
资产处置收益——设备		276 900
——专利权		183 100
银行存款		100 000

乙公司以换出资产的公允价值计量换入资产的入账价值:

换出资产的公允价值总额加上补价的公允价值后的金额为140万元,应按换入资产的公允价值的相对比例分摊至设备和专利权,分别为107.69[100/(100+30)×140]万元和32.31[30/(100+30)×140]万元。

乙公司的会计处理如下:

借:固定资产	1 076 900	
无形资产——专利权	323 100	
银行存款	100 000	
贷:无形资产——土地使用权		1 000 000
主营业务收入		100 000
资产处置收益——土地使用权		400 000
借:主营业务成本	80 000	
贷:库存商品		80 000

三、以账面价值为基础的计量

以账面价值为基础计量的非货币性资产交换中，对于换入资产，企业应当以换出资产的账面价值和应支付的相关税费作为换入资产的初始计量金额；对于换出资产，终止确认时不确认损益。

涉及补价的，应当按照下列规定进行处理：

(1) 支付补价的，以换出资产的账面价值，加上支付补价的账面价值和应支付的相关税费，作为换入资产的初始计量金额，不确认损益；

(2) 收到补价的，以换出资产的账面价值，减去收到补价的公允价值，加上应支付的相关税费，作为换入资产的初始计量金额，不确认损益。

【例5-4】甲公司以其持有的A地区地块X的土地使用权交换乙公司持有的A地区相邻、等面积地块Y的土地使用权。甲公司与乙公司土地使用权的账面价值均为80万元，公允价值均为100万元。由于交换不会导致双方资产获取现金流量的金额、时间和方式产生差异，因此该交易不具有商业实质。甲、乙两家公司均应以账面价值为基础进行计量。乙公司的会计处理如下：

借：土地使用权——地块X	800 000	
贷：土地使用权——地块Y		800 000

同时换入或换出多项资产的，应当按照下列规定进行处理：

(1) 对于同时换入的多项资产，按照各项换入资产的公允价值的相对比例，将换出资产的账面价值总额（涉及补价的，加上支付补价的账面价值或减去收到补价的公允价值）分摊至各项换入资产，加上应支付的相关税费，作为各项换入资产的初始计量金额。换入资产的公允价值不能够可靠计量的，可以按照各项换入资产的原账面价值的相对比例或其他合理的比例对换出资产的账面价值进行分摊。

(2) 对于同时换出的多项资产，各项换出资产终止确认时均不确认损益。

第三节　非货币性资产交换的披露

企业应当在附注中披露与非货币性资产交换有关的下列信息：

(1) 非货币性资产交换是否具有商业实质及其原因。

(2) 换入资产、换出资产的类别。

(3) 换入资产初始计量金额的确定方式。

(4) 换入资产、换出资产的公允价值及换出资产的账面价值。

（5）非货币性资产交换确认的损益。

【例5-5】 W 公司 2024 年度报告显示，2024 年公司发生非货币性资产交换损益 5 268 万元。公司披露，2019 年 10 月，公司下属控股子公司运输公司与 S 市东部公共交通有限公司签署了《公交资源移交预签协议》，约定就运输公司现有公交营运线路、车辆资产、场站和办公设施、员工及 S 市东部公共交通有限公司股权的处置问题，通过双方谈判协商，由运输公司自行选择政府的补偿方式和不同补偿方式的比例（包括货币补偿和置换“绿的”补偿），在市政府正式批准补偿方式和补偿额度后与 S 市东部公共交通有限公司签署正式协议，进行公交资源置换。运输公司用大、中、小巴专营权，置换 439 台 10 年期“绿的”营运专营权，因换入资产与换出资产的未来现金流量在风险、时间和金额方面存在明显不同，故该项交换具有商业实质；因换出资产的公允价值难以取得，而 S 市 5 年期绿色出租小汽车营运牌照的使用费为 6 万元/台，相应 10 年期绿色出租小汽车营运牌照使用费的公允价值为 12 万元/台，439 台 10 年期“绿的”营运专营权的公允价值为 5 268 万元，故运输公司账面按 5 268 万元确认了换入的“绿的”营运专营权成本，计入“无形资产——出租车营运专营权（绿的）”科目核算。

本章小结

非货币性资产交换是企业将非货币性资产作为主要支付手段的特殊交易。非货币性资产交换是否具有商业实质的评判标准对于确定交换的会计处理路径具有重要意义，读者可以拓展一些关于非货币性资产交换的实例知识，以更好地理解商业实质。在对非货币性资产交换进行会计处理时，有两点需要着重考虑，分别是计量属性的选择和涉及补价的处理，这颇有难度。在财务报告中对非货币性资产交换进行透明披露非常重要，因为非货币性资产交换很可能引起企业财务状况和经营成果的大幅变动。

练习题

一、简答题

1. 什么是非货币性资产交换？它与货币性资产交换有何区别？
2. 非货币性资产交换的会计处理原则是什么？
3. 非货币性资产交换中涉及的补价应该如何处理？
4. 非货币性资产交换中换入资产和换出资产的价值应该如何计量？

二、实务题

1. 2024 年，乙公司发生的有关交易或事项如下：① 购入商品应付丙公司账款 1 200

万元,以库存商品偿付该欠款的20%,以持有的子公司股份偿付该欠款的80%;② 以持有的公允价值为500万元的对子公司投资换取公允价值为2 000万元的丁公司30%的股权,补价100万元以现金收取并存入银行;③ 向戊公司发行自身普通股,取得戊公司对己公司80%的股权;④ 以一项厂房换取关联公司己公司位于相邻地块、相同面积的厂房。请逐项判断上述业务是否属于非货币性资产交换,并说明理由。

2. 甲公司与乙公司进行一项非货币性资产交换:

(1) 甲公司换出一台设备,设备原值为100万元,已计提折旧20万元,公允价值为75万元。

(2) 乙公司换出一批产品,产品的账面价值为70万元,公允价值为90万元。

(3) 甲公司另支付补价15万元。

该项非货币性资产交换具有商业实质,符合采用公允价值计量的条件。

要求:编制甲公司和乙公司对该项非货币性资产交换进行会计处理的分录。

第六章

股份支付

学习目标

1. 掌握股份支付的定义和分类；
2. 掌握股份支付的会计处理；
3. 熟悉股份支付的列报和披露。

引 例

《上海水星家用纺织品股份有限公司2024年限制性股票激励计划实施考核管理办法》部分内容如下：

一、考核目的

进一步完善公司法人治理结构，建立、健全公司长效激励约束机制，吸引和留住优秀人才，充分调动公司（含分、子公司）任职的董事、高级管理人员及核心技术（业务）人员的积极性和创造性，有效提升核心团队凝聚力和企业核心竞争力，有效地将股东、公司和核心团队三方利益结合在一起，使各方共同关注公司的长远发展，确保公司发展战略和经营目标的实现。

二、考核指标及标准

1. 公司层面业绩考核要求

本激励计划授予的限制性股票的解除限售期对应的考核时间区间为2024—2026年三个会计年度，公司将分别在2024年、2025年、2026年会计年度届满后对公司在对应考核时间区间内完成的业绩进行总体考核评价。公司层面的业绩考核将以公司2023年净利润为基数，对应考核各对应时间区间的净利润增长率，各解除限售期内公司层面解除限售比例与相应解除限售期业绩考核指标的实际完成情况相挂钩。

在各解除限售期内，若因公司未完成上述业绩考核目标，则所有激励对象对应考核当年可解除限售的限制性股票均不得解除限售，由公司按照激励计划的规定对该部分限制性股票做回购注销处理，回购价格为授予价格并支付银行同期存款利息。

2. 个人层面绩效考核要求

在公司层面业绩考核达标后，需要对激励对象个人绩效进行考核，根据绩效考核结果确定激励对象个人实际解除限售额度，个人当年实际解除限售额度=个人当年计划解除限售额度×个人层面解除限售比例。绩效考核结果良好及以上个人层面解除限售比例为100%，合格的为70%，不合格及以下的为0%。

激励对象当年度因个人绩效考核未达标而不能解除限售的限制性股票，由公司回购注销，回购价格为授予价格并支付银行同期存款利息。

三、考核期间与次数

本激励计划的考核年度为2024—2026年三个会计年度。公司将分别在2024年、2025年、2026年会计年度届满后对公司在对应考核时间区间内完成的业绩进行总体考核评价。个人层面的绩效考核每个会计年度进行一次。

四、考核程序

公司董事会薪酬与考核委员会根据考核年度实现的公司业绩情况，确认公司业绩考核目标完成情况。公司人力资源部、财务部等相关部门在董事会薪酬与考核委员会的指导下负责具体的考核工作，并在此基础上形成绩效考核报告上交董事会薪酬与考核委员会。公司董事会薪酬与考核委员会根据绩效考核报告确定激励对象的解除限售资格及数量，并将结果提交董事会审议。

{资料来源：上海水星家用纺织品股份有限公司，《上海水星家用纺织品股份有限公司2024年限制性股票激励计划实施考核管理办法》，2024年3月26日}

案例思考

1. 水星家纺的限制性股票激励计划旨在加强公司治理并确保战略目标的实现。结合引例，在学习过程中，思考业绩条件设定对股权激励计划完成、对财务报表的影响，以及在激励计划的实施过程中，如何保障信息的透明度和考核的公正性。

分析提示

2. 在企业管理过程中，如何利用股权激励激发员工的工作热情？

第一节　股份支付概述

一、股份支付的定义与适用准则

股份支付，是指企业为获取职工和其他方提供服务而授予权益工具或者承担以（自身）权益工具为基础确定的负债的交易。

股份支付的目的是获取职工和其他方提供服务，也就是股份支付在前，获取服务在后。获取服务后所支付的对价属于职工薪酬范畴，而不是股份支付。

【例 6-1】 为激励关键员工，甲公司制定股权激励计划。

计划一：（授予权益工具）甲公司授予 10 名关键员工每人 500 股限制性股票，限制性股票有 3 年锁定期，锁定期内不能进行交易，锁定期结束后员工可以交易股票。

计划二：（承担以权益工具为基础确定的负债）甲公司与关键员工约定，如果公司股价上涨 10%及以上，员工可以获得每股股价上涨超出 10%的部分溢价乘以 1 000 股的现金。

股份支付的确认、计量和信息披露适用《企业会计准则第 11 号——股份支付》。企业合并中发行权益工具取得其他企业净资产的交易，适用《企业会计准则第 20 号——企业合并》。以权益工具作为对价取得其他金融工具等交易，适用《企业会计准则第 22 号——金融工具确认和计量》。

准则与实务

实际控制人受让股份是否构成新的股份支付

上市公司甲公司设立员工持股平台（有限合伙企业）用于实施股权激励计划，甲公司实际控制人为持股平台的普通合伙人，该实际控制人同时为甲公司核心高管，除实际控制人以外的其他激励对象为有限合伙人。

2025 年 4 月，持股平台合伙人以 5 元/股的价格认购甲公司向该平台增发的股份，股份设有 3 年限售期。协议约定，自授予日起，持股平台合伙人为公司服务满 3 年后可一次性解锁股份；有限合伙人于限售期内离职的，应当以 6 元/股的价格将其持有股份转让给普通合伙人，普通合伙人受让有限合伙人股份后，不享有受让股份对应的投票权和股利分配等受益权，普通合伙人须在股权激励计划 3 年限售期内将受让股份以 6 元/股的价格再次分配给员工持股平台的其他有限合伙人。

分析：普通合伙人受让有限合伙人股份后，不享有受让股份对应的投票权和股利分配等受益权，且其必须在约定的时间（3 年限售期内）、以受让价格（6 元/股）将受让股份再次分配给员工持股平台的合伙人。上述事实表明，普通合伙人未从受让股份中获得收益，仅以代持身份暂时持有受让股份，该交易不符合股份支付的定义，不构成新的股份支付。

实务中，判断普通合伙人受让股份属于代持行为通常需要考虑下列证据：

（1）受让前应当明确约定受让股份将再次授予其他激励对象。

（2）对再次授予其他激励对象有明确合理的时间安排。

（3）在再次授予其他激励对象之前的持有期间，受让股份所形成合伙份额相关的利益安排（如股利等）与代持未形成明显的冲突。

{资料来源：股份支付准则应用案例——实际控制人受让股份是否构成新的股份支付．2021，财政部．}

二、股份支付的方式

股份支付分为以权益结算的股份支付和以现金结算的股份支付。

以权益结算的股份支付，是指企业为获取服务以股份或其他权益工具作为对价进行结算的交易。以现金结算的股份支付，是指企业为获取服务承担以股份或其他权益工具为基础计算确定的交付现金或其他资产义务的交易。其中，权益工具是企业自身权益工具。

职业道德思考

如何识别和避免上市公司不当股权激励？

第二节 以权益结算的股份支付

一、以权益结算的股份支付换取职工提供服务的会计处理

以权益结算的股份支付换取职工提供服务的，应当以授予职工权益工具的公允价值

计量。

授予后立即可行权的换取职工服务的以权益结算的股份支付，应当在授予日按照权益工具的公允价值计入相关成本或费用，相应增加资本公积。授予日，是指股份支付协议获得批准的日期。

【例 6-2】 2023 年 12 月 1 日，甲公司批准一项针对 10 名骨干技术人员的股份支付协议。协议约定，每名员工获得 1 000 股甲公司股票，当日甲公司股票的公允价值为每股 150 元。授予后，股票立即可行权。甲公司的会计处理如下：

借：管理费用　　1 500 000

　贷：资本公积——其他资本公积　　1 500 000

完成等待期内的服务或达到规定业绩条件才可行权的换取职工服务的以权益结算的股份支付，在等待期内的每个资产负债表日，应当以对可行权权益工具数量的最佳估计为基础，按照权益工具授予日的公允价值，将当期取得的服务计入相关成本或费用和资本公积。

【例 6-3】 2022 年 12 月 1 日，甲公司批准一项针对 10 名骨干技术人员的股份支付协议。协议约定，每名员工获得 1 000 股甲公司限售股股票，为公司服务到 2024 年年末（25 个月）且 2024 年甲公司实现净利润超过 1 000 万元即可解除股票交易限制。当日甲公司股票的公允价值为每股 15 元。

授予日，不做会计处理。

在资产负债表日，后续信息表明可行权权益工具的数量与以前估计不同的，应当进行调整，并在可行权日调整至实际可行权的权益工具数量。对于可行权条件为规定服务期间的股份支付，等待期为授予日至可行权日的期间；对于可行权条件为规定业绩的股份支付，应当在授予日根据最可能的业绩结果预计等待期的长度。企业在可行权日之后不再对已确认的相关成本或费用和所有者权益总额进行调整。

其中，等待期，是指可行权条件得到满足的期间。可行权日，是指可行权条件得到满足、职工和其他方具有从企业取得权益工具或现金的权利的日期。

【例 6-4】 承【例 6-3】，2022 年 12 月 31 日，甲公司 10 名骨干技术人员中有 1 人离职，预计等待期内还将有 1 人离职。甲公司估计可行权限售股数量为 8 000 股，确认当年管理费用 4 800（8 000×15×1/25）元。

借：管理费用　　4 800

　贷：资本公积——其他资本公积　　4 800

2023 年 12 月 31 日，当年 8 名骨干技术人员中又有 3 人离职，预计等待期内不会有其他员工离职。甲公司估计可行权限售股数量为 5 000 股，确认当年管理费用 34 200

(5 000×15×13/25-8 000×15×1/25)元。

借:管理费用 34 200

贷:资本公积——其他资本公积 34 200

2024年12月31日,当年没有骨干技术人员离职。甲公司确认当年管理费用36 000(5 000×15×1-5 000×15×13/25)元。

假定当年利润达到行权条件,甲公司的会计处理如下:

借:管理费用 36 000

贷:资本公积——其他资本公积 36 000

假定当年利润没有达到行权条件,甲公司冲减已确认费用的会计处理如下:

借:资本公积——其他资本公积 40 800

贷:未分配利润(或其他) 40 800

二、以权益结算的股份支付换取其他方服务的会计处理

以权益结算的股份支付换取其他方服务的,应当按下列情况分别处理:

(1)其他方服务的公允价值能够可靠计量的,应当按照其他方服务在取得日的公允价值,计入相关成本或费用,相应增加所有者权益;

(2)其他方服务的公允价值不能可靠计量但权益工具的公允价值能够可靠计量的,应当按照权益工具在服务取得日的公允价值,计入相关成本或费用,相应增加所有者权益。

【例6-5】甲公司批准一项股份支付协议,以10万份股票期权支付乙公司提供的战略咨询费,乙公司认可该协议。甲公司当日股价为20元/股,乙公司每份期权行权能够以18.5元/股购买甲公司股票,期权授予日公允价值为18万元。甲公司以20元/股价格回购10万股以备乙公司行权。乙公司提供战略咨询服务的公允价值为20万元。甲公司的会计处理如下:

借·管理费用 200 000

贷:资本公积——其他资本公积 200 000

如果乙公司提供战略咨询服务的公允价值不能可靠计量。甲公司的会计处理如下:

借:管理费用 180 000

贷:资本公积——其他资本公积 180 000

在行权日,企业根据实际行权的权益工具数量,计算确定应转入实收资本或股本,或抵销库存股的金额,将其转入实收资本或股本,或抵销库存股。行权日,是指职工和其他方行使权利、获取现金或权益工具的日期。

【例 6-6】承【例 6-5】，甲公司已确认管理费用和资本公积——其他资本公积 20 万元。乙公司全部行权，行权日甲公司股价为 21 元/股。甲公司的会计处理如下：

借：银行存款　　1 850 000
　资本公积——其他资本公积　　200 000
　贷：库存股　　2 000 000
　　资本公积——股本溢价　　50 000

第三节　以现金结算的股份支付

以现金结算的股份支付，应当按照企业承担的以股份或其他权益工具为基础计算确定的负债的公允价值计量。

授予后立即可行权的以现金结算的股份支付，应当在授予日以企业承担负债的公允价值计入相关成本或费用，相应增加负债。

完成等待期内的服务或达到规定业绩条件以后才可行权的以现金结算的股份支付，在等待期内的每个资产负债表日，应当以对可行权情况的最佳估计为基础，按照企业承担负债的公允价值金额，将当期取得的服务计入成本或费用和相应的负债。在资产负债表日，后续信息表明企业当期承担债务的公允价值与以前估计不同的，应当进行调整，并在可行权日调整至实际可行权水平。

企业应当在相关负债结算前的每个资产负债表日及结算日，对负债的公允价值重新计量，其变动计入当期损益。

【例 6-7】2020 年 1 月 1 日，甲公司批准一项对管理人员的股份支付协议。协议约定，甲公司为 20 名管理人员每人授予 1 000 份现金股票增值权，如果管理人员能够连续服务 3 年，即可按照当时股价增长幅度获得现金，可行权期至 2024 年 12 月 31 日结束。

2020 年 12 月 31 日，当年有 2 名管理人员离开公司，预计剩余 2 年内还将有 2 名管理人员离职，当日增值权的公允价值为每份 21 元。当年确认管理费用 112 000[(20−4)×1 000×21×1/3]元。甲公司的会计处理如下：

借：管理费用　　112 000
　贷：应付职工薪酬　　112 000

2021 年 12 月 31 日，当年没有管理人员离开公司，预计未来 1 年内将有 1 名管理人员离职，当日增值权的公允价值为每份 24 元。当年确认管理费用 160 000[(18−1)×1 000×24×2/3−112 000]元。甲公司的会计处理如下：

借：管理费用　　160 000

　贷：应付职工薪酬　　160 000

2022 年 12 月 31 日，当年有 3 名管理人员离开公司，当日增值权的公允价值为每份 24 元，有 10 名管理人员行权取得现金共计 230 000 元。当年确认管理费用 78 000［(18−3−10)×1 000×24×1−112 000−16 000+230 000］元。甲公司的会计处理如下：

借：管理费用　　78 000

　贷：应付职工薪酬　　78 000

借：应付职工薪酬　　230 000

　贷：银行存款　　230 000

2023 年 12 月 31 日，增值权的公允价值为每份 21 元，有 4 名管理人员行权取得现金共计 80 000 元。股份支付计划对应的服务期已过，甲公司因股份支付工具公允价值变化产生的损益不再影响管理费用，计入公允价值变动损益。公允价值变动损益的金额等于(−)19 000［(5−4)×1 000×21×1−5×1 000×24×1+80 000］元，记借方。甲公司的会计处理如下：

借：应付职工薪酬　　19 000

　贷：公允价值变动损益　　19 000

借：应付职工薪酬　　80 000

　贷：银行存款　　80 000

2024 年 12 月 31 日，最后 1 名管理人员行权取得现金 23 000 元。甲公司的会计处理如下：

借：公允价值变动损益　　2 000

　贷：应付职工薪酬　　2 000

借：应付职工薪酬　　23 000

　贷：银行存款　　23 000

第四节　股份支付的披露

企业应当在附注中披露与股份支付有关的下列信息：

（1）当期授予、行权和失效的各项权益工具总额。

（2）期末发行在外的股份期权或其他权益工具行权价格的范围和合同剩余期限。

（3）当期行权的股份期权或其他权益工具以其行权日价格计算的加权平均价格。

（4）权益工具公允价值的确定方法。

企业对性质相似的股份支付信息可以合并披露。

企业应当在附注中披露股份支付交易对当期财务状况和经营成果的影响，至少包括下列信息：

（1）当期因以权益结算的股份支付而确认的费用总额。

（2）当期因以现金结算的股份支付而确认的费用总额。

（3）当期以股份支付换取的职工服务总额及其他方服务总额。

【例6-8】深圳传音控股股份有限公司2022年度报告显示，公司报告期股权激励方案包括两项，分别为“2020年限制性股票激励计划”和“2022年限制性股票激励计划”，分别激励对象423人和926人，分别以28元和50元授予“第二类限制性股票”。与此同时，公司披露报告期内股权激励实施进展，包括“报告期内可归属/行权/解锁数量”“报告期内已归属/行权/解锁数量”等信息。报告期内，2020年计划公司层面考核指标已完成，确认股份支付费用16 413万元，2022年计划考核年度尚未开始，确认股份支付费用5 123万元。

本章小结

股份支付是一种企业基于权益支付员工薪酬或进行其他交易的方式，其背后反映了企业的激励政策、股东利益和财务灵活性。本章详细讨论了对以权益结算的股份支付和以现金结算的股份支付的会计处理方法，以及相关的披露要求。

练习题

一、简答题

1. 什么是股份支付？
2. 股份支付有哪些主要类型？
3. 以权益结算的股份支付如何进行会计处理？
4. 以现金结算的股份支付如何进行会计处理？
5. 以股份支付形式换取其他方服务如何进行会计处理？
6. 重新理解引例中水星家纺的股权激励计划。

二、实务题

1. 2024年1月1日，甲公司为了激励其销售经理团队，决定实施一项股份支付计划。计划约定，甲公司向10名销售经理授予1万股甲公司的虚拟股份，等待期为2年。授予日，甲公司股票的公允价值为每股10元。2024年12月31日，甲公司股票的公允价值上涨到每股14元。可行权日,甲公司将按照行权日股票的公允价值(13元/股)与虚拟股份数相乘的金额,向销售经理支付现金。请问甲公司在2024年年初和年末如何进行会计处理?

2. 2022年1月1日,乙公司制订了一个3年期股票期权奖励计划,为其100名管理人员每人授予100份股票期权,同时约定可行权条件:① 公司净利润三年平均增长10%;② 管理人员从2022年1月1日开始为公司连续服务三年且达到业绩条件要求,就可以以5元每股购买10 000股甲公司的股票,从而获益。授予日,股票期权的公允价值为24元/份。

2022年,公司净利润增长18%,有7名管理人员离开公司。公司预计,2023年、2024年公司净利润将会以同样的速度增长,此后还将有8名管理人员离开。

2023年,公司净利润两年平均增长率为9%,有4名管理人员离开公司。公司预计,公司净利润三年平均增长率无法达到10%,此后还将有10名管理人员离开。年末,公司股价为24元/股。

2024年,公司净利润三年平均增长率为11%,当年有8名管理人员离开公司,其余员工行权。年末,公司股价为29元/股。

要求:编制每个资产负债表日乙公司对股份支付进行会计处理的会计分录。

第七章

租赁

学习目标

1. 掌握与租赁相关的基本概念；
2. 熟悉租赁的识别、分拆与合并；
3. 掌握承租人的会计处理；
4. 掌握出租人的会计处理；
5. 了解售后租回交易；
6. 熟悉租赁业务的列报与披露。

引 例

2019 年 10 月 21 日，江苏林洋能源股份有限公司（以下简称“林洋能源”）收到上海证券交易所《关于对江苏林洋能源股份有限公司关联方资产收购相关事项的问询函》（上证公函〔2019〕2882 号）。问询函指出，华虹租赁主要为林洋能源下属项目公司提供融资租赁服务，截至 2019 年 6 月 30 日，华虹租赁资产总额 5.24 亿元，其中包括长期应收款（融资租赁款）余额 4.69 亿元。

对此，上海证券交易所要求上市公司补充披露：华虹租赁融资租赁款的借款人、与上市公司和控股股东的关联关系、借款金额和期限、是否存在展期或逾期情形，相关资产减值计提是否充分；上市公司前期与标的资产的业务往来情况，包括借款金额、利率、期限和支付的财务费用，说明是否存在通过融资租赁进行盈余管理和利益输送的情形；华虹租赁的主要运营方式、盈利模式，并说明相关业务收入确认和成本结转的会计政策，包括确认时点、确认依据等。

上市公司回复的部分内容如下：

（一）长期应收款的坏账计提

承租人均为上市公司全资子公司，其商业信用和履约能力强，合同签订至今均正常履行，长期应收款项无法收回的风险小，根据《企业会计准则第 21 号——租赁》关于融资租赁业务的规定，该等长期应收款无须计提坏账准备。

（二）2017 年至 2019 年 6 月与华虹租赁的业务往来情况

1. 融资租赁

上市公司主营业务之一为光伏电站开发、建设和运营，鉴于该业务属于资金密集型业务，为进一步盘活部分光伏电站业务存量资产、提高资金效率，同时为增量光伏电站业务提供资金支持，上市公司与华虹租赁开展了融资租赁（售后回租）交易。

交易利率以市场利率为基准，并结合承租人经营情况、租赁物情况、项目建设阶段情况、商务谈判情况等因素确定，交易价格公允、合理，该等交易总体金额较小，不存在通过融资租赁进行盈余管理和利益输送的情形。

2. 房屋租赁

华虹租赁注册于江苏南京，综合考虑租用办公场所的稳定性和当地租赁市场行情，华虹租赁向上市公司租用写字楼用于日常办公，租赁价格根据同地区市场价格确定，交易价格公允、合理，交易金额较小，不存在利益输送的情形。

（三）华虹租赁的主要运营方式、盈利模式

华虹租赁系经商务部、国家税务总局同意作为第十三批内资融资租赁业务的试点企业，主营业务为融资租赁业务，其业务模式目前主要为售后回租业务，后续将根据业务需要开展直接租赁业务。

售后回租是指承租人以其存量自有设备与出租人进行洽谈，将设备以合理的价格出售给出租人，再从出租人手中租回使用。租赁期间，承租人向出租人支付租金，租赁期满，设备归承租人所有。

直接租赁是指承租人自主选择意向设备，与供应商基本确定设备规格、型号、数量、价格等条件后，出租人根据承租人的要求，向设备供应商购买设备，并将设备出租给承租人使用。租赁期间，承租人向出租人支付租金，租赁期满，设备归承租人所有。

华虹租赁主要资金来源为自有资金、银行借款等，自有资金提供方为控股股东华虹电子，截至 2019 年 6 月 30 日，华虹租赁实缴注册资金 30 000 万元，浦发银行贷款 16 250 万元，自有资金和银行借款比例 184.62%，其盈利主要来源于租赁利息收入和银行利率之间的利率差。

{资料来源：江苏林洋能源股份有限公司董事会，《江苏林洋能源股份有限公司关于对上海证券交易所问询函回复的公告》，2019 年 10 月 25 日}

案例思考

1. 思考上市公司与关联方之间的租赁交易如何产生盈余管理和利益输送风险。

2. 结合引例，思考市场利率在租赁交易会计处理中的重要性，售后回租和一般租赁业务的实质与会计处理差异，并分析对售后回租业务按一般租赁业务进行会计处理将对财务报表产生什么影响。

分析提示

第一节　租赁概述

一、租赁的定义

《企业会计准则第21号——租赁》(2018年)(以下简称《租赁准则》)，将租赁定义为“在一定期间内，出租人将资产的使用权让与承租人以获取对价的合同”。该定义中的资产包括所有资产，但并非所有租赁都适用《租赁准则》。

二、租赁的适用准则

《租赁准则》适用于有形资产租赁的会计处理，而无形资产租赁的会计处理适用其他准则。这种处理原则的产生可能基于如下考虑：

其一，有形资产和无形资产实现经济利益的途径不同。传统企业中，有形资产与存货的产生关系更为直接，或者就是存货。除非是以租赁为主业的会计主体，出租有形资产不是利用固定资产实现收入的主要业务模式，因此租赁或自用的会计处理的差异需要通过不同准则要求体现出来。无形资产与存货的产生关系比较间接，出租无形资产使用权无须特别通过有别于收入准则的其他规定进行区分。

其二，无形资产与有形资产的权属特征不同。无形资产的使用权和所有权的分离非常常见。通常，承租人租赁无形资产都需要在合同规定的有限范围内行使权利。然而，有形资产的使用与其实物本体的位置和状态有密切关系，出租人交付租赁物后，很难对其实现有效控制。控制，作为企业确认资产的关键条件，可能是使准则差异化对待有形资产租赁与无形资产租赁的主要原因，这一处理体现了会计制度设计层面的谨慎性。

其三，无形资产相关的经济利益，包括折损、获利都有更高的不确定性和不可计量性。《租赁准则》规定了若干具体概念，涉及大量金额。目前的估值水平和企业一般的计量能力不太可能支持《租赁准则》辐射到无形资产。

无形资产租赁的准则运用方面，对于出租人，《租赁准则》特别规定，出租人授予的知识产权许可，适用《企业会计准则第 14 号——收入》；对于承租人，其通过许可使用协议取得的电影、录像、剧本、文稿等版权、专利等项目的权利，以出让、划拨或转让方式取得的土地使用权，适用《企业会计准则第 6 号——无形资产》。

准则与实务

适用范围

《租赁准则》适用于所有租赁，但下列各项除外：一是承租人通过许可使用协议取得的电影、录像、剧本、文稿等版权、专利等项目的权利，以及以出让、划拨或转让方式取得的土地使用权，适用无形资产准则；二是出租人授予的知识产权许可，适用收入准则；三是勘探或使用矿产、石油、天然气及类似不可再生资源的租赁，适用其他相关准则；四是承租人承租生物资产，适用其他相关准则；五是采用建设经营移交等方式参与公共基础设施建设、运营的特许经营权合同，适用其他相关准则和规定。

{资料来源：《〈企业会计准则第 21 号——租赁〉应用指南》(2019 年)}

第二节　租赁的识别、分拆与合并

一、租赁的识别

（一）租赁合同成立的条件

在合同开始日，企业应当评估合同是否为租赁或者包含租赁。如果合同中一方让渡了在一定期间内控制一项或多项已识别资产使用的权利以换取对价，则该合同为租赁或者包含租赁。除非合同条款和条件发生变化，企业无须重新评估合同是否为租赁或者包含租赁。

为确定合同是否让渡了在一定期间内控制已识别资产使用的权利，企业应当评估合同中的客户是否有权获得在使用期间内因使用已识别资产所产生的几乎全部经济利益，并有权在该使用期间主导已识别资产的使用。因此，确定租赁合同成立的重点在于：

（1）对客户获得已识别资产产生的经济利益权利的判断；

（2）对客户主导已识别资产的使用权利的判断。

根据《中华人民共和国民法典》第七百二十条的规定，在租赁期限内因占有、使用租赁物获得的收益归承租人所有,但出租人和承租人另有约定的除外。所以,除非租赁合同特别规定,一般来说,客户有权获得在使用期间内因使用已识别资产所产生的几乎全部经济利益。类似地,企业难以确定供应方是否拥有对该资产的实质性替换权的,应当视为供应方没有对该资产的实质性替换权。因此,《租赁准则》规定,在评估是否有权获得因使用已识别资产所产生的几乎全部经济利益时,企业应当在约定的客户可使用资产的权利范围内考虑其所产生的经济利益。

(二)已识别资产的判定

《租赁准则》规定,已识别资产由合同明确指定,或在资产可供客户使用时隐性指定。例外的是,《租赁准则》规定,即使合同已对资产进行指定,如果资产的供应方在整个使用期间拥有对该资产的实质性替换权,则该资产不属于已识别资产。直白地说,合同双方对某项资产的使用权达成合意,这一资产为已识别资产。但是,如果资产的供应方能够替换资产,即相关资产到底是什么并不确定,则认为形成使用权合意的资产并未被识别。

同时符合以下两个条件时,表明供应方拥有资产的实质性替换权:

(1)资产供应方拥有在整个使用期间替换资产的实际能力;

(2)资产供应方通过行使替换资产的权利将获得经济利益。

(三)客户对已识别资产主导权的判定

《租赁准则》规定,存在下列情况之一的,可视为客户有权主导对已识别资产在整个使用期间内的使用:

(1)客户有权在整个使用期间主导已识别资产的使用目的和使用方式。

(2)已识别资产的使用目的和使用方式在使用期开始前已预先确定,并且客户有权在整个使用期间自行或主导他人按照其确定的方式运营该资产,或者客户设计了已识别资产并在设计时已预先确定了该资产在整个使用期间的使用目的和使用方式。

概括而言,先判断已识别资产的使用目的和使用方式是否已经预先合意确定。如果并未合意确定,则要考虑合同是否赋予客户对使用目的和使用方式进行选择的权利;如果已经合意确定,则要考虑两个条件,符合其一即认为实现了对已识别资产使用的主导。条件之一是,客户有权按合意目的和方式使用已识别资产,也就是客户有权按其同意的目的和方式使用已识别资产。条件之二是,合意确定的资产使用目的和方式本身就是客户设计的。

二、租赁的分拆与合并

目前,《租赁准则》并未强制要求承租人分拆租赁和非租赁部分,而是为承租人赋予了选择权。承租人可以选择分拆,即租赁部分按照《租赁准则》进行会计处理,非租赁部分按照其他适用的企业会计准则进行会计处理。在分拆合同包含的租赁和非租赁部分时,承租人应当按照各租赁部分单独价格及非租赁部分的单独价格之和的相对比例分摊合同对价,出租人应当根据《企业会计准则第 14 号——收入》第三章“计量”中关于交易价格分摊的规定分摊合同对价。承租人选择不分拆的，应当将各租赁部分及与其相关的非租赁部分分别合并为租赁。对于出租人，《租赁准则》要求必须分拆租赁和非租赁部分。可能的原因是，与合同分拆有关的出租人的裁量性会计处理影响收入的计量，而对承租人的影响更多体现在费用的计量上，这一要求的逻辑是会计制度层面的谨慎性。

《租赁准则》规定了已识别资产的单位，称为单独租赁，这一概念类似于收入准则的单项履约义务。

知识链接

单项履约义务

合同开始日，企业应当对合同进行评估，识别该合同所包含的各单项履约义务，并确定各单项履约义务是在某一时段内履行，还是在某一时点履行，然后，在履行了各单项履约义务时分别确认收入。

履约义务，是指合同中企业向客户转让可明确区分商品的承诺。履约义务既包括合同中明确的承诺，也包括由于企业已公开宣布的政策、特定声明或以往的习惯做法等导致合同订立时客户合理预期企业将履行的承诺。企业为履行合同而应开展的初始活动，通常不构成履约义务，除非该活动向客户转让了承诺的商品。

企业向客户转让一系列实质相同且转让模式相同的、可明确区分商品的承诺，也应当作为单项履约义务。

企业应当单独对租赁合同中的每一项租赁进行会计处理。如果租赁资产混合在同一个合同里，需要分拆；如果本质上属于一项租赁业务，则应当合并。如果资产的某部分产能或其他部分在物理上不可区分，但其实质上代表该资产的全部产能，从而使客户获得因使用该资产所产生的几乎全部经济利益，那么应当将这一部分确认为已识别资产。

具体地，合同中同时包含多项单独租赁的，承租人和出租人应当将合同予以分拆，并分别对各项单独租赁进行会计处理。同时符合下列条件的，使用已识别资产的权利构成合同中的一项单独租赁：

（1）承租人可从单独使用该资产或将其与易于获得的其他资源一起使用中获利；

（2）该资产与合同中的其他资产不存在高度依赖或高度关联关系。换一种表达即是，单独租赁应当是可辨认的、能够独立或近似独立产生经济利益的。

企业与同一交易方或其关联方在同一时间或相近时间订立的两份或多份包含租赁的合同，在符合下列条件之一时，应当合并为一份合同进行会计处理：

（1）该两份或多份合同基于总体商业目的而订立并构成一揽子交易，若不作为整体考虑则无法理解其总体商业目的；

（2）该两份或多份合同中的某份合同的对价金额取决于其他合同的定价或履行情况；

（3）该两份或多份合同让渡的资产使用权合起来构成一项单独租赁。这一规定是考虑会计信息的实质重于形式原则与相关性要求。

第三节　承租人的会计处理

一、确认和初始计量

（一）租赁期的确定

租赁期，是指承租人有权使用租赁资产且不可撤销的期间。租赁期开始日，是指出租人提供租赁资产使其可供承租人使用的起始日期。

续租选择权，是指承租人对续租租赁资产的选择权。购买选择权，是指承租人在租赁期结束后对租赁资产购买的选择权。终止租赁选择权，是指承租人在租赁期内终止租赁租赁资产的选择权。

续租选择权、购买选择权和终止租赁选择权的行使及其可能性影响租赁期的确定。《租赁准则》的要求是原则导向的，即采取合理确定原则。合理确定的概念比较模糊，需要有证据的支持，但支持的力度又一定不会太强，原因是该证据与未来的选择有关。承租人有续租选择权，且合理确定将行使该选择权的，租赁期还应当包含续租选择权涵盖的期间。承租人有终止租赁选择权，但合理确定将不会行使该选择权的，租赁期应当包含终止租赁选择权涵盖的期间。发生承租人可控范围内的重大事件或变化，且影响承租人是否合理确定将行使相应选择权的，承租人应当对其是否合理确定将行使续租选择权、购买选择权或不行使终止租赁选择权进行重新评估。

（二）确认使用权资产和租赁负债

《租赁准则》规定，在租赁期开始日，承租人应当对租赁确认使用权资产和租赁负债，可以进行简化处理的短期租赁和低价值资产租赁除外。使用权资产，是指承租人可在租赁期内使用租赁资产的权利。租赁负债，是指承租人因租赁业务产生的负债，如支付的租赁款和利息等。

准则与实务

租赁业务会计处理规范的演变

自第二次世界大战结束以来，租赁一直是企业表外融资的传统方式，理论界与实务界对“是否应当将租赁合同相关的权利和义务纳入资产负债表予以反映”这一问题的争论长达数十年之久。国际上，租赁业务会计处理规范的演变大致可以分为三个阶段。

第一阶段：关于租赁的会计处理规范为美国会计程序委员会（CAP）于 1949 年发布的《会计研究公报第 38 号——承租人财务报表中对长期租赁的披露》（RAB 38），这也是国际上关于租赁的会计处理最早的规范。这份公告着重关注与长期租赁相关的债务，规定企业应在财务报表附注中披露此类负债。然而，由于某些长期租赁在实质上属于分期付款购买资产，仅进行表外披露违背了“实质重于形式”的会计原则，因此租赁资本化的会计准则逐渐发展起来。

第二阶段：具有代表性的租赁会计准则为国际会计准则委员会（IASC）于 1982 年发布的《国际会计准则第 17 号——租赁会计》（IAS 17），该准则对融资租赁和经营租赁进行了分类和定义，要求企业对与融资租赁相关的资产和负债进行确认，对不可撤销的重大经营租赁在财务报表附注中进行披露。然而，租赁业务会计处理的“两租分离”模式存在财务报表可比性较低及企业利用经营租赁进行表外融资等弊端。加之 2000 年美国财务报表造假事件的曝光及 2008 年美国次贷危机引发的全球金融危机的爆发，迫使实务界出台新的会计准则。

第三阶段：具有代表性的租赁会计准则为国际会计准则理事会（IASB）于 2016 年发布的《国际财务报告准则第 16 号——租赁》（IFRS 16），其要求除简化处理的短期租赁和低价值资产租赁外，承租人方面将不再区分融资租赁和经营租赁，而是采用与融资租赁类似的使用权模型对经营租赁确认使用权资产和负债。

｛资料来源：徐经长，刘畅．租赁准则的修订及其影响透析［J］．财会月刊，2019（3）：57-61．｝

（三）初始计量

租赁初始计量的基本思路是，先确定租赁负债的初始计量金额，该金额取决于租赁付款额和折现率，再确定使用权资产的初始计量金额。租赁负债采用现值计量属性，使用权资产采用历史成本计量属性。

1．租赁负债的计量

下面先介绍与租赁付款额相关的两对加一个概念，再介绍租赁付款额的计算方法。

第一对概念是实质固定付款额和可变租赁付款额。实质固定付款额，是指在形式上可能包含变量但实质上无法避免的付款额。可变租赁付款额，是指承租人为取得在租赁期内使用租赁资产的权利，向出租人支付的因租赁期开始日后的事实或情况发生变化（而非时间推移）而变动的款项。

第二对概念是担保余值和未担保余值。担保余值，是指与出租人无关的一方（第三方）向出租人提供担保，保证在租赁结束时租赁资产的价值至少为某指定的金额。未担保余值，是指租赁资产余值中，出租人无法保证能够实现或仅由与出租人有关的一方予以担保的部分。担保余值与未担保余值加总称为租赁资产余值，是指租赁期结束时预期的租赁资产的公允价值。

【例 7-1】甲公司与乙公司签订租赁合同，由甲公司向乙公司提供一项公允价值为 1 000 万元的生产设备，乙公司支付租赁款项。为防止乙公司过度使用租赁资产，敦促乙公司履行对租赁资产的保护义务，合同约定，在租赁期结束时，该生产设备的剩余价值由乙公司和第三方担保机构丙公司进行担保。其中，乙公司担保余值为 80 万元，丙公司担保余值为 70 万元。如果不发生租赁业务，该生产设备由甲公司正常进行生产使用，使用年限达到租赁期时，预计剩余价值为 200 万元。

本例中，甲公司为出租人，乙公司为承租人，丙公司为与出租人无关的第三方。担保余值为乙公司和丙公司对租赁资产价值的保证金额，合计为 150 万元；未担保余值为租赁资产余值无法得到与出租人无关的单位保证的金额，为 50(200-150) 万元。

一个概念是租赁激励。租赁激励，是指出租人为达成租赁向承租人提供的优惠，包括出租人向承租人支付的与租赁有关的款项、出租人为承租人偿付或承担的成本等。

租赁付款额，是指承租人向出租人支付的与在租赁期内使用租赁资产的权利相关的款项，包括：

（1）固定付款额及实质固定付款额，存在租赁激励的，扣除租赁激励相关金额；

（2）取决于指数或比率的可变租赁付款额，该款项在初始计量时根据租赁期开始日的指数或比率确定；

（3）购买选择权的行权价格，前提是承租人合理确定将行使该选择权；

（4）行使终止租赁选择权需支付的款项，前提是租赁期反映出承租人将行使终止租赁选择权；

（5）根据承租人提供的担保余值预计应支付的款项。

【例 7-2】2023 年 1 月 1 日，甲公司与乙公司签订租赁合同，由甲公司向乙公司提供一项公允价值为 1 000 万元的专用于生产 A 存货的生产设备，乙公司支付租赁款项，合同签订当日完成租赁资产交付。租赁期开始日为合同签订日，租赁期为 5 年。合同约定：① 租赁期每个自然年度末，乙公司支付 250 万元的租金；② 甲公司额外承担每个自然年度末对租赁资产的检测检修费用 5 万元；③ 如果每个付款日 A 存货价格指数低于合同签订日，可以按存货价格指数下降幅度减付租金；④ 租赁期结束日，乙公司有购买选择权，能够以 150 万元的金额购买租赁资产；⑤ 承租人提供 80 万元的担保余值。乙公司预期，将会在租赁期结束日购买租赁资产；按乙公司生产方式预期租赁资产在租赁期结束日的公允价值为 200 万元；预计每个付款日，A 存货价格指数均较租赁期开始日下降 5 个百分点。

本例中，乙公司支付的250万元租金为固定付款额；甲公司代替乙公司额外承担的对租赁资产的检测检修费用5万元为租赁激励；A存货价格指数影响可变租赁付款额，但《租赁准则》要求可变租赁付款额在初始计量时根据租赁期开始日的指数或比率确定，承租人不得估计或预测因通货膨胀或租金调整引起的未来现金流变动，其原理与或有资产不能入账相同；乙公司预计在租赁期结束日购买租赁资产，购买选择权的行权价格为200万元；预计租赁资产在租赁期结束日的公允价值为200万元，高于承租人提供的担保余值，根据承租人提供的担保余值预计应支付的款项为0。此外，由于乙公司预计在租赁期结束日购买租赁资产，租赁资产的剩余价值低于预计价值的成本也不由甲公司承担。据此，每年年末的租赁付款额如下：

第一年年末到第四年年末，租赁付款额=250-5=245(万元)

第五年年末，租赁付款额=245+150=395(万元)

租赁负债应当按照租赁期开始日尚未支付的租赁付款额的现值进行初始计量。折现率应当采用租赁内含利率，无法确定租赁内含利率的，应当采用承租人增量借款利率作为折现率。租赁内含利率，是指出租人的租赁收款额的现值与未担保余值的现值之和等于租赁资产公允价值与出租人的初始直接费用之和的利率。承租人增量借款利率，是指承租人在类似经济环境下为获得与使用权资产价值接近的资产，在类似期间以类似抵押条件借入资金须支付的利率。

【例7-3】 承【例7-2】，假设条件④不存在。在租赁期结束时，该生产设备的剩余价值由乙公司和第三方担保机构丙公司进行担保。其中，乙公司担保余值为80万元，丙公司担保余值为120万元。甲公司计算的未担保余值为50万元。不考虑出租人支付的初始直接费用。

租赁内含利率应当是使出租人的租赁收款额(租赁期每年年末245万元)的现值与未担保余值(50万元)的现值之和等于租赁资产公允价值(1 000万元)与出租人的初始直接费用(0)之和的折现率。

$245\times(P/A,i,5)+50\times(P/F,i,5)=1\ 000$

计算得到租赁内含利率为8.46%。

如果租赁资产的公允价值是已知的，租赁负债的初始计量金额就比较容易确定。但现实情况是，很多租赁资产都具有专用性，经常不具备公允价值计量的条件，必须借助于承租人增量借款利率。然而，《租赁准则》的规定在此处也比较模糊和灵活，因为类似经济环境、类似期间、类似抵押条件的确定比较容易，但“与租赁资产价值接近”依赖确定租赁资产价值，那么问题又绕回到了公允价值的确定。

2. 使用权资产的计量

使用权资产的初始计量金额等于以下几项之和：

（1）租赁负债的初始计量金额；

（2）在租赁期开始日或之前支付的租赁付款额，存在租赁激励的，扣除已享受的租赁激励相关金额；

（3）承租人发生的初始直接费用，即为达成租赁所发生的增量成本，也即若企业不取得该租赁，则不会发生的成本；

（4）承租人为拆卸及移除租赁资产、复原租赁资产所在场地或将租赁资产恢复至租赁条款约定状态预计将发生的成本。前述成本属于为生产存货而发生的，适用《企业会计准则第 1 号——存货》。总之，使用权资产的初始计量总体上要求相关性。

【例 7-4】 承【例 7-3】，乙公司在租赁开始日前未向甲公司支付过款项；为正常使用设备，租赁期开始日，乙公司支付设备调试费 3 万元、相关场地的清理整顿费用 2 万元；为在租赁期结束时向乙公司交付生产设备，需要支付 10 万元清理拆卸费；为在租赁期结束时复原厂房，恢复正常生产，需要支付 5 万元的清理整顿费用。

本例中，乙公司发生的初始直接费用为 5(3+2) 万元；承租人为拆卸及移除租赁资产、复原租赁资产所在场地等预计将发生的成本应按照《企业会计准则第 13 号——或有事项》进行确认和计量，产生的预计负债应等于预计成本 15(10+5) 万元按租赁内含利率进行折现，即 15×(P/F, 8.46%, 5)，结果为 10.01 万元。按照该利率折现的逻辑是，该成本与租赁合同直接相关。租赁期开始日，乙公司的会计处理如下：

借：使用权资产	10 150 100	
贷：租赁负债		10 000 000
银行存款		50 000
预计负债		100 100

二、后续计量

（一）折旧与减值

在租赁期开始日后，承租人应当采用成本模式对使用权资产进行后续计量。承租人应当对使用权资产计提折旧。折旧期限的选择规则是：承租人能够合理确定租赁期届满时取得租赁资产所有权的，应当在租赁资产剩余使用寿命内计提折旧；无法合理确定的，应当在租赁期与租赁资产剩余使用寿命两者孰短的期间内计提折旧。

承租人应当确定使用权资产是否发生减值，并对已识别的减值损失进行会计处理。

【例 7-5】 2022 年 12 月 31 日，甲公司与乙公司签订了为期 5 年的设备租赁合同，设备用于生产经营。使用权资产的初始入账价值为 1 000 万元，按直线法在 5 年内计提折旧，预计净残值为 0，计算的年折旧费为 200 万元。2025 年 12 月 31 日，使用权资产的可收回金额为200万元,低于账面价值400(1 000−200×3)万元,应计提200(400−200)万元减值准备。甲公司的会计处理如下:

借:资产减值损失　　2 000 000
　贷:使用权资产减值准备　　2 000 000

职业道德思考

对于承租人,经营租赁资产入表有什么样的影响?企业在使用权资产是否入表的问题上是否有选择权?如何看待和应对使用权资产入表可能带来的舞弊风险?

(二)借款费用

承租人应当按照固定的周期性利率计算租赁负债在租赁期内各期间的利息费用,并计入当期损益。如果借款费用符合资本化条件,应当计入相关资产成本。

周期性利率的选择规则是:① 如果租赁未发生变更,应当采用租赁内含利率或承租人增量借款利率作为折现率,即与初始计量采用的利率一致;② 如果发生租赁变更或变动,应当采用修订后的折现率。

对于未纳入租赁负债计量的可变租赁付款额,承租人应当在实际发生时计入当期损益。如果符合资本化条件,应当计入相关资产成本。

【例7-6】承【例7-4】,乙公司2023年确认财务费用(按租赁内含利率计算)的会计处理如下:

借:财务费用　　846 000
　贷:租赁负债　　846 000

假设A产品价格指数变动如预期,乙公司2023年支付租赁付款额金额为2 325 000(2 500 000×95%−50 000)元,相应减少租赁负债2450000元,贷方确认财务费用(增加财务收益)125 000[2 500 000×(1−95%)]元。乙公司支付租赁付款额的分录如下:

借:租赁负债　　2 450 000
　贷:银行存款　　2 325 000
　　财务费用　　125 000

(三)租赁变更或变动

1. 租赁变更

租赁变更,是指原合同条款之外的租赁范围、租赁对价、租赁期限的变更,包括增加或终止一项或多项租赁资产的使用权,延长或缩短合同规定的租赁期等。租赁变更生效日,是指双方就租赁变更达成一致的日期。

租赁变更可能导致一项单独租赁的产生,或仅是原租赁的变动。《租赁准则》规定,租赁发生变更且同时符合下列条件的，承租人应当将该租赁变更作为一项单独租赁进行会计处理：① 该租赁变更通过增加一项或多项租赁资产的使用权而扩大了租赁范围；② 增加的对价与租赁范围扩大部分的单独价格按该合同情况调整后的金额相当。

如果租赁变更导致一项单独租赁的产生，则按照新租赁的确认和初始计量规则进行会计处理。如果租赁变更仅是原租赁的变动，在租赁变更生效日，承租人应当按照租赁的分拆和合并规则分摊变更后合同的对价，重新确定租赁期，并按照变更后租赁付款额和修订后的折现率计算的现值重新计量租赁负债。

在计算变更后租赁付款额的现值时，承租人应当采用剩余租赁期间的租赁内含利率作为修订后的折现率；无法确定剩余租赁期间的租赁内含利率的，应当采用租赁变更生效日的承租人增量借款利率作为修订后的折现率。

租赁变更导致租赁范围缩小或租赁期缩短的，承租人应当相应调减使用权资产的账面价值，并将部分终止或完全终止租赁的相关利得或损失计入当期损益。其他租赁变更导致租赁负债重新计量的，承租人应当相应调整使用权资产的账面价值。

【例7-7】甲公司向乙公司租用10 000平方米土地，租赁期限自2023年1月1日至2026年12月31日，甲公司无延期或提前终止租赁的选择权。年租金为100万元，甲公司确认租赁内含利率为5%，租金在每年年末支付。2023年12月31日，甲公司与乙公司签订补充租赁协议，约定新增8 000平方米相邻地块、同等条件土地租赁，租赁期限自2024年1月1日至2026年12月31日，年租金为80万元，甲公司确认租赁内含利率为6%，租金在每年年末支付。

甲公司新增合同的对价能够反映新增租赁资产的单独价格（10 000/100 = 8 000/80），甲公司应当将新增8 000平方米租赁土地使用权作为一项单独租赁，使用变更后的修订折现率进行会计处理。

2. 租赁变动

租赁变动，是指租赁变更以外的与租赁付款额、担保余值等有关的情形变化。

在租赁期开始日后，发生下列情形的，承租人应当重新确定租赁付款额，并按变动后租赁付款额和修订后的折现率计算的现值重新计量租赁负债：

（1）续租选择权或终止租赁选择权的评估结果发生变化，或者前述选择权的实际行使情况与原评估结果不一致等导致租赁期变化的，应当根据新的租赁期重新确定租赁付款额；

（2）购买选择权的评估结果发生变化的，应当根据新的评估结果重新确定租赁付款额。

在计算变动后租赁付款额的现值时，承租人应当采用剩余租赁期间的租赁内含利率作为修订后的折现率；无法确定剩余租赁期间的租赁内含利率的，应当采用重估日的承租人增量借款利率作为修订后的折现率。

在租赁期开始日后，根据担保余值预计的应付金额发生变动，或者因用于确定租赁付款额的指数或比率变动而导致未来租赁付款额发生变动的，承租人应当按照变动后租赁付款额的现值重新计量租赁负债。在这些情形下，承租人采用的折现率不变；但是，租赁付款额的变动源自浮动利率变动的，使用修订后的折现率。

【例7-8】 承【例7-6】，2023年12月31日，确定租赁付款额的指数（A产品价格指数）发生变动，导致未来租赁付款额发生变动。乙公司应当调整租赁负债摊余成本，改按最新的租赁付款额（232.5万元）重新计算。

重新确定的租赁负债摊余成本 $=232.5\times(P/A,8.46\%,4)+50\times(P/F,8.46\%,4)=800.73$（万元）

乙公司2024年确认财务费用的会计处理如下：

借：财务费用　　677 417.58

　贷：租赁负债　　677 417.58

其中，财务费用金额按租赁内含利率8.46%乘以摊余成本计算确定。

承租人在因租赁付款额或担保余值变动重新计量租赁负债时，应当相应调整使用权资产的账面价值。使用权资产的账面价值已调减至零，但租赁负债仍需进一步调减的，承租人应当将剩余金额计入当期损益（财务费用）。

三、简化处理

为了降低承租人的会计处理成本，《租赁准则规定》，对于短期租赁，承租人应当采用简化处理方法；对于低价值资产租赁，承租人可以选择适用简化处理方法。简化处理方法是指，承租人不确认使用权资产和租赁负债，将短期租赁或低价值资产租赁的租赁付款额，在租赁期内各个期间按照直线法或其他系统合理的方法，即不折现，计入相关资产成本或当期损益。其他系统合理的方法能够更好地反映承租人的受益模式的，承租人应当采用该方法。

其中，短期租赁，是指在租赁期开始日，租赁期不超过12个月的租赁，但包含购买选择权的租赁期不超过12个月的租赁不属于短期租赁。低价值资产租赁，是指单项租赁资产为全新资产时价值较低的租赁。低价值资产租赁的判定仅与资产的绝对价值有关，不受承租人规模、性质或其他情况影响。低价值资产租赁还应当能够被识别为一项单独租赁。承租人转租或预期转租租赁资产的，原租赁不属于低价值资产租赁。

【例7-9】 甲公司与乙公司签订租赁合同，约定甲公司向乙公司租用X设备（高价值）一台，不可撤销期间为9个月，甲公司拥有9个月的续租选择权。租赁期开始日，甲公司预计行使续租选择权。本例中，甲公司不可进行简化处理，因为甲公司实际确定租赁期为18个月，超出12个月，不属于短期租赁。

最后，进行简化处理的短期租赁发生租赁变更或者因租赁变更之外的原因导致租赁期发生变化的,承租人应当将其视为一项新租赁进行会计处理。

第四节　出租人的会计处理

一、出租人的租赁分类

出租人应当在租赁开始日将租赁分为融资租赁和经营租赁。租赁开始日与租赁期开始日是一对对称概念,但由于出租人和承租人面临情境不同,所以《租赁准则》对二者进行了名称和定义上的划分。租赁开始日,是指租赁合同签署日与租赁各方就主要租赁条款做出承诺日中的较早者。可以看出,《租赁准则》采用的是实质转移资产原则的定义,也是一个二者孰早的定义。这种定义方式将出租人转移租赁资产使用权的时点尽可能地提前,能够提高会计信息的谨慎性。

融资租赁,是指实质上转移了与租赁资产所有权有关的几乎全部风险和报酬的租赁。其所有权最终可能转移,也可能不转移。一项租赁属于融资租赁还是经营租赁取决于交易的实质,而不是合同的形式。如果一项租赁实质上转移了与租赁资产所有权有关的几乎全部风险和报酬,出租人应当将该项租赁分类为融资租赁。

由于涉及实质的判断,因此《租赁准则》还提供了一系列判断的依据,即一项租赁存在下列一种或多种情形的,通常分类为融资租赁:

(1) 在租赁期届满时,租赁资产的所有权转移给承租人;

(2) 承租人有购买租赁资产的选择权,所订立的购买价款与预计行使选择权时租赁资产的公允价值相比足够低,因而在租赁开始日就可以合理确定承租人将行使该选择权;

(3) 资产的所有权虽然不转移,但租赁期占租赁资产使用寿命的大部分;

(4) 在租赁开始日,租赁收款额的现值几乎相当于租赁资产的公允价值;

(5) 租赁资产性质特殊,如果不做较大改造,只有承租人才能使用。

此外,一项租赁存在下列一项或多项迹象的,也可能分类为融资租赁:

(1) 若承租人撤销租赁,撤销租赁对出租人造成的损失由承租人承担;

(2) 资产余值的公允价值波动所产生的利得或损失归属于承租人;

(3) 承租人有能力以远低于市场水平的租金继续租赁至下一期间。

经营租赁,是指除融资租赁以外的其他租赁。

【例 7-10】甲公司为设备租赁公司,有如下租赁业务:

业务一:甲公司与乙公司约定,向乙公司出租一台设备,租赁期满乙公司可以以 80 万元购买该设备。甲公司预计租赁期满该设备的公允价值约为 200 万元。甲公司应确认该业务为融资租赁业务,因为订立的购买价款与预计行使选择权时租赁资产的公允价值相比足够低，甲公司可以合理确定乙公司将行使购买选择权。

业务二：甲公司与丙公司约定，向丙公司出租一台设备，该设备为丙公司所在特种行业设备，难以跨城运输，当地仅有丙公司处于该行业。甲公司应确认该业务为融资租赁业务，因为该租赁资产性质特殊，几乎只有丙公司能够使用。

业务三：甲公司与丁公司约定，向丁公司出租一台设备，该设备寿命为 5 年，丁公司租赁期为 4 年。甲公司应确认该业务为融资租赁业务，因为租赁期占租赁资产使用寿命的大部分(80%)。

在租赁开始日后，出租人无须对租赁的分类进行重新评估，除非发生租赁变更。租赁资产预计使用寿命、预计余值等会计估计变更或发生承租人违约等情况变化的，出租人不对租赁的分类进行重新评估。

有时，承租人可能将租赁资产转租，因而缔结新的租赁关系，承租人成为转租出租人。对于转租出租人，其应当基于原租赁产生的使用权资产，而不是原租赁的标的资产，对转租赁进行分类。但原租赁为短期租赁，且转租出租人进行简化处理的，转租出租人应当将该转租赁分类为经营租赁。

二、出租人对融资租赁的会计处理

(一) 一般情形

在租赁期开始日，出租人应当对融资租赁确认应收融资租赁款，并终止确认融资租赁资产。出租人对应收融资租赁款进行初始计量时，应当以租赁投资净额作为应收融资租赁款的入账价值。

租赁投资净额为未担保余值和租赁期开始日尚未收到的租赁收款额按照租赁内含利率折现的现值之和。

租赁收款额，是指出租人因让渡在租赁期内使用租赁资产的权利而应向承租人收取的款项，包括：

(1) 承租人需支付的固定付款额及实质固定付款额，存在租赁激励的，扣除租赁激励相关金额；

(2) 取决于指数或比率的可变租赁付款额，该款项在初始计量时根据租赁期开始日的指数或比率确定；

(3) 购买选择权的行权价格，前提是合理确定承租人将行使该选择权；

(4) 承租人行使终止租赁选择权需支付的款项，前提是租赁期反映出承租人将行使终止租赁选择权；

(5) 由承租人、与承租人有关的一方及有经济能力履行担保义务的独立第三方向出租人提供的担保余值。租赁收款额和租赁付款额的定义是完全一致的，只不过站在不同立场。

在转租的情况下,若转租的租赁内含利率无法确定,转租出租人可采用原租赁的折现率(根据与转租有关的初始直接费用进行调整)计量转租投资净额。

《租赁准则》规定,出租人应当按照固定的周期性利率计算并确认租赁期内各个期间的利息收入。该周期性利率,是租赁内含利率,或者因租赁变更而修订后的折现率。

【例 7-11】 甲公司(假设为租赁公司)向乙公司出租 B 设备用于生产,租赁期为 2023 年 1 月 1 日至 2026 年 12 月 31 日,年租金为 100 万元,每年 1 月 1 日付款。合同约定租赁到期乙公司有购买选择权(以 100 万元购买 B 设备)。据甲公司调查,乙公司生产对 B 设备依赖程度很高,当地只有甲公司能够提供 B 设备,据此认为乙公司很可能行使租赁到期购买权,甲公司将该业务作为融资租赁处理。甲公司 B 设备账面价值为 370 万元,公允价值为 400 万元。B 设备未担保余值为 8 万元,担保余值为 0。出租人的初始直接费用为 1 万元。该资产自租赁开始日剩余使用寿命为 5 年。

甲公司确认应收融资租赁款,终止确认租赁资产的会计处理如下:

借:应收融资租赁款	4 010 000
贷:固定资产	3 700 000
资产处置收益	300 000
银行存款	10 000

其中,应收融资租赁款金额按设备公允价值加上出租人的初始直接费用计算确定。

租赁开始日,甲公司确认租金收入的会计处理如下:

借:银行存款	1 000 000
贷:租赁收入	1 000 000

根据等式"租赁资产公允价值+出租人的初始直接费用=租赁收款额现值+未担保余值现值",计算折现率 i。

租赁投资净额=租赁资产公允价值+出租人的初始直接费用=400+1=401(万元)

第一年年初至第四年年初,租赁收款额=100(万元)

第四年年末,租赁收款额=100(万元)

未担保余值=8(万元)

$401=100+100\times(P/A,i,4)+8\times(P/F,i,4)$

甲公司根据计算得到的折现率($i=13.2\%$)和应收融资租赁款的摊余成本计量每年的利息收入,并调整应收融资租赁款的摊余成本。

出租人取得的未纳入租赁投资净额计量的可变租赁付款额应当在实际发生时计入当期损益。

出租人应当按照《企业会计准则第 22 号——金融工具确认和计量》和《企业会计准则第 23 号——金融资产转移》的规定,对应收融资租赁款的终止确认和减值进行会计处理。出租人将应收融资租赁款或其所在的处置组划分为持有待售类别的，应当按照《企业会计准则第 42 号——持有待售的非流动资产、处置组和终止经营》进行会计处理。

（二）出租人为生产商或经销商时的会计处理

有时，生产商或经销商可能扮演出租人的角色。例如，一些汽车生产商可能采取融资租赁形式向客户转移汽车。再如，一些融资租赁机构会根据客户的要求定制租赁资产。此时，生产商或经销商实质上完成了一项销售，因此涉及收入的确认和相关成本的结转，这些会计处理的原则是提升会计信息的谨慎性。应收融资租赁款按照租赁收款额按市场利率折现的现值计算。出租人承担的初始直接费用被视为销售费用。《租赁准则》规定，在租赁期开始日，出租人（生产商或经销商）应当按照租赁资产公允价值与租赁收款额按市场利率折现的现值两者孰低确认收入，并按照租赁资产账面价值扣除未担保余值的现值后的余额结转销售成本。生产商或经销商出租人为取得融资租赁发生的成本，应当在租赁期开始日计入当期损益。

【例 7-12】 承【例 7-11】，假设甲公司为 B 设备的生产商，市场利率为 8.1%。

租赁收款额按市场利率折现的现值 = 100+100×(*P/A*, 8.1%, 4) = 430.76（万元），高于 B 设备公允价值，按 400 万元计量商品销售收入。

甲公司确认应收融资租赁款，确认销售收入的会计处理如下：

借：应收融资租赁款	4 307 600	
贷：主营业务收入		4 000 000
营业外收入		307 600

甲公司结转销售成本、确认销售费用的会计处理如下：

借：主营业务成本	3 641 400	
应收融资租赁款	58 600	
贷：库存商品		3 700 000

其中，应收融资租赁款按市场利率将租金折现计算。

借：销售费用	10 000	
贷：银行存款		10 000

至此，甲公司销售部分的会计处理已完成，后续对融资租赁的会计处理思路与一般情形相同。

（三）租赁变更

融资租赁发生变更且同时符合下列条件的，出租人应当将该变更作为一项单独租赁进行会计处理：

（1）该变更通过增加一项或多项租赁资产的使用权而扩大了租赁范围。

（2）增加的对价与租赁范围扩大部分的单独价格按该合同情况调整后的金额相当。

融资租赁的变更未作为一项单独租赁进行会计处理的，出租人应当按下列情形对变更后的租赁分别进行处理：

（1）假如变更在租赁开始日生效，该租赁会被分类为经营租赁的，出租人应当自租赁变更生效日开始将其作为一项新租赁进行会计处理，并以租赁变更生效日前的租赁投资净额作为租赁资产的账面价值。

（2）假如变更在租赁开始日生效，该租赁会被分类为融资租赁的，出租人应当按照《企业会计准则第 22 号——金融工具确认和计量》关于修改或重新议定合同的规定进行会计处理。

三、出租人对经营租赁的会计处理

《租赁准则》要求，在租赁期内各个期间，出租人应当采用直线法或其他系统合理的方法，即不折现，将经营租赁的租赁收款额确认为租金收入。其他系统合理的方法能够更好地反映因使用租赁资产所产生经济利益的消耗模式的，出租人应当采用该方法。可以看出，《租赁准则》的这一要求与承租人在选用简化处理方法时的处理是对称的。事实上，经营租赁往往年限更短，或者价值更低，与承租人简化处理的情形一致。当然，我们无法奢求不同的会计主体必须采取对称的会计处理策略。

出租人发生的与经营租赁有关的初始直接费用应当资本化，在租赁期内按照与租金收入确认相同的基础进行分摊，分期计入当期损益。

对于经营租赁资产中的固定资产，出租人应当采用类似资产的折旧政策计提折旧；对于其他经营租赁资产，应当根据该资产适用的企业会计准则，采用系统合理的方法进行摊销。出租人应当按照《企业会计准则第 8 号——资产减值》的规定，确定经营租赁资产是否发生减值，并进行相应会计处理。

出租人取得的与经营租赁有关的未计入租赁收款额的可变租赁付款额，应当在实际发生时计入当期损益。

经营租赁发生变更的，出租人应当自变更生效日起将其作为一项新租赁进行会计处理，与变更前租赁有关的预收或应收租赁收款额应当视为新租赁的收款额。

第五节　售后租回交易

一、售后租回交易中的资产转让属于销售的情形

售后租回交易的基本模式是，A 将产品出售给 B，A 为销售方，B 为购买方；B 再将产品出租给 A，A 为承租人，B 为出租人。售后租回交易发生之后，产品的使用权并未发生转移，但是 A 从销售活动中获得了流动性，而 B 将从租赁活动中获得利息收益。因此，售

后租回交易本质上是一种融资活动。承租人和出租人应当按照《企业会计准则第14号——收入》的规定,评估确定售后租回交易中的资产转让是否属于销售。

售后租回交易中的资产转让属于销售的,承租人(销售方)应当按原资产账面价值中与租回获得的使用权有关的部分,计量售后租回所形成的使用权资产,并仅就转让至出租人的权利确认相关利得或损失;出租人(购买方)应当根据其他适用的企业会计准则对资产购买进行会计处理,并根据《租赁准则》对资产出租进行会计处理。

【例7-13】2025年1月1日,甲公司向乙公司出售一台账面价值为3 000万元的设备(作为固定资产核算),并收取4 000万元银行存款。甲公司租回设备继续使用4年,约定每年年末向乙公司支付1 200万元租金。当日,该设备公允价值为4 000万元。

假设乙公司取得了设备的控制权,甲公司出售该设备满足收入的确认条件。该售后租回交易中的资产转让属于销售,且资产的销售价格和公允价值相等,不需要对销售价格做调整。

如果销售对价的公允价值与资产的公允价值不同,或者出租人未按市场价格收取租金,则企业应当将销售对价低于市场价格的款项作为预付租金进行会计处理,将高于市场价格的款项作为出租人向承租人提供的额外融资进行会计处理;同时,承租人按照公允价值调整相关销售利得或损失,出租人按市场价格调整租金收入。

在进行上述调整时,企业应当基于以下两者中更易于确定的项目:销售对价的公允价值与资产公允价值之间的差额、租赁合同中付款额的现值与按租赁市价计算的付款额现值之间的差额。

二、售后租回交易中的资产转让不属于销售的情形

售后租回交易中的资产转让不属于销售的,承租人应当继续确认被转让资产,同时确认一项与转让收入等额的金融负债,并按照《企业会计准则第22号——金融工具确认和计量》对该金融负债进行会计处理;出租人不确认被转让资产,但应当确认一项与转让收入等额的金融资产,并按照《企业会计准则第22号——金融工具确认和计量》对该金融资产进行会计处理。

【例7-14】承【例7-13】,假设乙公司未取得设备的控制权,甲公司出售该设备未满足收入的确认条件。该售后租回交易中的资产转让不属于销售,实质上属于甲公司以设备作为抵押物从乙公司借入的抵押借款。

第六节 租赁的列报与披露

一、承租人的列报与披露

（一）承租人的列报

承租人应当在资产负债表中单独列示使用权资产和租赁负债。其中,租赁负债通常分别非流动负债和一年内到期的非流动负债列示。

在利润表中,承租人应当分别列示租赁负债的利息费用与使用权资产的折旧费用。租赁负债的利息费用在财务费用项目列示。

在现金流量表中,偿还租赁负债本金和利息所支付的现金应当计入筹资活动现金流出,支付的简化处理的短期租赁付款额和低价值资产租赁付款额及未纳入租赁负债计量的可变租赁付款额应当计入经营活动现金流出。

（二）承租人的披露

承租人应当在附注中披露与租赁有关的下列信息:

（1）各类使用权资产的期初余额、本期增加额、期末余额及累计折旧额和减值金额。

（2）租赁负债的利息费用。

（3）计入当期损益的简化处理的短期租赁费用和低价值资产租赁费用。

（4）未纳入租赁负债计量的可变租赁付款额。

（5）转租使用权资产取得的收入。

（6）与租赁相关的总现金流出。

（7）售后租回交易产生的相关损益。

（8）其他按照《企业会计准则第 37 号——金融工具列报》应当披露的有关租赁负债的信息。

承租人对短期租赁和低价值资产租赁进行简化处理的,应当披露这一事实。

承租人应当根据理解财务报表的需要,披露有关租赁活动的其他定性和定量信息。此类信息包括:

（1）租赁活动的性质,如对租赁活动基本情况的描述。

（2）未纳入租赁负债计量的未来潜在现金流出。

（3）租赁导致的限制或承诺。

（4）售后租回交易的其他信息。

（5）其他相关信息。

【例 7-15】福耀玻璃工业集团股份有限公司 2023 年度报告显示,公司租赁负债年末余额为 40 713 万元,“一年内到期的租赁负债”余额为 11 881 万元。年末,集团简化处理的短期租赁和低价值资产租赁合同的未来最低应支付租金分别为 1 115 万元和 806 万元。

二、出租人的列报与披露

出租人应当根据资产的性质,在资产负债表中列示经营租赁资产。

出租人应当在附注中披露与融资租赁有关的下列信息:

(1) 销售损益、租赁投资净额的融资收益及与未纳入租赁投资净额的可变租赁付款额相关的收入。

(2) 资产负债表日后连续五个会计年度每年将收到的未折现租赁收款额,以及剩余年度将收到的未折现租赁收款额总额。

(3) 未折现租赁收款额与租赁投资净额的调节表。

【例 7-16】福耀玻璃工业集团股份有限公司 2023 年度报告披露了公司作为出租人的经营租赁未来五年未折现租赁收款额信息,如表 7-1 所示。

表 7-1　未来五年未折现租赁收款额　　单位:万元

项目	每年未折现租赁收款额	
	期末金额	期初金额
第一年	1 622	3 596
第二年	1 182	1 709
第三年	933	868
第四年	399	563
第五年	367	274
五年后未折现租赁收款额总额	962	1 017
合计	5 465	8 027

出租人应当在附注中披露与经营租赁有关的下列信息:

(1) 租赁收入,并单独披露与未计入租赁收款额的可变租赁付款额相关的收入。

(2) 将经营租赁固定资产与出租人持有自用的固定资产分开,并按经营租赁固定资产的类别提供《企业会计准则第 4 号——固定资产》要求披露的信息。

(3) 资产负债表日后连续五个会计年度每年将收到的未折现租赁收款额,以及剩余年度将收到的未折现租赁收款额总额。

出租人应当根据理解财务报表的需要,披露有关租赁活动的其他定性和定量信息。

此类信息包括：

（1）租赁活动的性质，如对租赁活动基本情况的描述。

（2）对其在租赁资产中保留的权利进行风险管理的情况。

（3）其他相关信息。

本章小结

由于租赁业务的特殊性，本章涉及大量的新名词，如租赁期、续租选择权、担保余值、未担保余值、售后租回等，读者理解本章内容时可能需要付出更多努力。在掌握这些名词的概念的基础上，读者还需要对租赁合同有初步的感性认识，熟悉租赁合同的识别、合并和分拆。在会计处理方面，本章分别介绍了站在出租人和承租人角度的操作方法，以及一般操作和建议处理，这部分也要求读者清晰回忆起摊余成本（现值）等以往知识。总之，本章内容较多，难度也较大，再加上租赁新准则实行时间不长，相关实践和政策也并未完全规范化，读者需要更多运用辩证和联想思维理解租赁业务。

练习题

一、简答题

1. 什么是租赁？什么是融资租赁？什么是经营租赁？
2. 续租选择权指的是什么？购买选择权指的是什么？终止租赁选择权指的是什么？
3. 什么是租赁变更？
4. 出租人如何对租赁进行会计处理？
5. 承租人如何确认和计量租赁资产与租赁负债？
6. 在什么情况下可以对租赁进行简化处理？简化处理的思路是什么？
7. 重新理解本章引例中的租赁交易。

二、实务题

1. 2023年1月1日，甲公司与乙公司签订租赁合同（当日为租赁期开始日），将一台设备租赁给乙公司作为生产A产品的特种设备使用。合同约定：① 设备每月租金为4万元，每半年支付，租赁期为5年；② 租赁期前3个月为免租期，如果乙公司每年生产超过100件A产品，乙公司应向甲公司额外支付产能利用补偿费1万元。乙公司当年生产140件A产品。请计算该租赁业务对甲公司2023年度营业利润的影响金额。

2. 2023年1月1日，丙公司与丁公司签订租赁合同，从丁公司租入一座厂房。合同约定，该厂房不可撤销的租赁期为5年，租赁期开始日为2023年1月1日，月租金为30万元，于每月末支付。在不可撤销的租赁期到期后，丙公司拥有3年按市场租金行使的续租选择权。从租赁期开始日起算，该厂房剩余使用寿命为 25 年，预计净残值为 0。丙公司预计不可撤销的租赁期结束时，将行使续租选择权。丙公司采用直线法对使用权资产进行折旧。请计算丙公司 2023 年对租入厂房计提的折旧金额。

3. 戊公司租入一台设备，在租赁期开始日之前支付的租赁付款额为 15 万元，租赁期开始日尚未支付的租赁付款额的现值为 100 万元。戊公司发生的初始直接费用为 1 万元，戊公司为将租赁资产恢复至租赁条款约定状态预计将发生成本的现值为 4 万元，已享受的租赁激励为 5 万元。请计算戊公司该项租赁确认的使用权资产的初始成本。

4. 己公司于 2023 年 1 月 1 日与庚公司签订租赁合同，租入庚公司一处房产用于办公，租赁期自 2023 年 1 月 1 日至 2025 年 12 月 31 日，租金为 100 万元/年，每年年初支付。2023 年 1 月 1 日，己公司向庚公司支付第一年的租金 100 万元，另向房地产中介支付佣金 5 万元。己公司增量借款利率为 5%。

2024 年 1 月 1 日，办公楼出现严重地质塌陷，己公司与庚公司协商后，双方同意己公司一个月内搬离该房产，当日支付 1 万元清理费，并解除租赁合同。己公司未付当年租金。

要求：编制己公司对该项厂房租赁进行会计处理的分录。

5. 辛公司为一家租赁公司，于 2023 年 1 月 1 日与癸公司签订一处厂房（用于流水线安放）租赁合同，租赁期为 2023 年 1 月 1 日至 2032 年 12 月 31 日，年租金为 100 万元，每年 1 月 1 日付款。合同约定，租赁到期后，辛公司有权以 1 000 万元的金额购买该厂房。据癸公司调查，辛公司生产线移动困难，业务稳定，将长期在该地进行生产，据此认为辛公司很可能行使租赁到期购买权，将该业务作为融资租赁处理。癸公司厂房账面价值为 2 000 万元，公允价值为 1 000 万元。该厂房未担保余值为 50 万元，担保余值为 50 万元。出租人负担清理费等初始直接费用 2 万元。该厂房自租赁开始日剩余使用寿命为 15 年。

要求：编制癸公司对该项厂房租赁进行会计处理的分录。

第八章

套期会计

学习目标

1. 掌握套期、套期工具、被套期项目的定义；
2. 熟悉套期工具；
3. 掌握《套期会计准则》的应用场景；
4. 掌握公允价值套期与现金流量套期的会计处理；
5. 熟悉境外经营净投资套期的会计处理；
6. 了解特殊情形下的套期会计应用。

引例

2024 年，中国有色金属建设股份有限公司（以下简称“中色股份”）控股子公司赤峰中色锌业有限公司（以下简称“中色锌业”）拟使用自有资金开展锌金属期货套期保值业务。针对套期保值业务，上市公司做出如下论证：

（一）开展期货套期保值业务的目的和必要性

中色锌业属于锌金属冶炼企业，原料采购和产品销售面向市场竞争，是典型的“两头在外”型企业。原料采购、产品销售及库存锌金属在购、销及库存等环节未做到全部对冲自然保值，未对冲部分处于敞口状态，极易受到价格波动风险的影响。通过期货工具实现对实货敞口的风险管理，可以有效规避价格波动风险，提高企业的抗风险能力。

（二）开展期货套期保值业务的可行性分析

中色锌业开展期货套期保值业务，以规避和防范主要产品价格波动给公司带来的经营风险，降低主要产品价格波动对公司的影响为目的。

中色锌业计划在公司期货领导小组领导下，研判市场趋势，结合库存数量、市场结构等情况，进行卖出保值锁定预期利润，防止价格下跌。锌产品完成定价时，对应选择同等数量期货头寸进行平仓。

（三）中色股份通过子公司开展套期保值业务的主要内容

1. 主要场所及品种：仅从事上海期货交易所场内锌期货合约。

2. 保证金额度：套期保值业务保证金总计不超过1.3亿元人民币。

3. 套期保值业务的期限：自中色股份股东大会审议通过之日起至公司完成下一年度期货套期保值计划审议并发布公告日止。

4. 资金来源：使用自有资金进行套期保值业务，不涉及使用募集资金或银行信贷资金。

（四）套期保值的过程控制

中色股份对子公司套期保值业务持仓数量、交易价格、持仓头寸、盈亏情况及效果评价等内容进行跟踪，开展业务监督和风险控制工作。

（五）开展期货套期保值业务的风险分析

1. 市场风险：期货市场行情快速变化，期货价格和现货价格出现背离；期货合约流动性不足；等等。

2. 资金风险：期货交易采取保证金和逐日盯市制度，如市场快速变动，可能造成现金流压力，以及因未及时补足保证金被强行平仓而产生损失的风险。

3. 技术风险：存在交易系统出现技术故障、系统崩溃、通信失败等，导致无法获得行情或无法下单，从而造成的相应风险。

4. 操作风险：存在内部流程、人员或系统不完善或不当，造成意外损失的风险。

5. 信用风险：存在交易对手不履行合约义务或在合约期间内违约风险增加而导致的风险。

6. 政策风险：期货市场法律法规等政策如发生重大变化，可能引起市场波动或无法交易，从而带来风险。

（六）开展期货套期保值业务的可行性分析结论

中色股份控股子公司中色锌业开展期货套期保值业务，以规避生产经营中产品价格波动所带来的风险为目的，不进行投机和套利交易，公司开展期货套期保值业务可以借助期货市场的价格发现、风险对冲功能，利用套期保值工具规避市场价格波动风险，稳定利润水平，提升公司持续盈利能力和综合竞争能力。

{资料来源：中国有色金属建设股份有限公司董事会，《中国有色金属建设股份有限公司关于开展期货套期保值业务的可行性分析报告》，2024年3月27日，有删减}

案例思考

1. 结合引例，在学习过程中，思考中色锌业套期保值案例中，套期工具和被套期项目分别是什么，套期工具如何对冲被套期项目风险，并分析中色锌业能够采用套期会计规定进行会计处理的条件。

2. 结合套期保值的金融技术应用，思考跨学科知识对会计人员履行工作职责的必要性。

分析提示

第一节　套期概述

一、套期的定义

套期，是指企业为管理外汇风险、利率风险、价格风险、信用风险等特定风险引起的风险敞口，指定金融工具为套期工具，以使套期工具的公允价值或现金流量变动，预期抵销被套期项目全部或部分公允价值或现金流量变动的风险管理活动。套期的会计处理在一定条件下适用《企业会计准则第 24 号——套期会计》（以下简称《套期会计准则》）。简单地说，套期就是一种将风险抵销的工具或活动。

知识链接

外汇风险，是指一个企业的价值变量或会计指标因外汇汇率波动而引起的潜在的上涨或下落的风险。例如，某中国公司对美国某公司有一项以美元结算的债权，如果人民币升值，该公司将承担由美元贬值而带来的利益损失。

利率风险，是指一个企业的价值变量或会计指标因利率波动而引起的潜在的上涨或下落的风险。例如，某公司有固定利率欠款，由于利率下行，如果按浮动利率贷款将节省利息，该公司将承担由较高固定利率所引起的更多债务负担。

价格风险，是指一个企业的价值变量或会计指标因价格指标波动而引起的潜在的上涨或下落的风险。例如，某公司预期进行一项商品采购，由于商品价格持续上涨，该公司将发生越来越高的采购支出，导致成本上升。

信用风险，是指一个债权人企业的价值变量或会计指标因其债务人的违约可能性而引起的潜在的上涨或下落的风险。例如，某公司有对外债权，如果对方违约，该公司将承担坏账损失。

二、套期的类型

按照套期规避风险的类型不同,套期可分为多种类型,比较重要的套期类型包括公允价值套期、现金流量套期和境外经营净投资套期。

公允价值套期,是指对已确认资产或负债、尚未确认的确定承诺,或上述项目组成部分的公允价值变动风险敞口进行的套期。该公允价值变动源于特定风险,且将影响企业的损益或其他综合收益。其中,影响其他综合收益的情形,仅限于企业对指定为以公允价值计量且其变动计入其他综合收益的非交易性权益工具投资的公允价值变动风险敞口进行的套期。确定承诺,是指在未来某特定日期或期间,以约定价格交换特定数量资源、具有法律约束力的协议。

现金流量套期,是指对现金流量变动风险敞口进行的套期。该现金流量变动源于与已确认资产或负债、极可能发生的预期交易,或与上述项目组成部分有关的特定风险,且将影响企业的损益。预期交易,是指尚未承诺但预期会发生的交易。

境外经营净投资,是指企业在境外经营净资产中的权益份额。

境外经营净投资套期,是指对境外经营净投资外汇风险敞口进行的套期。对确定承诺的外汇风险进行的套期,企业可以将其作为公允价值套期或现金流量套期处理。

准则与实务

随着期货和衍生品市场的快速发展,通过套期保值管理风险日益成为上市公司的主要选择。中国上市公司协会提供的数据显示,截至 2023 年 8 月底,实体行业 A 股上市公司共有 1 132 家发布了套期保值相关公告,与 2022 年全年相当。从实践效果看,进行套期保值的上市公司在 ROA(资产回报率)、ROE(净资产收益率)、杠杆系数、现金比率等指标的均值和变异系数上都要优于非套保公司,且存在明显的"时间加强效应",即套期保值持续时间长的公司在这些指标上的提升比套期保值持续时间短的公司要更好。

中国上市公司协会相关负责人说,与成熟市场相比,我国上市公司参与套期保值的空间仍然很大。郑州商品交易所(以下简称"郑商所")相关负责人表示,经过 30 多年发展,我国期货市场已具备服务实体的规模和能力,为上市公司管理风险提供了良好的市场生态。以郑商所为例,目前郑商所已上市 25 个期货和 10 个期权品种,覆盖了粮、棉、油、糖、果,以及能源、化工、冶金、建材、纺织等多个关键领域,在郑商所参与中国证监会功能评估的品种中,超 7 成品种期现价格相关性在 0.8 以上,为产业企业提供了有效价格信号。伴随品种工具供给持续丰富、市场运行质量持续提升,郑商所品种产业避险体系日趋完善、期现融合持续深化发展。

{资料来源:张利静,王超.套期保值管理风险成为上市公司主要选择[N].中国证券报,2023-09-26(A05).}

三、套期会计的目标

套期的目的是以套期工具规避被套期项目的风险。套期工具(一般是衍生工具)的公允价值变动影响财务报表,但被套期项目经常是以历史成本计量的,因此其公允价值变动不影响合并报表。分别对套期工具和被套期项目采取相应准则要求进行会计处理,不能直观地看到风险管理的效果,也无法反映套期工具的套期目的。套期会计的目标就是将被套期项目和套期工具在会计上"打包处理",从而使二者价值波动对财务报表的影响一并体现出来,

套期会计就是为了实现套期会计目标而设计出来的特殊会计方法。当符合一定要求时,企业就可以对套期保值业务运用套期会计。注意,即使满足套期会计要求,企业也并不必然采用套期会计,《套期准则》提供了一定选择权。为了避免企业滥用套期会计方法,减少财务报表操纵,企业对一项套期关系采用套期会计后,不允许随意停止套期会计的运用。

第二节　套期工具和被套期项目

一、套期工具

(一)套期工具的定义

套期工具,是指企业为进行套期而指定的、其公允价值或现金流量变动预期可抵销被套期项目的公允价值或现金流量变动的金融工具。套期工具包括:

(1)以公允价值计量且其变动计入当期损益的衍生工具,但签出期权除外。企业只有在对购入期权(包括嵌入在混合合同中的购入期权)进行套期时,签出期权才可以作为套期工具。嵌入在混合合同中但未分拆的衍生工具不能作为单独的套期工具。

(2)以公允价值计量且其变动计入当期损益的非衍生金融资产或非衍生金融负债,但指定为以公允价值计量且其变动计入当期损益,且其自身信用风险变动引起的公允价值变动计入其他综合收益的金融负债除外。

企业自身权益工具不属于企业的金融资产或金融负债,不能作为套期工具。

对于外汇风险套期，企业可以将非衍生金融资产（选择以公允价值计量且其变动计入其他综合收益的非交易性权益工具投资除外）或非衍生金融负债的外汇风险成分指定为套期工具。

准则与实务

（一）非衍生工具和衍生工具

非衍生工具，或称非衍生金融工具、基础金融工具，包括库存现金、银行存款等货币资金，普通股、优先股等股权证券，公司债权、国债等债权证券，以及应收账款、贷款等往来款项。

衍生工具，是指属于《企业会计准则第22号——金融工具确认和计量》范围并同时具备下列特征的金融工具或其他合同：

（1）其价值随特定利率、金融工具价格、商品价格、汇率、价格指数、费率指数、信用等级、信用指数或其他变量的变动而变动，变量为非金融变量的，该变量不应与合同的任何一方存在特定关系；

（2）不要求初始净投资，或者与对市场因素变化预期有类似反应的其他合同相比，要求较少的初始净投资；

（3）在未来某一日期结算。

常见的衍生工具包括远期合同、期货合同、互换合同和期权合同等。是指一种基于基础金融工具的金融合约，其价值取决于一种或多种基础资产或指数，合约的基本种类包括远期、期货、互换和期权。衍生工具还可能由衍生工具衍生，例如基于互换的期权（Swaption）。

由于衍生工具的价值取决于作为标的物的基础工具的价值，因此正确地运用衍生工具交易能够用来减少/规避风险基础工具价值变动的风险。

（二）金融负债与权益工具

权益工具，是指能证明拥有某个企业在扣除所有负债后的资产中的剩余权益的合同。

金融负债，是指企业符合下列条件之一的负债：

（1）向其他方交付现金或其他金融资产的合同义务；

（2）在潜在不利条件下，与其他方交换金融资产或金融负债的合同义务；

（3）将来须用或可用企业自身权益工具进行结算的非衍生工具合同，且企业根据该合同将交付可变数量的自身权益工具。

（4）将来须用或可用企业自身权益工具进行结算的衍生工具合同，但以固定数量的自身权益工具交换固定金额的现金或其他金融资产的衍生工具合同除外。

对于权益工具与金融负债的划分,《企业会计准则第 22 号——金融工具确认和计量》有明确规定。

（二）常见的套期工具

比较常见的套期工具有远期合同、期货、互换和期权。

远期合同,即交易双方约定在未来的某一确定时间,以确定的价格买卖一定数量的某种资产的合约。远期合同为企业带来一项必须履行的义务。例如,以固定价格在未来某时间点购买一项资产的远期合同。

期货,即在交易所交易的,协议双方约定在将来某一时间以约定价格买入或卖出某项资产的标准化合同。

互换,指交易双方约定在未来某一期限相互交换各自持有的资产或现金流的交易形式。

期权是一种金融合同,这个合同赋予权的持有人拥有在约定的期限内按照事先确定的价格,买入或卖出一定数量某种特定标的物的权利。例如,以固定价格在未来某时间点购买一项资产的选择权(买入期权)、以固定价格在未来某时间点出售一项资产的选择权(卖出期权)。与期权相关的重要概念包括行权期、行权价格、内在价值、时间价值等。内在价值等于标的价格与行权价格之差,对于买入期权,只有行权价格高于标的价格,期权才可能被行权,也才可能具有内在价值。期权的价值等于内在价值与时间价值之和。通过购入期权合同享有选择权的一方是购入方,出售期权合同的一方为签出方。

知识链接

期货交易的典型流程是,交易者在期货交易所开仓,在一定点位进行期货交易。开仓时,交易者需要缴纳保证金和手续费,保证金与交易时点位、保证金比例等参数有关。每个交易日收盘时,产生的浮动盈亏进入保证金账户,交易者要按照点位重新计算保证金,保证金账户余额若低于重新计算的保证金,则需要追加保证金。如果保证金账户余额低于交易所设置的最低标准,则强制平仓。不论是否强制平仓,交易者均在平仓时收回剩余保证金。

期货交易结算有两种方式,分别为实物交割和现金交割。

实物交割,是指期货合约到期时,根据交易所的规则和程序,交易双方通过该期货合约所载商品所有权的转移(例如,交付仓单),了结未平仓合约的过程。

现金交割,是指到期未平仓期货合约进行交割时,用结算价格来计算未平仓合约的盈亏,以现金支付的方式最终了结期货合约的交割方式。

目前,我国商品期货交易市场(中国金融期货交易所、郑州商品交易所、大连商品交易所、上海期货交易所),基本实行实物交割。股指期货实行现金交割。

警示案例

2021年1月，金宇火腿股份有限公司（以下简称“金宇火腿”）经董事会审议通过，决定开展生猪期货套期保值业务。2021年8月，公司陆续买入生猪期货合约。2021年9月，在未取得授权的情况下，公司期货交易员杨某将期货合约卖出平仓。截至2021年9月30日，公司期货账户累计亏损5 510.53万元，占2020年归属于上市公司股东净利润的92.92%。公司迟至2022年1月27日在《关于商品期货套期保值业务的进展公告》中对此予以披露。

金宇火腿未及时披露期货交易重大损失，违反了《中华人民共和国证券法》第七十八条第一款、第八十条第一款及第二款第五项的规定，构成《中华人民共和国证券法》第一百九十七条第一款所述“信息披露义务人未按照本法规定报送有关报告或者履行信息披露义务”的行为。

{资料来源：中国证券监督管理委员会浙江监管局行政处罚决定书〔2022〕28号}

职业道德思考

在新会计规则产生的时候，会计从业者如何应对尚不熟悉的业务？怎样看待会计工作中对准则和其他法律法规、制度的遵从性？

（三）指定套期工具的规则

《套期会计准则》要求，在确立套期关系时，企业应当将符合条件的金融工具整体指定为套期工具，但下列情形除外：

（1）对于期权，企业可以将期权的内在价值和时间价值分开，只将期权的内在价值变动指定为套期工具。

（2）对于远期合同，企业可以将远期合同的远期要素和即期要素分开，只将即期要素的价值变动指定为套期工具。原因在于，对于期权，内在价值是行权价和标的现行价的价差，如果这个价差能够覆盖标的价格的波动，那么套期就比较有效。因此，在衡量套期有效性上，内在价值较时间价值更具相关性，《套期会计准则》于是做如此要求。对于远期合同，利息（实质上也是一种时间价值）与期权的时间价值类似，衡量的是套期工具价值超出内在价值的部分，因此也可以被排除。

（3）对于金融工具，企业可以将金融工具的外汇基差单独分拆，只将排除外汇基差后的金融工具指定为套期工具。

（4）企业可以将套期工具的一定比例指定为套期工具，但不可以将套期工具剩余期限内某一时段的公允价值变动部分指定为套期工具。

企业可以将两项或两项以上金融工具（或其一定比例）的组合指定为套期工具（包括组合内的金融工具形成风险头寸相互抵销的情形）。对于一项由签出期权和购入期权组成的期权（如利率上下限期权），或对于两项或两项以上金融工具（或其一定比例）的组合，其在指定日实质上相当于一项净签出期权的，不能将其指定为套期工具。利率上下限期权实质上是两项期权的组合，购买者一般通过购买一个特定的商定利率的利率上限期权，同时又以较低商定利率卖出（发行）一个利率下限期权来缩小利率的波动范围。简言之，《套期会计准则》不允许将企业发行的期权指定为套期工具。但存在一种例外：只有在对购入期权（包括嵌入在混合合同中的购入期权）进行套期时，净签出期权才可以作为套期工具。

二、被套期项目

（一）一般规定

被套期项目，是指使企业面临公允价值或现金流量变动风险，且被指定为被套期对象的、能够可靠计量的项目。

企业可以将下列单个项目、项目组合或其组成部分指定为被套期项目：

（1）已确认资产或负债。

（2）尚未确认的确定承诺。

（3）极可能发生的预期交易。

（4）境外经营净投资。

上述项目组成部分是指小于项目整体公允价值或现金流量变动的部分，企业可以将下列项目组成部分或其组合指定为被套期项目：

（1）项目整体公允价值或现金流量变动中仅由某一个或多个特定风险引起的公允价值或现金流量变动部分（风险成分）。根据在特定市场环境下的评估，该风险成分应当能够单独识别并可靠计量。风险成分也包括被套期项目公允价值或现金流量的变动仅高于或仅低于特定价格或其他变量的部分。

（2）一项或多项选定的合同现金流量。

企业可以将符合被套期项目条件的风险敞口与衍生工具组合形成的汇总风险敞口指定为被套期项目。换言之，被套期的项目连同套期工具仍然有风险敞口的，整体仍然可以再被套期。

当企业出于风险管理目的对一组项目进行组合管理，且组合中的每一个项目（包括其组成部分）单独都属于符合条件的被套期项目时，可以将该项目组合指定为被套期项目。

在现金流量套期中，企业对一组项目的风险净敞口（存在风险头寸相互抵销的项目）进行套期时，仅可以将外汇风险净敞口指定为被套期项目，并且应当在套期指定中明确预期交易预计影响损益的报告期间，以及预期交易的性质和数量。

（二）项目名义金额的组成部分的特殊规定

项目名义金额的组成部分，即项目整体金额或数量的特定部分，其可以是项目整体的一定比例部分，也可以是项目整体的某一层级部分。《套期会计准则》规定，企业可以将项目名义金额的组成部分或其组合指定为被套期项目。

企业将一组项目的一定比例指定为被套期项目时，该指定应当与该企业的风险管理目标相一致。

企业将一组项目的某一层级部分指定为被套期项目时，应当同时满足下列条件：

（1）该层级能够单独识别并可靠计量。

（2）企业的风险管理目标是对该层级进行套期。

（3）该层级所在的整体项目组合中的所有项目均面临相同的被套期风险。

（4）对于已经存在的项目（如已确认资产或负债、尚未确认的确定承诺）进行的套期，被套期层级所在的整体项目组合可识别并可追踪。

（5）该层级包含提前还款权的，且该提前还款权的公允价值受被套期风险变化影响的，企业不得将该层级指定为公允价值套期的被套期项目，但企业在计量被套期项目的公允价值时已包含该提前还款权影响的情况除外。

风险管理目标，是指企业在某一特定套期关系层面上，确定如何指定套期工具和被套期项目，以及如何运用指定的套期工具对指定为被套期项目的特定风险敞口进行套期。

（三）被套期项目是净敞口为零的项目组合的情形

如果被套期项目是净敞口为零的项目组合（各项目之间的风险完全相互抵销），同时满足下列条件时，企业可以将该组项目指定在不含套期工具的套期关系中：

（1）该套期是风险净敞口滚动套期策略的一部分，在该策略下，企业定期对同类型的新的净敞口进行套期。

（2）在风险净敞口滚动套期策略整个过程中，被套期净敞口的规模会发生变化，当其不为零时，企业使用符合条件的套期工具对净敞口进行套期，并通常采用套期会计方法。

（3）如果企业不对净敞口为零的项目组合运用套期会计，将导致不一致的会计结果，因为不运用套期会计方法将不会确认在净敞口套期下确认的相互抵销的风险敞口。

三、利用套期工具抵销被套期项目的风险案例

（一）公允价值套期

【例8-1】2023年12月1日，甲公司为规避所持有的一批账面价值为500万元（2023年12月1日市场价格为500万元）的铜存货公允价值变动风险，与某金融机构签订了一项在2024年5月31日以500万元卖出等量铜期货合同，并将其指定为对2024年5月31日前铜存货的商品价格变化引起的公允价值变动风险的套期工具。

假设2024年5月31日铜存货公允价值为450万元,如果甲公司未曾对铜存货进行套期保值,甲公司将面临铜存货跌价50万元。由于甲公司进行套期保值(假设当日不进行实物交割),该金融机构向甲公司支付50万元,弥补了50万元的铜期货跌价。

(二)现金流量套期

【例8-2】2023年12月1日,甲公司管理层认为,极可能与某生产商签订合同约定在2024年3月31日采购一批商品,预期采购价为200万元。为了规避该预期采购中与商品价格有关的现金流量变动风险,甲公司于2023年12月1日与某金融机构签订了一项在2024年3月31日以200万元买入等量该商品的期货合同,且将其指定为对该预期商品销售的套期工具。

假设2024年3月31日商品价格为210万元,如果甲公司未曾对商品进行套期保值,甲公司将面临商品价格上涨导致的10万元现金流量变动。由于甲公司进行套期保值,当日不进行实物交割,该金融机构向甲公司支付10万元,抵销了10万元的商品价格上涨。

(三)境外经营净投资额套期

【例8-3】甲公司于2023年1月1日向位于英国的乙公司投资100万英镑,投资当天的汇率为GBP1=CNY8.7,甲公司预计在2023年12月31日将收回该笔投资,同时预计2023年12月31日的汇率可能会出现大幅波动。为了规避汇率风险,甲公司与某银行签订了远期外汇合约,约定在2023年12月31日以GBP1=CNY8.6的汇率出售100万英镑。

2023年1月1日,境外经营净投资的账面价值为870万元人民币。假设2023年12月31日,汇率为GBP1=CNY8.2,境外经营净投资的账面价值为820万元人民币。汇率波动导致甲公司亏损50万元。由于甲公司与银行签订了远期外汇合约,当日能以GBP1=CNY8.6的汇率出售100万英镑,即收回860万元人民币,该项套期保值抵销了汇率变动导致的40(860-820)万元人民币损失。

(四)被套期项目是项目名义金额的组成部分

【例8-4】2023年1月1日,甲公司制订对外销售计划,当日汇率为USD1=CNY7。甲公司计划在2023年7月1日出售价值400万美元的商品。为了规避美元汇率波动的风险,甲公司对未来商品销售收入的50%进行套期保值。甲公司与某银行签订远期外汇合约,约定在2023年7月1日以USD1=CNY6.9的汇率出售200万美元。其中,远期外汇合约中200万美元的部分目的是规避销售收款受美元汇率波动影响的风险。

假设2023年7月1日完成销售,当日汇率为USD1=CNY6.7,商品销售收入50%的账面价值为1 340万元人民币。由于甲公司与银行签订了远期外汇合约,当日能以USD1=CNY6.9的汇率出售200万美元,即收回1 380万元人民币。该项套期保值抵销了汇率变动导致的40万元人民币损失。

(五) 被套期项目是净敞口为零的项目组合

【例8-5】 2023年1月1日,甲公司实行对欧洲进出口计划,预计在2023年6月30日从欧洲进口价值为400万欧元的商品,同时预计向欧洲出口价值为400万欧元的商品。甲公司的欧元付款和欧元收款平衡,进出口计划合并在一起净敞口为0。本质上,进口计划和出口计划互为套期工具。

甲公司将进出口计划设定为风险净敞口滚动套期策略的一部分,针对进出口计划净敞口规模发生变化的情形使用适当的套期工具,并且采用套期会计方法。经过评估,如果甲公司不对进出口计划运用套期会计,将导致不一致的会计结果。此时,甲公司可以将进出口计划设定为被套期项目。

第三节　套期会计准则的适用

一、套期会计准则适用的基本要求

公允价值套期、现金流量套期和境外经营净投资套期同时满足下列条件的,才能运用《套期会计准则》规定的套期会计方法进行处理:

(1) 套期关系仅由符合条件的套期工具和被套期项目组成。

(2) 在套期开始时,企业正式指定了套期工具和被套期项目,并准备了关于套期关系和企业从事套期的风险管理策略和风险管理目标的书面文件。该文件至少载明了套期工具、被套期项目、被套期风险的性质及套期有效性评估方法(包括套期无效部分产生的原因分析及套期比率确定方法)等内容。

(3) 套期关系符合套期有效性要求。

准则与实务

套期会计处理方法

企业在经营活动中会面临各类风险,其中涉及外汇风险、利率风险、价格风险、信用风险等。对于此类风险敞口，企业可能会选择通过利用金融工具产生反向的风险敞口（开展套期业务）来进行风险管理活动。套期会计的目标是在财务报告中反映企业采用金融工具管理因特定风险引起的风险敞口的风险管理活动的影响。

企业应当按照《套期会计准则》的要求，将套期分为公允价值套期、现金流量套期和境外经营净投资套期，分别进行会计处理。企业应当按照本准则规定进行套期关系的评估。适用套期关系再平衡的，企业应当进行套期关系再平衡，通过调整套期关系的套期比率，使其重新满足套期有效性要求，从而延续套期关系。企业一旦正式指定套期关系并选择应用套期会计的，只能在企业不再符合本准则规定的特定条件时终止应用套期会计，不得自行终止应用套期会计。

本准则同时提供了套期会计的一种替代方法，即企业可以将符合条件的某项面临信用风险的金融工具的整体或部分指定为以公允价值计量且其变动计入当期损益的金融工具，以减少与作为套期工具的信用衍生工具之间会计计量的不匹配，使两者公允价值变动形成自然对冲，从而便于企业管理信用风险，减少损益波动。

｛资料来源：《企业会计准则第 24 号——套期会计》应用指南（2018）｝

二、套期有效性评估

套期有效性，是指套期工具的公允价值或现金流量变动能够抵销被套期风险引起的被套期项目公允价值或现金流量变动的程度。套期工具的公允价值或现金流量变动大于或小于被套期项目的公允价值或现金流量变动的部分为套期无效部分。

《套期会计准则》规定，套期同时满足下列条件的，企业应当认定套期关系符合套期有效性要求：

（1）被套期项目和套期工具之间存在经济关系。该经济关系使得套期工具和被套期项目的价值因面临相同的被套期风险而发生方向相反的变动。如果不能产生相反变动，套期无法达到对冲风险的目的。

（2）被套期项目和套期工具经济关系产生的价值变动中，信用风险的影响不占主导地位。如果信用风险的影响占价值变动的主导地位，那么信用风险将会对套期关系产生实质性的影响，导致套期目的不能有效实现。

（3）套期关系的套期比率，应当等于企业实际套期的被套期项目数量与对其进行套期的套期工具实际数量之比，但不应当反映被套期项目和套期工具相对权重的失衡，这种失衡会导致套期无效，并可能产生与套期会计目标不一致的会计结果。例如，企业确定拟采用的套期比率是为了避免确认现金流量套期的套期无效部分，或是为了创造更多的被套期项目进行公允价值调整以达到增加使用公允价值会计的目的，可能会产生与套期会计目标不一致的会计结果。

企业在认定套期关系是否符合套期有效性要求时，应当同时考虑以上三个条件，不得僵化地以套期工具和被套期项目的公允价值或现金流量变动的抵销程度的一定量化指标（如80%~125%）作为认定套期有效性的硬性标准。

【例8-6】2023年10月1日，甲公司预计在6个月后以200万元的价格采购10吨原材料A，为了规避6个月内该原材料价格波动（可能导致未来现金流出增加）的风险，甲公司决定采用签订6个月期限卖出10吨原材料B（原材料A与B价格反向变动）期货合约进行套期。根据公司风险管理部门测算，9吨原材料B期货可以抵销10吨原材料A的价格波动风险。被套期项目数量与套期工具实际数量之比为10∶10，即100%。

条件（1）：预期被套期项目原材料价格上涨或下跌，期货合约的公允价值会相应地下跌或上涨，符合套期有效性要求。

条件（2）：假设原材料A与原材料B的价值变动中，信用风险的影响不占主导地位，符合套期有效性要求。

条件（3）：假设甲公司多进行的1吨期货合约交易出于投机目的，那么这部分期货合约并非为对冲原材料价格波动风险而交易。甲公司不能指定100%作为套期比率，因为100%的套期比率会导致公司避免确认现金流量套期的无效部分，进而导致与套期会计目标不一致的会计结果。全部期货合约中9吨期货合约的部分可以被指定为套期工具，套期比率等于90%。

企业应当在套期开始日及以后期间持续地对套期关系是否符合套期有效性要求进行评估，尤其应当分析在套期剩余期限内预期将影响套期关系的套期无效部分产生的原因。企业至少应当在资产负债表日及相关情形发生重大变化将影响套期有效性要求时对套期关系进行评估。

三、套期关系再平衡

套期关系由于套期比率的原因而不再符合套期有效性要求，但指定该套期关系的风险管理目标没有改变的，企业应当进行套期关系再平衡。

套期关系再平衡，是指对已经存在的套期关系中被套期项目或套期工具的数量进行调整，以使套期比率重新符合套期有效性要求。基于其他目的对被套期项目或套期工具所指定的数量进行变动，不构成套期关系再平衡。套期关系再平衡可能会导致企业增加或减少指定套期关系中被套期项目或套期工具的数量。

【例8-7】 承【例8-6】，签订期货合约后，原材料B价格波动幅度增大。2023年12月31日，甲公司对套期有效性进行重新评估。经评估，公司只需要交易3个月期限8吨原材料B期货即可对冲3个月内10吨原材料A价格波动风险。

情况变动后，合理的套期比率变为8∶10(80%)，90%的套期比率不再符合有效性要求，甲公司需要重新再平衡套期比率使其变为1。甲公司可以减少套期工具的数量，即仅按8吨原材料B期货的名义数量确认套期工具，套期比率为8∶10。甲公司也可以增加被套期项目的数量，即扩大套期工具覆盖价格变动风险的原材料A规模，使其增加为11.25(10×9/8)吨。

甲公司在套期关系再平衡时，应当首先确认套期关系调整前的套期无效部分，并更新在套期剩余期限内预期将影响套期关系的套期无效部分产生原因的分析，同时相应更新套期关系的书面文件。

四、套期会计终止运用

（一）终止运用的情形

企业发生下列情形之一的，应当终止运用套期会计：

（1）风险管理目标发生变化，导致套期关系不再满足风险管理目标。

（2）套期工具已到期、被出售、合同终止或已行使。

（3）被套期项目与套期工具之间不再存在经济关系，或者被套期项目和套期工具经济关系产生的价值变动中，信用风险的影响开始占主导地位。

（4）套期关系不再满足《套期会计准则》所规定的运用套期会计方法的其他条件。

在适用套期关系再平衡的情况下，企业应当首先考虑套期关系再平衡，然后评估套期关系是否满足《套期会计准则》所规定的运用套期会计方法的条件。

【例8-8】 2022年12月1日，甲公司借入一项金额为1 000万元的浮动利率长期借款，期限为2年，即期利率为5%。为了规避长期借款的利率上浮风险，甲公司决定采用一笔2年期利率互换进行套期保值，运用套期会计进行处理。

情形一：2023年12月31日，借款市场利率大幅下降，甲公司风险管理部门预计下降趋势在2年内不可逆转。虽然甲公司的被套期项目和套期工具仍然存在风险对冲关系，但由于借款市场利率不可逆转的下行趋势，甲公司的风险管理目标发生变化，不需要再对长期借款进行套期保值。因此，甲公司应当终止运用套期会计。

情形二：2023年12月31日，利率互换合约对手方出现信用危机，甲公司风险管理部门测算评定对手方有很大可能不会履行互换合约义务。此时，被套期项目和套期工具经济关系产生的价值变动中，信用风险的影响开始占主导地位，甲公司应当终止运用套期会计。

终止套期会计可能会影响套期关系的整体或其中一部分，在仅影响其中一部分时，剩余未受影响的部分仍适用套期会计。

（二）不允许终止运用的情形

套期关系同时满足下列条件的，企业不得撤销套期关系的指定并由此终止套期关系：

（1）套期关系仍然满足风险管理目标。

（2）套期关系仍然满足《套期会计准则》运用套期会计方法的其他条件。

在适用套期关系再平衡的情况下，企业应当首先考虑套期关系再平衡，然后评估套期关系是否满足《套期会计准则》所规定的运用套期会计方法的条件。

企业发生下列情形之一的，不作为套期工具已到期或合同终止处理：

（1）套期工具展期或被另一项套期工具替换，而且该展期或替换是企业书面文件所载明的风险管理目标的组成部分。

（2）由于法律法规或其他相关规定的要求，套期工具的原交易对手方变更为一个或多个清算交易对手方（如清算机构或其他主体），以最终达成由同一中央交易对手方进行清算的目的。如果存在套期工具其他变更的，该变更应当仅限于达成此类替换交易对手方所必须的变更。

第四节　公允价值套期的一般会计处理

一、公允价值套期会计处理的基本要求

公允价值套期满足运用套期会计方法条件的，应当按照下列规定处理：

（1）套期工具产生的利得或损失应当计入当期损益。如果套期工具是对选择以公允价值计量且其变动计入其他综合收益的非交易性权益工具投资（或其组成部分）进行套期的，套期工具产生的利得或损失应当计入其他综合收益。

（2）被套期项目因被套期风险敞口形成的利得或损失应当计入当期损益，同时调整未以公允价值计量的已确认被套期项目的账面价值。

【例8-9】为了避免100吨存货A未来价格下跌风险，2023年12月1日甲公司与乙公司签订一项在2024年5月31日以3 000万元出售100吨A商品的期货合约，甲公司支付期货合约价款100万元。当月，存货A账面价值（公允价值）为2 900万元。期货合约符合套期工具要求，甲公司运用套期会计进行处理。不考虑税费。

甲公司交易期货的目的是对冲未来期间存货A公允价值波动的风险，因此属于公允价值套期。

甲公司相关会计处理如下。

2023 年 12 月 1 日,甲公司购买期货合约的会计处理(简化)如下:

借:套期工具——期货合约　　1 000 000

　贷:银行存款　　1 000 000

同日,将存货 A 转为被套期项目的会计处理如下:

借:被套期项目——存货 A　　29 000 000

　贷:存货——存货 A　　29 000 000

2023 年 12 月 31 日,被套期存货 A 公允价值下降为 2 800 万元,期货合约公允价值提高为 200 万元,甲公司对套期工具公允价值变动的会计处理如下:

借:套期工具——期货合约　　1 000 000

　贷:套期损益　　1 000 000

同日,对被套期项目风险敞口形成的损失的会计处理如下:

借:套期损益　　1 000 000

　贷:被套期项目——存货 A　　1 000 000

2024 年 5 月 31 日,被套期存货 A 公允价值为 2 850 万元,甲公司与乙公司进行现金交割,甲公司的会计处理如下:

借:存货——存货 A　　28 500 000

　　银行存款　　1 500 000

　贷:被套期项目——存货 A　　28 000 000

　　　套期工具——期货合约　　2 000 000

对于被套期项目为一组项目的公允价值套期,企业在套期关系存续期间,应当针对被套期项目组合中各组成项目,分别确认公允价值变动所引起的相关利得或损失,计入当期损益或其他综合收益。涉及调整被套期各组成项目账面价值的,企业应当对各项资产和负债的账面价值做相应调整。

二、特殊类型被套期项目会计处理的具体要求

(一) 被套期项目为以公允价值计量且其变动计入其他综合收益的非交易性权益工具投资

被套期项目为其他权益工具投资的,被套期项目因被套期风险敞口形成的利得或损失应当计入其他综合收益,而不计入当期损益,其账面价值已经按公允价值计量,不需要调整。

【例 8-10】甲公司于 2023 年 12 月 1 日以公允价值 400 万元购入一项股权,将其分类为以公允价值计量且其变动计入其他综合收益的金融资产,作为其他权益投资工具核算。为了规避股权公允价值变动风险,甲公司于 2023 年 12 月 1 日利用持有的一项

公允价值为400万元的衍生工具对股权进行套期保值，采用公允价值套期，指定为被套期项目。

初始确认被套期项目和套期工具时，甲公司的会计处理如下：

借：套期工具——衍生工具　　4 000 000

　贷：衍生工具　　4 000 000

借：被套期项目——其他权益工具投资　　4 000 000

　贷：其他权益工具投资　　4 000 000

2023年12月31日，被套期股权公允价值下降至380万元，衍生工具公允价值上升至410万元，甲公司的会计处理如下：

借：其他综合收益——套期损益　　200 000

　贷：被套期项目——其他权益工具投资　　200 000

借：套期工具——衍生工具　　100 000

　贷：其他综合收益——套期损益　　100 000

（二）被套期项目为以摊余成本计量的金融工具

被套期项目为以摊余成本计量的金融工具的，企业对被套期项目账面价值所做的调整应当按照开始摊销日重新计算的实际利率进行摊销，并计入当期损益。该摊销可以自调整日开始，但不应当晚于对被套期项目终止进行套期利得和损失调整的时点。

（三）被套期项目为尚未确认的确定承诺

被套期项目为尚未确认的确定承诺的，其在套期关系指定后因被套期风险引起的公允价值累计变动额应当确认为一项资产或负债，相关的利得或损失应当计入各相关期间损益。当履行确定承诺而取得资产或承担负债时，应当调整该资产或负债的初始确认金额，以包括已确认的被套期项目的公允价值累计变动额。

【例8-11】2023年7月1日，甲公司与乙公司签订合同，约定在2024年2月1日以100万元向乙公司购买一批商品，如届时不履行合同，甲公司赔偿乙公司20万元。为了避免未来商品价格下跌风险，甲公司在2023年7月1日签订了一项2024年2月1日以90万元出售等量同种商品的期货合约，约定以现金交割。期货合约签订当日，商品公允价值为90万元。

甲公司运用套期会计进行购买商品的尚未确认的确定承诺（被套期项目）与期货合约（套期工具）的会计处理。

2023年7月1日，期货合约公允价值为0，不对其做会计处理。被套期项目购买承诺公允价值为90万元，比约定价格少10万元，甲公司确认公允价值变动的会计处理如下：

借：套期损益　　100 000

　贷：被套期项目——购买承诺　　100 000

假设2023年12月31日，商品公允价值变为85万元。被套期项目购买承诺公允价值下降5万元，期货合约公允价值为5万元，甲公司确认公允价值变动的会计处理如下：

借：套期损益　50 000
　贷：被套期项目——购买承诺　50 000
借：套期工具——期货合约　50 000
　贷：套期损益　50 000

假设2024年2月1日，商品公允价值变为93万元。被套期项目购买承诺公允价值提高5万元，甲公司履行购买义务，应当调整存货的初始确认金额，使其包括已确认的被套期项目的公允价值累计变动额。甲公司的会计处理如下：

借：存货　930 000
　被套期项目——购买承诺　150 000
　贷：银行存款　1 000 000
　　套期损益——购买承诺　80 000

2024年2月1日，甲公司对期货合约进行现金交割的会计处理如下：

借：套期损益——期货合约　80 000
　贷：套期工具——期货合约　50 000
　　银行存款　30 000

第五节　现金流量套期与境外经营净投资套期的一般会计处理

一、现金流量套期的一般会计处理

（一）现金流量套期会计处理的基本要求

现金流量套期满足运用套期会计方法条件的，应当按照下列规定处理：

（1）套期工具产生的利得或损失中属于套期有效的部分，作为现金流量套期储备，应当计入其他综合收益。现金流量套期储备的金额，应当按照下列两项的绝对额中较低者确定：①套期工具自套期开始的累计利得或损失；②被套期项目自套期开始的预计未来现金流量现值的累计变动额。每期计入其他综合收益的现金流量套期储备的金额应当为当期现金流量套期储备的变动额。

（2）套期工具产生的利得或损失中属于套期无效的部分（扣除计入其他综合收益后

的其他利得或损失)，应当计入当期损益。

(二) 现金流量套期储备的计算与处理

1. 基本要求

现金流量套期储备的金额，应当按照下列规定处理：

(1) 被套期项目为预期交易，且该预期交易使企业随后确认一项非金融资产或非金融负债的，或者非金融资产或非金融负债的预期交易形成一项适用于公允价值套期会计的确定承诺时，企业应当将原在其他综合收益中确认的现金流量套期储备金额转出，计入该资产或负债的初始确认金额。

(2) 不属于(1)中涉及的现金流量套期，企业应当在被套期的预期现金流量影响损益的相同期间，将原在其他综合收益中确认的现金流量套期储备金额转出，计入当期损益。

【例8-12】甲公司管理层预计2024年5月31日极可能将100吨存货A出售给丙公司，为了避免100吨存货A未来价格下跌导致收入实现的现金流量减少风险，2023年12月1日，甲公司与乙公司签订一项在2024年5月31日以3 000万元出售100吨A商品的远期合约，甲公司支付远期合约价款100万元。当日，存货A账面价值(公允价值)为2 900万元。期货合约符合套期工具要求，甲公司运用套期会计进行处理。不考虑税费。

甲公司交易远期的目的是对冲未来期间极可能发生的预期交易因存货A价值波动引起现金流量减少的风险，因此属于现金流量套期。

2023年12月1日，甲公司购买远期合约的会计处理如下：

借：套期工具——远期合约　　1 000 000

　贷：银行存款　　1 000 000

2023年12月31日，被套期存货A公允价值下降为2 800万元，远期合约公允价值提高为200万元，甲公司对套期工具公允价值变动的会计处理如下：

借：套期工具——远期合约　　1 000 000

　贷：其他综合收益——套期储备　　1 000 000

2024年5月31日，被套期存货A公允价值为2 850万元，甲公司与乙公司进行现金交割。当日，甲公司按公允价值出售全部被套期存货A。甲公司确认收入和结转成本的会计处理如下：

借：应收账款　　28 500 000

　贷：主营业务收入　　28 500 000

借：主营业务成本　　29 000 000

　贷：存货　　29 000 000

甲公司对套期工具的会计处理如下：

① 调整套期工具公允价值

借:其他综合收益——套期储备 500 000

　贷:套期工具——远期合约 500 000

② 转出套期储备

借:银行存款 1 500 000

　其他综合收益——套期储备 500 000

　贷:套期工具——远期合约 1 500 000

　　主营业务收入 500 000

如果在其他综合收益中确认的现金流量套期储备金额是一项损失,且该损失全部或部分预计在未来会计期间不能弥补的,企业应当在预计不能弥补时,将预计不能弥补的部分从其他综合收益中转出,计入当期损益。

【例8-13】承【例8-12】,假设2023年12月31日,被套期存货A公允价值提高为3 000万元,远期合约公允价值下降为0。此时,甲公司应当调整期货合约公允价值,其会计处理如下:

借:其他综合收益——套期储备 1 000 000

　贷:套期工具——远期合约 1 000 000

如果预期100万元的现金流量套期储备不能在未来期间弥补,即预期存货价格不会发生逆转,甲公司应当将该部分其他综合收益转出,计入当期损益,其会计处理如下:

借:公允价值变动损益 1 000 000

　贷:其他综合收益——套期储备 1 000 000

对于被套期项目为一组项目的现金流量套期,企业在将其他综合收益中确认的相关现金流量套期储备转出时,应当按照系统、合理的方法将转出金额在被套期各组成项目中分摊,并根据基本要求进行相应处理。

2. 终止运用现金流量套期会计

当企业对现金流量套期终止运用套期会计时,在其他综合收益中确认的累计现金流量套期储备金额,应当按照下列规定进行处理:

(1) 被套期的未来现金流量预期仍然会发生的,累计现金流量套期储备的金额应当予以保留。

(2) 被套期的未来现金流量预期不再发生的,累计现金流量套期储备的金额应当从其他综合收益中转出,计入当期损益。被套期的未来现金流量预期不再极可能发生但可能预期仍然会发生,在预期仍然会发生的情况下,累计现金流量套期储备的金额应当予以保留。

三、境外经营净投资套期的一般会计处理

对境外经营净投资的套期，包括对作为净投资的一部分进行会计处理的货币性项目的套期，应当按照类似于现金流量套期会计的规定处理：

(1) 套期工具形成的利得或损失中属于套期有效的部分，应当计入其他综合收益。全部或部分处置境外经营时，这部分计入其他综合收益的套期工具利得或损失应当相应转出，计入当期损益。

(2) 套期工具形成的利得或损失中属于套期无效的部分，应当计入当期损益（公允价值变动损益）。

【例8-14】 甲公司是一家跨国公司，记账本位币为人民币。2023 年 11 月 1 日，甲公司持有一项价值为 5 000 万英镑的境外经营净投资。为了规避汇率波动风险，甲公司与某金融机构签订了一项远期外汇合同。合同约定，2024 年 3 月 31 日，甲公司以 GBP1=CNY9 的汇率向乙公司出售 5 000 万英镑。假定当日即期汇率为 GBP1=CNY9.1，远期合同公允价值为 0。甲公司合并考虑远期合同的远期要素和即期要素，按规定采用对外经营净投资套期会计对远期合同与持有境外经营净投资的套期关系进行会计处理。

2023 年 11 月 1 日，甲公司不做会计处理。

2023 年 12 月 31 日，假设即期汇率为 GBP1=CNY9.5，远期汇率为 GBP1=CNY9.7，远期合同公允价值为-3 400 万元。甲公司的会计处理如下：

借：其他综合收益——套期储备　　34 000 000

　贷：套期工具——远期外汇合同　　34 000 000

借：被套期项目——对外投资　　455 000 000

　贷：长期股权投资　　455 000 000

甲公司进行外币折算，需要确认境外经营净投资产生的其他综合收益，其会计处理如下：

借：被套期项目——对外投资　　20 000 000

　贷：其他综合收益——外币报表折算差额　　20 000 000

2024 年 3 月 31 日，假设即期汇率为 GBP1=CNY9.2。甲公司确认境外经营净投资的其他综合收益，其会计处理如下：

借：其他综合收益——外币报表折算差额　　15 000 000

　贷：长期股权投资　　15 000 000

其中，外币报表折算差额按汇率差异计算确定，金额为 15 000 000[(9.5-9.2)×50 000 000]元。

甲公司确认远期合同公允价值变动，同时结算远期合同，应向该金融机构支付 1 000[(9.2-9)×5 000]万元人民币，该金额(-1 000 万元)等于当日远期合同公允价值：

借:套期工具——远期外汇合同　34 000 000
　贷:其他综合收益——套期储备　24 000 000
　　银行存款　10 000 000

甲公司未来处置该境外经营净投资时,将计入其他综合收益的套期损失转出计入当期损益。

第六节　特殊情形的会计处理

一、套期关系再平衡的会计处理

企业对套期关系做出再平衡的,应当在调整套期关系之前确定套期关系的套期无效部分,并将相关利得或损失计入当期损益。企业增加了指定的被套期项目或套期工具的,增加部分自指定增加之日起作为套期关系的一部分进行处理;企业减少了指定的被套期项目或套期工具的,减少部分自指定减少之日起不再作为套期关系的一部分,作为套期关系终止处理。

【例 8-15】承【例 8-7】,甲公司采用现金流量套期会计进行会计处理。假定情况变动日,被套期项目原材料 A 自套期关系开始的预计未来现金流量现值变动额上升 600 万元,套期工具原材料 B 公允价值下降 700 万元。甲公司选择减少套期工具的数量至 8 吨进行套期关系再平衡。情况变动后,甲公司确认套期工具的无效部分为 10 吨原料 B 期货,对应的公允价值变动为 777 778(7 000 000×1/9)元,其会计处理如下:

借:其他综合收益——套期储备　777 778
　贷:公允价值变动损益　777 778

甲公司进行套期再平衡,应当将 1 吨原材料 B 期货合同部分转出套期关系,其会计处理如下:

借:衍生工具——期货合约　777 778
　贷:套期工具——期货合约　780 000

二、被套期项目为风险净敞口的会计处理

对于被套期项目为风险净敞口的套期,被套期风险影响利润表不同列报项目的,企业应当将相关套期利得或损失单独列报,不应当影响利润表中与被套期项目相关的损益列报项目金额(如营业收入或营业成本)。

对于被套期项目为风险净敞口的公允价值套期，涉及调整被套期各组成项目账面价值的，企业应当对各项资产和负债的账面价值做相应调整。

【例 8-16】 甲公司记账本位币为人民币。甲公司预期在 6 个月后发生一笔 1 000 万美元的采购支出，同时预期在 6 个月后发生一笔 900 万美元的销售收入。

假定同一天发生的预期外币支出和收入金额相等，两项业务不会暴露风险敞口，美元价格波动被抵销。

但实际情况是，甲公司在 6 个月后将产生一笔 100 万美元的净支出，因此会对美元价格上涨的风险比较担忧。甲公司可能签订某些外汇衍生工具交易合同，以抵销这一风险，由此形成被套期项目为风险净敞口的套期关系。

假定甲公司采用套期会计进行处理，那么甲公司不能将净敞口“真正抵销”，而是应当分别按 1 000 万美元的预计支出和 900 万美元的预计收入对净敞口套期损益在项目之间进行分摊，并根据影响利润表不同列报项目的确认时间进行确认。

三、将期权内在价值和时间价值分开的情形

企业选择将期权的内在价值和时间价值分开，只将期权的内在价值变动指定为套期工具时，应当区分被套期项目的性质是与交易相关还是与时间段相关。

（一）被套期项目与交易相关

被套期项目与交易相关的，对其进行套期的期权时间价值具备交易成本的特征。对于与交易相关的被套期项目，企业应当将期权时间价值的公允价值变动中与被套期项目相关的部分计入其他综合收益。

（二）被套期项目与时间段相关

被套期项目与时间段相关的，对其进行套期的期权时间价值具备为保护企业在特定时间段内规避风险所需支付成本的特征。对于与时间段相关的被套期项目，企业应当将期权时间价值的公允价值变动中与被套期项目相关的部分计入其他综合收益。同时，企业应当按照系统、合理的方法，将期权被指定为套期工具当日的时间价值中与被套期项目相关的部分，在套期关系影响损益或其他综合收益（仅限于企业对指定为以公允价值计量且其变动计入其他综合收益的非交易性权益工具投资的公允价值变动风险敞口进行的套期）的期间内摊销，摊销金额从其他综合收益中转出，计入当期损益。

（三）远期合同的远期要素或金融工具的外汇基差的会计处理

将远期合同的远期要素和即期要素分开、只将即期要素的价值变动指定为套期工具的，或者将金融工具的外汇基差单独分拆、只将排除外汇基差后的金融工具指定为套期工具的，可以按照与期权时间价值相同的处理方式对远期合同的远期要素或金融工具的外汇基差进行会计处理。

学术观点

在确立套期关系时,《套期准则》(2017 修订)依然允许企业可以将期权内在价值和时间价值分开,只将内在价值变动指定为套期工具。就仅将期权内在价值变动指定为套期工具的套期业务,原套期准则(2017 年以前)规定,剩余未指定的期权时间价值作为衍生工具的一部分,应当以公允价值计量且其变动计入当期损益。这会造成损益的潜在波动,所以,《套期准则》(2017 修订)专门对未指定为套期工具的期权时间价值的会计处理做出新规定。

《套期准则》(2017 修订)规定,企业应当根据被套期项目性质的不同,将其分为与时间段相关的被套期项目和与交易相关的被套期项目两类,再分别进行会计处理。比如,为金融资产持有期间公允价值变动风险所做的套期,则被套期项目与时间段相关;为预期将来发生的购买交易现金流量风险所做的套期,则被套期项目与交易相关。

{资料来源:陈斌才,王自荣.套期会计中期权实际时间价值校准的会计处理及完善[J].财务与会计,2019,(03):48-51.}

本章小结

学习本章内容能够使读者初步了解套期会计的理论和实务。本章是本书较为难懂的一章,其原因在于本章与前置课程如"中级财务会计"等包括的金融工具知识相关性较高,要求读者清晰回忆起这些知识。难点还在于本章与衍生金融工具如期货、期权、远期合同等高度相关,虽然对这些知识仅有初步了解也能够完成本章学习,但不免会感到吃力。在熟悉相关基础知识的前提下,读者能够通过对本章的学习建立一套全面的套期会计框架,这一框架与《套期会计准则》的架构一致。从准则的角度,套期分为公允价值套期、现金流量套期和境外经营净投资套期,本质是规避风险,因此与金融资产投资有所差异。读者应至少掌握套期工具和被套期项目的概念,理解套期有效性的概念,并能理解这三类套期业务的一般会计处理要求。为了知识的全面性,本章还对特殊情形的会计处理要求进行了介绍。

练习题

一、简答题

1. 什么是套期?企业为什么进行套期?
2. 套期的类型分为几种?
3. 套期和金融资产投资有什么区别?

4. 常见的套期工具有哪些?

5. 企业如何对不同的被套期项目进行会计处理?

6. 如何理解套期比率和套期有效性?

7. 在什么情况下,企业应当进行套期关系再平衡?企业如何对套期关系再平衡进行会计处理?

8. 重新思考引例中的套期业务,包括套期工具、被套期项目。

二、实务题

1. 请逐项判断下列各项能否作为套期交易中的被套期项目:① A 公司在境外分公司净资产中的权益份额;② A 公司签订的一项不可撤销的长期租赁合同所产生的每年租金;③ A 公司签订的一项法律上具有约束力的采购协议,约定未来某时点以交易日市场价购买某项材料;④ A 公司境外经营取得的固定外币金额应收账款。

2. B 公司对次年拟采购的 100 吨 Ⅰ 类商品进行套期保值。根据公司风险管理部门测算数据,B 公司决定交易 120 吨 Ⅱ 类商品期货,以对冲 Ⅰ 类商品现货价格上涨风险。B 公司指定该套期交易为现金流量套期。期货交易年末,公司风险管理部门根据市场走势调整测算,认为对于 100 吨 Ⅰ 类商品,仅需要 110 吨 Ⅱ 类商品期货就能对冲其风险。请分析 B 公司套期关系再平衡的策略。

3. 2023 年 1 月 1 日,甲公司为了规避所持有的铁存货公允价值变动风险,与某金融机构签订了一项铁期货合约,并将其指定为对 2023 年前 3 个月铁存货的商品价格变化引起的公允价值变动风险的套期工具。铁期货合约的标的资产与被套期项目铁存货在数量、质次、产地方面相同。期货合约签订日,铁期货合约公允价值为 0,被套期项目账面价值和成本均为 850 万元,公允价值为 1 000 万元。

2023 年 12 月 31 日,铁期货合约公允价值上涨了 30 万元,铁存货公允价值下降了 30 万元。

2024 年 2 月 29 日,铁期货合约公允价值下降了 10 万元,铁存货公允价值上升了 10 万元。当日,甲公司将铁存货以 980 万元的价格出售,并结算了铁期货合约。

经判断,甲公司的套期交易符合套期有效性要求。

要求:编制甲公司签订期货合约对冲铁存货公允价值变动风险的会计分录。

4. 2023 年 12 月 1 日,乙公司预期在 2024 年 5 月 1 日销售一批存货,数量为 200 吨,预期售价为 60 万元。为了规避该预期销售中与商品价格有关的现金流量变动风险,乙公司于 2023 年 12 月 1 日与某金融机构签订了一项商品期货合约,且将其指定为对该预期商品销售的套期工具。商品期货合约的标的资产与被套期预期销售商品在数量、质次、价格变动和产地等方面相同,并且商品期货合约的结算日和预期商品销售日均为 2024 年 5 月 1 日。期货合约签订日,商品期货合约公允价值为 0。

2023 年 12 月 31 日,商品期货合约公允价值上涨了 1 万元,预期销售价格下降了 1 万元。

2024 年 5 月 1 日,商品期货合约公允价值上涨了 1 万元,商品销售价格下降了 1 万元。当日,乙公司将商品出售,并结算了商品期货合约。

经判断,乙公司的套期交易符合套期有效性要求。

要求:编制乙公司签订期货合约对冲现金流量变动风险及销售商品的会计分录。

第九章

外币折算

学习目标

1. 掌握记账本位币的定义;
2. 掌握外币交易的会计处理;
3. 掌握外币财务报表折算方法;
4. 熟悉外币折算的披露。

引 例

2023 年,深圳证券交易所对深圳市长盈精密技术股份有限公司(以下简称"长盈精密")发出《关于深圳市长盈精密技术股份有限公司申请向特定对象发行股票的审核问询函》。主审会计师天健会计师事务所(特殊普通合伙)就汇率波动对长盈精密利润影响事宜回复如下:

2021 年,受国际政治经济形势变化等影响,美元兑人民币汇率走弱,公司存在较多以美元结算的境外销售收入,美元贬值对公司产生一定负面影响。2021 年,公司营业收入、采购总额受汇率波动的影响额分别为-38 998.54 万元、-2 344.31 万元,假设当年以外币采购的原材料全部用于生产并结转成本,由此测算公司毛利额因汇率波动而减少 36 654.23 万元,占公司 2021 年毛利额的比例为 19.04%。因此,汇率波动也是造成公司毛利率下降的主要因素之一。

公司汇率变动及汇兑损益与境外销售收入的匹配性分析如下:

公司境外销售主要以美元结算,公司外币资产负债项目也主要以美元核算。2020 年至 2023 年 3 月,美元兑人民币汇率存在一定波动:2020 年上半年美元汇率处于相对高位,2020 年下半年开始美元汇率有所回落,并在 2021 年整体处于较低水平;2022 年以来,随着美元进入加息周期,美元兑人民币汇率整体保持上升趋势，在 2022 年 11 月小幅回落并保持一定震荡。公司向境外销售的产品主要以美元定价，美元升值会对公司带来一定正向影响，反之则会对公司产生一定负面影响。报告期内，公司境外销售收入的增长主要是由于公司与国际大客户合作逐步加深，重要项目进入量产所拉动，受汇率变动的影响相对较小。

2020 年度和 2021 年度，美元兑人民币汇率有所下降，公司形成一定的汇兑损失；2022 年度，美元兑人民币汇率有所上涨，同时公司境外销售规模显著提升，导致 2022 年公司形成一定汇兑收益，且绝对金额较以前年度更高；2023 年 1~3 月，虽然美元兑人民币平均汇率保持高位，但较 2022 年年末出现下降，导致公司出现汇兑损失。公司境外销售所产生的汇兑损益具体金额受到境外销售收入的确认时点、外币款项收回后的结汇规模及结汇时点、不同时间段汇率变动幅度等多种因素影响，最近三年一期，公司汇兑损益占境外销售收入的比例与汇率变动趋势一致，具有合理性。最近三年一期，公司因汇率变化而调整的收入占公司各期营业收入的比例分别为 0.33%、-3.56%、1.91%和 1.28%，汇率波动越大，对营业收入的影响越大。

除销售收入采用外币结算外，公司向国外供应商采购及支付运费时主要采用美元结算。最近三年一期，公司外币采购占采购总额的比例整体较低且较为稳定。与境外收入相反，公司通过外币结算采购及费用，当外币升值时公司会形成汇兑损失，外币贬值时公司形成汇兑收益。汇率变动所导致的收入及成本端影响叠加抵销后会减小对公司业绩的影响。

因 2022 年利润总额绝对金额较小，汇率波动对利润总额的影响较大，当外币兑人民币汇率升值 1.00%时，公司因汇兑损益变动导致的 2022 年利润总额增加 1 841.06 万元，占 2022 年利润总额的比例为 95.66%。当外币兑人民币汇率贬值 1.05%时，公司 2022 年利润总额为零，达到盈亏平衡点。因此，汇率波动对公司经营业绩存在一定影响，若未来人民币持续升值，可能导致公司汇兑损失金额较大，从而对公司的经营业绩产生不利影响。

{资料来源：天健会计师事务所，《深圳市长盈精密技术股份有限公司问询函专项说明》，2023 年 5 月 25 日}

案例思考

1. 长盈精密的案例说明，汇率波动会对公司经营业绩产生影响。结合引例，在学习过程中，思考汇率波动在报表折算和外币交易中分别如何影响财务报表，错误地确定记账本位币将如何影响汇率风险在

分析提示

财务报表中的体现,以及发生恶性通货膨胀时,跨境经营企业应当如何在财务报告中对外汇风险进行体现。

2. 思考在公司经营过程中,应当如何衡量外汇风险和外汇收益。

第一节　记账本位币

记账本位币,是指企业经营所处的主要经济环境中的货币。对于主要在中华人民共和国境内经营的企业,它们发生的经济业务往往以人民币结算,因此记账本位币就是人民币。但有些企业的业务收支可能以人民币以外的货币为主。例如,一个国内的外贸公司,可能涉及大量外币交易;一家境外经营企业,本身就处于外币市场之中。如果每次发生业务都采用人民币进行会计确认、计量,会给企业带来很大的信息处理成本。因此,《企业会计准则第 19 号——外币折算》(以下简称《外币折算准则》)规定,业务收支以人民币以外的货币为主的企业,可以选定其中一种货币作为记账本位币。

企业选定记账本位币,应当考虑下列因素:

(1) 该货币主要影响商品和劳务的销售价格,通常以该货币进行商品和劳务的计价和结算。

(2) 该货币主要影响商品和劳务所需人工、材料和其他费用,通常以该货币进行上述费用的计价和结算。

(3) 融资活动获得的货币及保存从经营活动中收取款项所使用的货币。

本章例题中,甲公司为设立在中国的企业。

【例 9-1】甲公司的两家境内子公司情况如下:

子公司 1:A 公司超过 80%的营业收入来自美国,出口货物以美元计价和结算。A 公司商品销售价格主要受美元的影响,可以选择美元作为记账本位币。

子公司 2:B 公司生产所需原材料、机器设备及 90%以上的人工成本以美元在美国市场采购;B 公司 90%的产品销往英国,以英镑计价和结算。B 公司既可以选择美元作为记账本位币,也可以选择英镑作为记账本位币。

除了以上一般规定外,境外经营企业选择记账本位币时还需要考虑其他因素。境外经营,是指企业在境外的子公司、合营企业、联营企业、分支机构。在境内的子公司、合营企业、联营企业、分支机构,采用不同于企业记账本位币的,也视同境外经营。在确定境外经营企业的记账本位币时,要考虑境外经营的独立性。具体来说:

（1）境外经营对其所从事的活动是否拥有很强的自主性。若是，则考虑采用其他外币作为记账本位币，否则应与企业主体一致。直观地说，如果境外经营对其所从事的活动没有很强的自主性，那么境外经营本质上被境内经营支配，不应对境外经营部分选取与境内经营不同的其他记账本位币。

（2）境外经营活动中与企业的交易是否在境外经营活动中占有较大比重。若是，则采用与企业主体一致的记账本位币，否则考虑采用其他外币作为记账本位币。同样地，如果境外经营很依赖企业主体，那么境外经营本质上被境内经营支配，应当选择与境内经营相同的记账本位币。

（3）境外经营活动产生的现金流量是否直接影响企业的现金流量、是否可以随时汇回。若是，则采用与企业主体一致的记账本位币，否则考虑采用其他外币作为记账本位币。原理是，如果境外经营活动产生的现金流量直接影响企业的现金流量、可以随时汇回，那么可视为境外经营活动所产生的现金流量在发生时即转换为企业主体的记账本位币，不必再采用不同的记账本位币。

（4）境外经营活动产生的现金流量是否足以偿还其现有债务和可预期的债务。若是，则考虑采用其他外币作为记账本位币，否则应与企业主体一致。如果境外经营活动产生的现金流量不能够支撑境外经营运行，那么境外经营对境内经营的依赖性就比较大，不适合采用不同的记账本位币。

换句话说，以上条件均与境外经营和境内经营发生业务、现金往来的频率有关，频率越高，越不适合采用不同于境内经营的记账本位币。

【例9-2】甲公司的日本分公司C公司的经营决策一般不受甲公司支配，几乎不与甲公司发生业务往来，每年年底与甲公司进行结算，经营活动产生的现金流量足以偿付自身债务。C公司可以采用日元作为记账本位币。

为了避免外币折算引起的会计操纵，《外币折算准则》规定，企业记账本位币一经确定，不得随意变更，除非企业经营所处的主要经济环境发生重大变化。企业因经营所处的主要经济环境发生重大变化，确需变更记账本位币的，应当采用变更当日的即期汇率将所有项目折算为变更后的记账本位币。

职业道德思考

随意变更记账本位币的危害有哪些？

第二节　外币交易

一、外币交易与准则适用

对于外币交易,企业应当针对币种转换进行会计处理。如果企业采用外币作为记账本位币,编报的财务报表应当折算为人民币财务报表。

外币交易,是指以外币计价或者结算的交易。外币是企业记账本位币以外的货币。外币交易包括:

(1) 买入或者卖出以外币计价的商品或者劳务;

(2) 借入或者借出外币资金;

(3) 其他以外币计价或者结算的交易。

对于与购建或生产符合资本化条件的资产相关的外币借款产生的汇兑差额,适用《企业会计准则第 17 号——借款费用》(以下简称《借款费用准则》)。对于外币项目的套期,适用《企业会计准则第 24 号——套期保值》。

二、外币交易的会计处理

企业对于发生的外币交易,应当将外币金额折算为记账本位币金额。

外币交易应当在初始确认时,采用交易发生日的即期汇率将外币金额折算为记账本位币金额;也可以采用按照系统合理的方法确定的、与交易发生日即期汇率近似的汇率折算。

【例9 4】甲公司的记账本位币为人民币。2023 年 1 月 1 日,甲公司与位于美国的 D 公司签订投资协议,约定 A 公司分两次向甲公司投入资金(美元),分别获得甲公司 100 万份股票。2023 年 1 月 1 日,甲公司收到 A 公司投入资本 100 万美元,当日即期汇率为 1 美元=6.97 元人民币;2023 年 6 月 1 日,甲公司收到 A 公司投入资本 100 万美元,当日即期汇率为 1 美元=7.01 元人民币。

第一次收到美元投资时,甲公司的会计处理如下:

借:银行存款——美元　　6 970 000

　贷:实收资本　　1 000 000

　　资本公积　　5 970 000

第二次收到美元投资时,甲公司的会计处理如下:

借:银行存款——美元　　7 010 000

　贷:实收资本　　1 000 000

　　资本公积　　6 010 000

企业在资产负债表日,应当分别对外币货币性项目和外币非货币性项目进行处理。货币性项目,是指企业持有的货币资金和将以固定或可确定的金额收取的资产或者偿付的负债。非货币性项目,是指货币性项目以外的项目。

对于外币货币性项目,采用资产负债表日即期汇率折算。因资产负债表日即期汇率与初始确认时或者前一资产负债表日即期汇率不同而产生的汇兑差额,计入当期损益。

对于以历史成本计量的外币非货币性项目,仍采用交易发生日的即期汇率折算,不改变其记账本位币金额。对于以其他计量属性计量的外币非货币性项目,《外币折算准则》并未做出明确规定。但《〈企业会计准则第 19 号——外币折算〉应用指南》要求,以公允价值计量的外币非货币性项目,如交易性金融资产(股票、基金等),采用公允价值确定日的即期汇率折算,折算后的记账本位币金额与原记账本位币金额的差额,作为公允价值变动(含汇率变动)处理,计入当期损益。

【例9-5】 甲公司的记账本位币为人民币。2022 年 5 月 31 日,甲公司以 10 万欧元的价格从德国进口一台机器设备,以欧元结算,截至当年年底未偿还款项。交易日,即期汇率为 1 欧元=8.1 元人民币。2022 年 12 月 31 日,即期汇率为 1 欧元=7.9 元人民币。

2022 年 5 月 31 日,甲公司的会计处理如下:

借:固定资产　　810 000

　贷:应付账款　　810 000

2022 年 12 月 31 日,由于该设备为以历史成本计量的外币非货币性项目,仍采用交易日的即期汇率折算,甲公司不做会计处理。对于应付账款(外币货币性项目),甲公司的会计处理如下:

借:应付账款　　20 000

　贷:财务费用——汇兑收益　　20 000

其中,汇兑损益金额按汇率差异计算确定,金额为 20 000[(8.1−7.9)×100 000]元。

2023 年 1 月 10 日,甲公司偿还该笔欠款,当日即期汇率为 1 欧元=8 元人民币。甲公司的会计处理如下:

借:应付账款　　790 000

　财务费用——汇兑收益　　20 000

　贷:银行存款——欧元　　800 000

假设双方约定从交易日起,设备供应商按每月 1%的利率收取利息(以欧元结算),在结款日同时结清利息。

2022 年 12 月 31 日，甲公司计提应付账款利息的会计处理如下：

借：财务费用——外币交易利息 55 300

　贷：应付利息 55 300

其中，财务费用金额按利率和汇率计算得到，为 55 300(790 000×1%×7)元。

2023 年 1 月 10 日，甲公司计提和偿还应付账款利息的会计处理如下：

借：财务费用——外币交易利息 3 367

　贷：应付利息 3 367

借：应付利息 58 667

　贷：银行存款——欧元 58 667

其中，应付利息金额根据实际欠款日(7 个月 10 天)计算，金额是 3 367[800 000×1%×(7+1/3)-55 300]元。

第三节 外币财务报表折算

一、一般规定

企业选定的记账本位币不是人民币的，应当将其财务报表折算为人民币财务报表，目的是保证会计信息的可比性。需要说明的是，外币财务报表折算主要涉及资产负债表和利润表，现金流量表中的外币折算适用《企业会计准则第 31 号——现金流量表》。

企业对境外经营的财务报表进行折算时，应当遵循下列规定：

(1) 资产负债表中的资产和负债项目，采用资产负债表日的即期汇率折算，所有者权益项目除“未分配利润”项目外，其他项目采用发生时的即期汇率折算。

(2) 利润表中的收入和费用项目，采用交易发生日的即期汇率折算，也可以采用按照系统合理的方法确定的、与交易发生日即期汇率近似的汇率折算。

按照上述(1)(2)折算，可能导致资产、负债与所有者权益项目适用不同汇率，因此可能导致资产项目与负债和所有者权益项目之和不相等，即产生外币财务报表折算差额。为了调平资产负债表，外币财务报表折算差额在资产负债表中所有者权益项目下单独列示为“其他综合收益”。

【例 9-6】甲公司的境外子公司 E 公司以欧元作为记账本位币。甲公司在编制合并财务报表时，将 E 公司以欧元列示的财务报表折算为以人民币列示。资产负债表日，即期汇率为 1 欧元=7.9 元人民币。

E公司的资产负债表信息(欧元,仅考虑如下事项)如下:

固定资产净值为100万欧元(原值为120万欧元,折旧20万欧元),采购日即期汇率为1欧元=8.1元人民币。

应付账款账面价值为7万欧元,发生日即期汇率为1欧元=7.7元人民币。

实收资本和资本公积分别为100万欧元和170万欧元,发生日即期汇率分别为1欧元=10.1元人民币和1欧元=9.3元人民币。

未分配利润为70万欧元。

E公司的利润表信息(欧元,仅考虑如下事项)如下:

当年实现一笔销售,实现销售收入700万欧元,销售日即期汇率为1欧元=7.6元人民币。

当年因罚款产生一项营业外支出1万欧元,事项发生日即期汇率为1欧元=7.8元人民币。

折算后,E公司的资产负债表(人民币,仅考虑上述事项)如表9-1所示。

表9-1 资产负债表(人民币) 单位:万元

资产		负债	
……		……	
		应付账款	55.3(7×7.9)
		……	
固定资产	790(100×7.9)	所有者权益	
		实收资本	1 010(100×10.1)
		资本公积	1 581(170×9.3)
		……	
……		未分配利润	553(70×7.9)

折算后,E公司的利润表(人民币,仅考虑上述事项)如表9-2所示。

表9-2 利润表(人民币) 单位:万元

营业收入	5 320(700×7.6)
……	
营业外支出	7.8(1×7.8)
……	

企业在处置境外经营时,应当将资产负债表中所有者权益项目下列示的、与该境外经营相关的外币财务报表折算差额,自所有者权益项目转入处置当期损益;部分处置境外经营的,应当按处置的比例计算处置部分的外币财务报表折算差额,转入处置当期损益。

二、发生恶性通货膨胀时的处理

《外币折算准则》规定,企业对处于恶性通货膨胀经济中的境外经营的财务报表,应当按照下列规定进行折算:对资产负债表项目运用一般物价指数予以重述(但所有者权益除“未分配利润”外不调整,货币性项目不进行调整),对利润表项目运用一般物价指数变动予以重述,再按照最近资产负债表日的即期汇率进行折算。在境外经营不再处于恶性通货膨胀胀经济中时,应当停止重述,按照停止之日的价格水平重述的财务报表进行折算。

【例 9-7】甲公司境外子公司 F 公司位于 Z 国(通行 Z 元),Z 国正经历恶性通货膨胀。甲公司编制财务报表时,对 F 公司的财务报表进行报表折算。资产负债表日,Z 国一般物价指数为 1 100,即期汇率为 1 元人民币 =100 Z 元,上年同期 Z 国一般物价指数为 110(未发生恶性通货膨胀);利润表项目发生日的 Z 国一般物价指数为 220,即期汇率为 1 元人民币 =20 Z 元。

F 公司的资产负债表项目(Z 元,仅考虑如下项目)如下:

持有现金 100 万 Z 元,存货 300 万 Z 元,固定资产 800 万 Z 元。

银行借款 200 万 Z 元。

F 公司的利润表项目(Z 元,仅考虑如下项目)如下:

实现销售收入 2 000 万 Z 元,产生费用 1 500 万 Z 元。

F 公司先对财务报表进行重述:

F 公司现金不做调整,存货调整为 3 000 万 Z 元(300×1 100/110),固定资产调整为 8 000 万 Z 元(800×1 100/110);银行借款不做调整。

F 公司营业收入调整为 10 000 万 Z 元(2 000×1 100/220);费用调整为 7 500 万 Z 元(1 500×1 100/220)。

以上各项目金额再按资产负债表日即期汇率进行折算即可。

学术观点

中资企业海外业务主要集中在发展中国家或地区,油气行业更是如此,受政治局势、国际收支、大宗商品价格走势等因素影响,这些国家的货币币值相对不够稳定,汇率时常出现大幅波动。中资企业一旦选择当地货币作为记账本位币,美元或欧元的贷款融资将被视为外币负债,需要定期根据实际汇率调整债务账面价值。如果当地货币短期内大幅贬值,账面大量美元或欧元债务重估增值,将会产生大额汇兑损失,增加当期财务费用,严重拖累当期经营业绩;反之,如果当地货币短期内大幅升值,账面大量美元或欧元债务重估减值,将会产生大额汇兑收益,减少当期财务费用,推高当期经营业绩。

由于企业借入的外币债务通常期限较长,上述账面汇兑损益在债务到期日之前的较长期限内仅为会计折算结果,属于未实现汇兑损益,企业并没有真实现金流流入或流出(剔除汇兑损益对所得税现金支出影响),企业对这部分汇兑损益所能采取的管控手段有限。

应对中资企业海外业务财务业绩评价给予高度重视,不能简单以账面利润总额或净利润作为海外业务营运业绩考核标准,应该充分考虑并合理剔除未实现汇兑损益对当期利润总额及净利润的影响。从海外投资业务风险防范角度出发,重点关注海外经营活动现金流及自由现金流,防止受到未实现汇兑损益的干扰。

{资料来源:王华,张昕. 外币业务会计折算实施问题与应对策略[J]. 财务与会计,2022(3):72-73.}

第四节 外币折算的披露

企业应当在附注中披露与外币折算有关的下列信息：

（1）企业及其境外经营选定的记账本位币及选定的原因，记账本位币发生变更的，说明变更理由。

（2）采用近似汇率的，近似汇率的确定方法。

（3）计入当期损益的汇兑差额。

（4）处置境外经营对外币财务报表折算差额的影响。

【例 9-10】 M 公司 2023 年度报告记载，公司的记账本位币为人民币。美国、俄罗斯、德国、香港等境外子公司从事境外经营，选择其经营所处的主要经济环境中的货币作为记账本位币。M 公司披露部分外币项目期末余额、折算汇率、折算人民币余额信息如表 9-3 所示。

表 9-3 M 公司 2023 年度报告中部分外币项目外币折算表 单位：万元

项目	期末外币余额	折算汇率	期末折算人民币余额
货币资金			
其中：美元	165 154	7.082 7	1 169 736
欧元	7 577	7.859 2	59 549
港币	95	0.906 22	86
日元	5 978	0.050 213	300
韩元	38 661	0.005 514	213
卢布	31 150	0.080 268	2 500
应收账款			
其中：美元	25 406	7.082 7	179 943
欧元	9 940	7.859 2	78 120
日元	17 604	0.050 213	884
韩元	50 003 001	0.005 514	275 717
卢布	14 151	0.080 268	1 136

本章小结

本章涉及记账本位币、外币交易和外币财务报表折算的会计处理技术。外币折算的目的,即将外币金额转换为记账本位币金额,以便在财务报表中提供统一的货币度量。在此之前,读者必须明确什么是记账本位币。本章有助于读者全面掌握外币交易的会计处理和财务报告要求,为读者涉足境外业务领域、外币风险管理领域提供了基础知识。

练习题

一、简答题

1. 什么是记账本位币? 企业选择记账本位币时应当考虑哪些因素?

2. 资产负债表日,企业如何对外币项目进行处理?

3. 企业如何对外币交易进行会计处理?

4. 企业如何进行外币财务报表折算?

二、实务题

1. 甲公司以人民币为记账本位币。2023 年 12 月 15 日,甲公司从美国进口一台设备,该设备的价款为 500 万美元,设备价款以美元付讫。当日,人民币兑美元的即期汇率为 7.35 元人民币 = 1 美元。2023 年 12 月 31 日的即期汇率为 7.29 元人民币 = 1 美元。

要求:编制甲公司外币交易的会计分录及报表影响。

2. 乙公司以人民币为记账本位币。乙公司在美国有一个子公司丙公司,其记账本位币为美元。2024 年年末,乙公司对丙公司的财务报表进行外币折算。丙公司的资产包括现金 100 万美元、应收账款 200 万美元、存货 300 万美元;负债包括应付账款 150 万美元、长期借款 100 万美元;实收资本 150 万美元(均为 2024 年 1 月 1 日投入)、未分配利润 200 万美元。2024 年 1 月 1 日、12 月 31 日,美元兑人民币的即期汇率分别为 1 美元 = 7.28 元人民币和 1 美元 = 6.5 元人民币。请问乙公司如何对资产负债表项目进行折算?

3. 丁公司以人民币为记账本位币。2024 年 12 月 1 日,丁公司从英国某公司采购 A 商品用于国内销售,购买价款为 100 万英镑,当日英镑兑人民币的即期汇率为 1 英镑 = 8 元人民币。2024 年 12 月 31 日,尚有 40% 的 A 商品未销售出去,A 商品在国际市场上的价格下跌 5%,当日英镑兑人民币的即期汇率为 1 英镑 = 8.3 元人民币。丁公司采用成本与可变现净值孰低对存货期末成本进行计价。请问丁公司是否应当对 A 商品计提跌价准备? 若需要,进行相应的会计处理。

第十章

所得税会计

学习目标

1. 掌握税法与会计对企业所得税计算口径差异的产生原理;
2. 掌握资产负债表法的基本操作流程;
3. 掌握会税差异类型、递延所得税资产、递延所得税负债的差异;
4. 掌握所得税费用的确认和计量方法;
5. 熟悉所得税的列报和披露。

引 例

2020 年 3 月 30 日,南京寒锐钴业股份有限公司(以下简称寒锐钴业)收到深圳证券交易所创业板公司管理部出具的《关于对南京寒锐钴业股份有限公司的年报问询函》(创业板年报问询函〔2020〕第 12 号)。寒锐钴业收到年报问询函后组织相关部门对关注事项进行了核查,就关注问题(所得税费用为负)的部分回复如下:

问询函指出,年报显示,报告期内寒锐钴业利润总额为-1 964. 43 万元,所得税费用为-3 323. 34 万元,实现净利润 1 358. 91 万元。其中,子公司适用不同税率的影响为-2 381. 59 万元,研发费用加计扣除影响为-550. 47 万元。深交所要求寒锐钴业补充说明报告期所得税费用为负的原因,递延所得税费用、子公司适用不同税率的影响、研发费用加计扣除影响的计算过程,相关会计处理是否符合企业会计准则规定,是否存在不当调节利润的情形。

寒锐钴业回复称,研发费用加计扣除影响为"-550. 47 万元",因工作人员失误,实际为"-762. 11 万元",已公开更正。报告期所得税费用为负主要系母公司南京寒锐、刚果迈特及新加坡寒锐本期应纳所得税费用金额较大所致。具体包括以下内容。

1. 根据中国税法相关规定，在香港寒锐的免税利润分回中国大陆母公司寒锐钴业时，需按中国税法25%的企业所得税税率全额缴税，故在每一期间将香港寒锐实现的利润作为应纳税暂时性差异，并按25%的税率确认递延所得税负债。本期香港寒锐账面亏损18 582.94万元，对母公司分红43 970.81万元，导致香港寒锐累计实现利润暂时性差异由133 483.75万元减少至70 930.00万元，对母公司的分红本期按照25%的税率在国内缴纳企业所得税，之前确认的递延所得税费用在本期转回15 638.44万元。

2. 相关子公司可抵扣亏损暂时性差异由年初的1 467.93万元增加至年末的8 732.69万元，根据各子公司适用税率，本期确定递延所得税费用-1 929.36万元。

3. 寒锐钴业内部交易未实现利润暂时性差异由年初的14 563.87万元减少至年末的4 500.14万元，根据各子公司适用税率，本期确认递延所得税费用1 194.92万元。

4. 子公司安徽寒锐上年度取得的政府补助518.40万元，本期一次性按25%缴纳所得税，递延所得税费用转回129.60万元。

5. 母公司购买的外汇期权上年度公允价值变动形成暂时性差异73.87万元，由于本期出售该期权确认递延所得税费用11.08万元；本期子公司购买的华润元大现金通货币市场基金与持有的孚能科技（赣州）有限公司的权益投资公允价值变动形成的暂时性差异由年初的3 375.00万元增加至年末的3 628.04万元，确认递延所得税费用63.26万元。

6. 本期寒锐钴业资产减值损失确认的递延所得税费用-46.14万元，系各子公司资产账面价值与计税基础产生的暂时性差异变动乘以各子公司使用的税率所得。

因此，寒锐钴业认为，所得税费用为负数的原因合理，相关会计处理符合企业会计准则的规定，不存在不当调节利润的情形。

{资料来源：南京寒锐钴业股份有限公司董事会，《南京寒锐钴业股份有限公司关于深圳证券交易所年报问询函的回复公告》，2020年4月3日}

案例思考

1. 结合引例，在学习过程中，思考所得税费用为负数代表的经济含义。

2. 深入思考引例中跨境经营所在地不同所得税税负对所得税会计处理的影响。

3. 以所得税为例，谈谈你对企业避税行为的理解。

第一节　所得税会计概述

一、企业所得税的征收依据

《中华人民共和国企业所得税法》《中华人民共和国企业所得税实施条例》是我国企业计算、缴纳所得税的主要法律法规依据。根据税法要求，企业应当基于会计利润进行纳税调整，从而计算应纳税所得额和应纳所得税额。

【例 10-1】 甲公司 2023 年实现税前会计利润 900 万元、营业收入 4 000 万元，发生广告费 1 000 万元，甲公司适用的所得税税率为 25%。除广告费的会计和税法处理有差异外，甲公司当年不存在其他会税差异。

《中华人民共和国企业所得税法实施条例》第四十四条规定，企业发生的符合条件的广告费和业务宣传费支出，除国务院财政、税务主管部门另有规定外，不超过当年销售（营业）收入 15%的部分，准予扣除；超过部分，准予在以后纳税年度结转扣除。甲公司 2023 年应纳所得税额的计算如下：

税法允许税前抵扣的广告费＝营业收入×15%

＝4 000×15%＝600（万元）

应纳税所得额＝会计利润＋当年不允许税前抵扣的广告费

＝900＋（1 000－600）＝1 300（万元）

应纳所得税额＝应纳税所得额×所得税税率

＝1 300×25%＝325（万元）

二、所得税会计处理方法

财务会计的目标是为利益相关者提供决策有用的信息。为了生成这样的信息，财务报表应当基于一套内在统一的规则生成，这要求企业以内在统一的口径来测算各项会计要素、具体的会计科目。

企业缴纳所得税的行为被反映在“应交税费”科目的增减变化。这使得“应交税费”反映了税法口径下企业的所得税税负。

【例 10-2】 承【例 10-1】，甲公司 2023 年“应交税费——应交所得税”为 325 万元。广告费在会计口径下已在计算会计利润时全部抵减，因此基于会计口径计算的企业所得税税负为：

所得税费用=会计利润×所得税税率

=900×25%=225(万元)

所得税费用和应交税费是企业在计算纳税环节上的同一业务所产生的,因此可以做出以下分录:

借:所得税费用	2 250 000	
?	1 000 000	
贷:应交税费——应交所得税		3 250 000

在本章的学习中,我们要计算和理解【例 10-2】中的"?",即会计和税法口径下企业的所得税税负的差异。值得注意的是,为了便于理解,【例 10-2】中只呈现一种简单的情形,能够以会计利润直接乘以所得税税率获得。由于会计和税法存在差异的复杂性,计算会计税负的工作并不容易。企业会计准则的要求和企业实际的做法是,先计算出会计和税法口径下税负的差异,再倒挤出所得税费用。事实上,为了使利益相关者能够获得与报表其他部分内在统一的信息,进而计算"净利润",我们才需要设计出一个规则计算会计口径下企业的所得税税负。目前,企业会计准则将这项规则确定为资产负债表债务法。

所得税会计的目的就是基于资产负债表债务法,以企业纳税申报表上税法口径的"应交税费"为基础,通过设计的一系列调整,计算会计口径下的企业税负,即"所得税费用"。

学术观点

应付税款法是科学的所得税会计处理方法。在应付税款法下,会计报表中所列报的所得税,就是会计报表的读者非常熟悉的、曾经感同身受的所得税,这样就可保证会计报表更容易被读者理解。作为对比,纳税影响会计法是比较难理解的(只有洞悉预期算法的人们才能领会其之所以然),不但报表读者难以理解,甚至连报表编制者也不理解递延所得税有何裨益。

倡导会计规则与税收法规各行其是的"分离论"在理论上不成立,在实践中也行不通。从递延法、债务法到资产负债表债务法,纳税影响会计法一直在"所得税是一项费用"这个失当的理论上面盘旋,其结果只能导致实践中的重重困惑。解决这一困局的治本之策是,立法机关严格要求企业按照依法记账原则记载企业的真实纳税额,让最大多数的会计报表读者了解企业的法律事实和真实业绩。同时,对于缺乏法律依据的信息诉求,允许在会计程序之外以披露的方式予以疏导,例如,可要求企业披露会计利润与应纳税所得额之间的主要差异,让报表读者自行判断这些差异对以后期间的预期影响。税收法规和会计规则之间应当进一步加强协调,不能任由二者差异的扩大。

{资料来源:周华.递延所得税的合理性辨析[J].经济管理,2011,33(2):182-193.}

第二节 资产负债表债务法

一、资产负债表债务法的基本逻辑

资产负债表债务法是资产负债表观下的会税差异处理方法。资产负债表观,相对于利润表观,认为资产负债表是投资者更应该关注的财务报表。原因是,利润表是资产负债表的衍生,呈现利润的生成过程,而资产负债表蕴含了利润产生的基础。根据"资产-负债=所有者权益""利润=所有者权益变动"两个等式,通过资产负债表中资产和负债的变化,可以计算出利润。税法口径下的资产和负债金额与会计口径下的资产和负债金额的差异,即会计利润和应税所得额之间的差异。因此,我们能通过对资产负债表项目的考察,计算出会税差异,进而计算出所得税费用。

二、递延所得税资产和递延所得税负债的概念

资产负债表债务法下,我们为【例 10-2】中的"?"赋予一个科目,称为"递延所得税资产"。作为一项资产,"递延所得税资产"未来将会导致经济利益流入企业。【例 10-2】中,企业当期并未在纳税计算中全额抵扣广告费,但根据税法要求,未来能够将当期未抵扣的广告费在税前抵扣,在未来期间,这部分会税差异将导致企业少纳税。"递延所得税资产"所对应的经济利益就是一种税收利益。因此,"递延所得税资产"是在未来期间能够为企业带来税收利益的一项资产。相应地,如果会税差异导致企业未来期间产生纳税义务,则产生一项"递延所得税负债"。"递延所得税资产"和"递延所得税负债"的实现至少在下一会计期间,因此分别为非流动资产和非流动负债。

三、计税基础

《企业会计准则第 18 号——所得税》(以下简称《所得税准则》)规定,企业在取得资产、负债时,应当确定其计税基础。资产、负债的账面价值与其计税基础存在差异的,应当按照本准则规定确认所产生的递延所得税资产或递延所得税负债。资产的计税基础,是指企业收回资产账面价值过程中,计算应纳税所得额时按照税法规定可以自应税经济利益中抵扣的金额。负债的计税基础,是指负债的账面价值减去未来期间计算应纳税所得额时按照税法规定可予抵扣的金额。

(一)资产的计税基础

一般来说,资产在取得时,计税基础等于账面价值,这是因为入账所需的发票等凭证,税法也同样认可。计税基础和账面价值的差别主要体现在资产的后续计量上。

【例 10-3】甲公司 2022 年 12 月购入原价为 600 万元的机器设备,预计使用年限为 5 年,预计净残值为 0。甲公司采用年数总和法计提折旧,2023 年年末计提 20 万元的减值准备。根据税法规定,甲公司购入的机器设备应当采用直线折旧法,资产减值损失不允许税前抵扣。

累计折旧=(入账价值-预计净残值)×加速折旧法折旧率

=600×5/(1+2+3+4+5)=200(万元)

税法允许抵扣的折旧费用=(入账价值-预计净残值)×直线折旧法折旧率

=600×1/5=120(万元)

2023 年年末机器设备的账面价值=入账价值-累计折旧-减值准备

=600-200-20=380(万元)

2023 年年末机器设备的计税基础=入账价值-税法允许抵扣的折旧费用

=600-120=480(万元)

"收回资产账面价值过程"是一种形式资产转换为其他形式资产或费用的过程。【例 10-3】中,折旧、减值体现了对资产账面价值的回收。"税法允许抵扣的折旧费用"是"计算应纳税所得额时按照税法规定可以自应税经济利益中抵扣的金额"。加速折旧法计算的折旧费用超出 120 万元的部分、减值准备在当年不属于该金额,在计算 2023 年年末计税基础时,不应考虑。未来,机器设备会计口径下的折旧会小于税法口径下的折旧,机器设备逐渐报废时,减值准备的金额也被逐渐吸收到税法所承认的费用中。

税法的价值导向是税负公平,因此尽量避免企业灵活会计处理对纳税的影响。资产减值、公允价值计量等会计处理通常不被税法认可。固定资产的折旧、无形资产的摊销一般也被税法严格规定方法、时限和残值率。会计上主观判断较多的领域,通常是会税差异产生的领域。

(二)负债的计税基础

【例 10-4】甲公司 2023 年 12 月因产品质量问题被起诉,2024 年开庭审理。甲公司法务人员认为甲公司很可能败诉,并测算出很可能赔偿金额 300 万元,甲公司据此计提预计负债 300 万元。根据税法规定,预计负债涉及的损失不允许在税前扣除。

预计负债的账面价值=300(万元)

预计负债的计税基础=0

负债对应经济利益的流出。经济利益的流出可能涉及计算应纳税所得额的抵扣。【例 10-4】中,税法不允许税前抵扣预计负债所导致的经济利益流出,其原因是税法强调实际发生,而不认可"预计"。除了预计负债外,大部分的负债都是明确的现时义务,因此税法与会计的处理要求是一致的,一般不会产生会税差异。

（三）会税差异的类型

1. 暂时性差异和永久性差异

会税差异按时间性可分为暂时性差异和永久性差异。永久性差异不会在未来期间消失，而暂时性差异会在未来期间消失。

【例10-5】甲公司2023年实现税前会计利润800万元，其中营业收入4 000万元、国债利息收入30万元，国家行政部门罚没支出50万元，业务招待费50万元，公益性捐赠支出200万元。除以上事项外，不存在其他会税差异。

税法规定，国债利息收入免征企业所得税；行政处罚不得在税前抵扣；企业发生的与生产经营活动有关的业务招待费支出，按照发生额的60%扣除，但最高不得超过当年销售（营业）收入的5‰；企业发生的公益性捐赠支出，不超过年度利润总额12%的部分，准予扣除，超过年度利润总额12%的部分，准予结转以后三年内在计算应纳税所得额时扣除。

国债利息收入30万元免征企业所得税，这一事项减轻企业当期的纳税义务，以后期间不会增加企业的纳税义务，属于永久性差异。

罚没支出50万元不允许税前抵扣，未来期间也不允许抵扣，增加企业当期的纳税义务，以后期间不会减轻企业的纳税义务，属于永久性差异。

业务招待费发生额的60%＝50×60%＝30（万元）

当年营业收入的5‰＝4 000×5‰＝20（万元）

比较业务招待费发生额的60%和当年营业收入的5‰，计算准予扣除的业务招待费为20万元。抵减会计利润的业务招待费50万元中，有30万元不允许税前抵扣，这一事项增加企业当期的纳税义务，以后期间也不会减轻企业的纳税义务，属于永久性差异。

公益性捐赠支出可以抵扣的金额上限＝利润总额×12%＝800×12%＝96（万元）

不允许抵扣的公益性捐赠支出＝200－96＝104（万元），在未来三年内能够抵扣应纳税所得额，减轻企业的纳税义务，属于暂时性差异。

"所得税费用"科目反映企业承担的税负，永久性差异被企业实质性地在当年消化，不会导致"所得税费用"和"应交所得税"产生差异。永久性差异不会使企业产生未来期间的纳税义务或税收利益，因此也不会产生递延所得税资产或递延所得税负债。相反，暂时性差异会使企业产生未来期间的纳税义务或税收利益，因此会产生递延所得税资产或递延所得税负债，进而使"所得税费用"和"应交所得税"产生差异。在计算"所得税费用"时，如果确定了"应交所得税"，那么只需要考虑暂时性差异。暂时性差异本质上是会计和税法对企业纳税义务测度在时序上的错配。

《所得税准则》规定，暂时性差异，是指资产或负债的账面价值与其计税基础之间的差额；未作为资产和负债确认的项目，按照税法规定可以确定其计税基础的，该计税基础与其账面价值之间的差额也属于暂时性差异。这里有两点说明:第一,永久性差异一般对应现金,而现金并无会计和税法上的计量差异,因此考虑资产和负债的账面价值与其计税基础之间的差额即不会考虑永久性差异,而囊括所有暂时性差异;第二,"未作为资产和负债确认的项目"一般是会计上不符合资产确认条件而被确认为费用的项目,但税法上将其视为资产。例如,【例 10-2】中,广告费在会计上计"销售费用"1 000 万元,"长期待摊费用"为 0,而税法则认为广告费匹配的现金流量流入应当跨期,在税法上计"销售费用"为 600 万元,"长期待摊费用"为 400 万元。会计和税法上在"长期待摊费用"上产生暂时性差异 400 万元。

2. 可抵扣暂时性差异和应纳税暂时性差异

暂时性差异按照对未来期间应税金额的影响可分为可抵扣暂时性差异和应纳税暂时性差异。总括来看,《所得税准则》规定,可抵扣暂时性差异,是指在确定未来收回资产或清偿负债期间的应纳税所得额时,将导致产生可抵扣金额的暂时性差异;应纳税暂时性差异,是指在确定未来收回资产或清偿负债期间的应纳税所得额时,将导致产生应税金额的暂时性差异。

资产负债表债务法的逻辑是,资产的增加代表企业获得了利益,而负债的增加代表企业失去了利益。对于资产而言,税法口径计量的价值高于会计口径计量的价值,代表税收部门认为会计计算的利益偏低,企业当年需要对少计的利益承担纳税义务。税法口径计量的价值即计税基础,会计口径计量的价值即账面价值。企业因当年会税差异产生的纳税义务,获得了未来期间少纳税的税收利益。这种未来期间少纳税的税收利益是当年未能抵扣而未来可抵扣的暂时性差异所产生的,因此我们称之为可抵扣暂时性差异。

相应地,资产的计税基础低于账面价值,代表税收部门认为会计计算的利益偏高,当年不必为这部分利益纳税,而企业未来因这一差异产生纳税义务。我们将资产的计税基础低于账面价值的暂时性差异称为应纳税暂时性差异。

对于负债而言,负债的计税基础低于账面价值,代表税收部门不认可企业基于会计口径计算的部分利益损失,不允许企业对这部分利益损失进行税前抵扣。待未来暂时性差异消失时,企业能够通过该会税差异少纳税,即获得税收利益。这种未来期间少纳税的税收利益是当年未能抵扣而未来可抵扣的暂时性差异所产生的,因此为可抵扣暂时性差异。相应地,负债的计税基础高于账面价值,代表税收部门承认企业会计口径下不计算的利益损失,提前进行税前抵扣,未来期间导致纳税义务增加,产生应纳税暂时性差异。负债计量所产生的应纳税暂时性差异在实践中很少见。

四、递延所得税资产和递延所得税负债的产生与后续计量

(一) 递延所得税资产和递延所得税负债的产生

《所得税准则》规定,企业应当将当期和以前期间应交未交的所得税确认为负债,将已支付的所得税超过应支付的部分确认为资产。存在应纳税暂时性差异或可抵扣暂时性

差异的,应当按照本准则规定确认递延所得税负债或递延所得税资产。可抵扣暂时性差异带来未来的税收利益,因此其产生“递延所得税资产”。应纳税暂时性差异带来未来的纳税义务,因此其产生“递延所得税负债”。递延所得税资产和递延所得税负债统称“递延所得税”。两者的计算方式比较简单,递延所得税资产等于暂时性差异乘以适用税率,递延所得税负债等于应纳税暂时性差异乘以适用税率。

《所得税准则》规定,企业对于能够结转以后年度的可抵扣亏损和税款抵减,应当以很可能获得用来抵扣可抵扣亏损和税款抵减的未来应纳税所得额为限,确认相应的递延所得税资产。

【例 10-6】甲公司适用的所得税税率为 25%。2023 年年初,甲公司递延所得税资产余额为 10 万元,递延所得税负债余额为 15 万元。2023 年年末,导致甲公司产生会税差异的事项如下:

(1) 某项固定资产账面价值为 100 万元,计税基础为 80 万元。

(2) 某项预计负债账面价值为 80 万元,计税基础为 0。

(3) 当年发生亏损 100 万元。

税法规定,企业纳税年度发生的亏损,准予向以后年度结转,用以后年度的所得弥补,但结转年限最长不得超过 5 年。

本例中,事项(1)导致甲公司产生递延所得税负债 5(20×25%)万元;事项(2)导致甲公司产生递延所得税资产 20(80×25%)万元;事项(3)导致甲公司产生递延所得税资产 25(100×25%)万元。甲公司 2023 年年末递延所得税资产和递延所得税负债余额分别为 45 万元和 5 万元,因此当年新增应确认递延所得税资产 35 万元,减少递延所得税负债 10 万元。

需要注意的是,《所得税准则》规定,企业当期所得税和递延所得税应当作为所得税费用或收益计入当期损益,但不包括下列情况产生的所得税:① 企业合并;② 直接在所有者权益中确认的交易或者事项。其逻辑是,资产和负债代表获得和失去的利益,但这个利益在会计上不一定体现为损益,可能体现在“其他综合收益”“资本公积——其他资本公积”等权益类科目中。因此,资产负债表债务法下的暂时性差异不一定会引起会计利润和应纳所得税额的差异,递延所得税资产或递延所得税负债也就不必然引起“所得税费用”与“应交所得税”的差异。

【例 10-7】甲公司除以下资产外,不存在其他影响所得税核算的会税差异:

甲公司持有 10 000 股乙公司股票,系 2023 年购入,作为其他权益投资核算。购入时乙公司股票价格为 80 元/股,2023 年年末乙公司股票价格上涨为 100 元/股。甲公司适用的所得税税率为 25%。

由于税法不承认以上公允价值变动,

2023 年年末乙公司股票的计税基础 = 80×10 000 = 80(万元)

2023 年年末乙公司股票的账面价值 = 100×10 000 = 100(万元)

乙公司股票计税基础低于账面价值，形成应纳税暂时性差异 20 万元。

应纳税暂时性差异形成的递延所得税负债 = 应纳税暂时性差异×所得税税率

= 20×25% = 5(万元)

相应的会计处理如下:

借:其他综合收益　　50 000

　贷:递延所得税负债　　50 000

【例 10-7】中，会计上并未将乙公司股票形成的公允价值变动计为损益，而计入"其他综合收益"，因此衍生的所得税纳税义务也就不影响损益，计入"其他综合收益"。待未来，会计上实现利润，即将"其他综合收益"转入损益时，由递延所得税负债所对应的"其他综合收益"也转入"所得税费用"。换言之，当年的递延所得税负债并未影响到损益，而在未来期间相关资产公允价值变动实现时才影响损益。

(二) 递延所得税资产和递延所得税负债的后续计量

1. 税率变动

资产负债表日，适用税率发生变化的，应对已确认的递延所得税资产和递延所得税负债进行重新计量。

【例 10-8】乙公司是一家高新技术企业，适用 15%的所得税税率。2023 年 6 月 30 日，有关部门发现乙公司高新技术企业认定过程造假，税务部门取消其税收优惠资格，税率变为 25%。当日，乙公司递延所得税资产余额为 75 万元，递延所得税负债余额为 15 万元(均按 15%的税率计提)。

本例中，由于适用税率发生变化，乙公司递延所得税资产和递延所得税负债均需按新税率与旧税率差额进行补提，分别增加为 125 万元和 25 万元。相应的会计处理如下:

借:递延所得税资产　　500 000

　贷:所得税费用　　400 000

　　递延所得税负债　　100 000

2. 递延所得税资产账面价值复核

资产负债表日，企业应当对递延所得税资产的账面价值进行复核。如果企业未来期间很可能无法获得足够的应纳税所得额用以抵扣递延所得税资产的利益，应当减记递延所得税资产的账面价值。在很可能获得足够的应纳税所得额时，减记的金额应当转回。这一点与一般非流动资产减值的规则(不允许转回)有差异，需要注意。

【例 10-9】承【例 10-6】,假设 2024 年年末,甲公司估计无法在剩余四年内弥补全部亏损,只能弥补 80 万元。此时,2023 年年末因亏损计提的 25 万元递延所得税资产应当减记为 20(80×25%)万元,减值不计入资产减值损失,也不进行追溯调整。相应的会计处理如下:

借:所得税费用　　50 000

　贷:递延所得税资产　　50 000

尽管递延所得税资产和递延所得税负债具有对称性,但《所得税准则》并未规定递延所得税负债的“减值”,原因在于相对纳税义务的减轻,纳税义务的履行更能得到税法和税收执法的保障。当然,我们也可将这一规定理解为减值会计体系下的谨慎性规定。

一般来说,非流动资产或长期资产的计量需要考虑折现。然而,递延所得税资产和递延所得税负债比较特殊,我们很难科学地对其折现率、预期实现时间进行预期,因此《所得税准则》规定,企业不应当对递延所得税资产和递延所得税负债进行折现。

五、所得税费用的计算

回顾【例 10-2】中的分录,我们能够得到计算“所得税费用”的一般分录:

借:递延所得税资产(或贷方)

　所得税费用(或贷方)

　贷:递延所得税负债(或借方)

　　应交税费——应交所得税

借方登记“递延所得税资产”的增加或“递延所得税负债”的减少,贷方登记“递延所得税负债”的增加或“递延所得税资产”的减少和“应交税费——应交所得税”,“所得税费用”倒挤产生,通常在借方。需要注意三点:第一,“递延所得税资产”和“递延所得税负债”应当独立核算,不能互相抵销。原因之一是,二者分别由不同的资产和负债衍生,独立代表了相应的税收利益或纳税义务,各具信息含量。原因之二是,“递延所得税资产”涉及减值问题,而“递延所得税负债”的后续计量与之并不对称。第二,分录中只需考虑与损益相关的“递延所得税资产”和“递延所得税负债”变动,而不需要考虑对应权益类科目的“递延所得税资产”和“递延所得税负债”变动。第三,“所得税费用”可能发生在贷方。

下面以一个具体例子来说明“所得税费用”的核算。

【例 10-10】甲公司(适用税率为 25%)是一家房地产公司,2023 年实现营业收入 14 000 万元、利润总额 3 500 万元。当年发生国债利息收入 20 万元,通过慈善部门捐赠支出 500 万元,污染罚没支出 100 万元,业务招待费 100 万元,广告费 3 000 万元。甲公司资产负债表除一项预计负债(账面价值为 200 万元,计税基础为 0)和一项交易性金融资产(账面价值为160万元,计税基础为120万元)外,没有其他会税差异。2022年年末,甲公司递延所得税资产余额为210万元,递延所得税负债余额为70万元。计算甲公司当年所得税费用的过程如下。

1. 计算应纳税所得额

应纳税所得额根据会计利润调整得到。根据税法规定,国债利息收入免税,应调减应纳税所得额20万元;捐赠支出在年度利润总额12%(420万元)以内的部分可以扣除,应调增应纳税所得额80万元;罚没支出不能税前扣除,应调增应纳税所得额100万元;业务招待费按实际发生额的60%(60万元)扣除,但不得超过销售(营业)收入的5‰(70万元,未超过),应调增应纳税所得额40万元;广告费发生当年最多可抵扣销售(营业)收入的15%(2 100万元),应调增应纳税所得额900万元。

甲公司应纳税所得额=3 500−20+80+100+40+900=4 600(万元)

2. 计算应交所得税

甲公司应交所得税=4 600×25%=1 150(万元)

3. 计算年末递延所得税资产和递延所得税负债

根据税法规定,广告费当年不得扣除部分在以后年度可以扣除,产生可抵扣暂时性差异900万元,递延所得税资产225(900×25%)万元。

预计负债账面价值高于计税基础,产生可抵扣暂时性差异200(200−0)万元,递延所得税资产50(200×25%)万元。

交易性金融资产账面价值高于计税基础,产生应纳税暂时性差异40(160−120)万元,递延所得税负债10(40×25%)万元。

甲公司年末递延所得税资产=225+50=275(万元)

甲公司年末递延所得税负债=10(万元)

4. 计算2023年递延所得税资产和递延所得税负债变动

甲公司递延所得税资产变动=275−210=65(万元)

甲公司递延所得税负债变动=10−70=−60(万元)

5. 编制计算所得税费用的会计分录

借:所得税费用	10 250 000	
递延所得税资产	650 000	
递延所得税负债	600 000	
贷:应交税费——应交所得税		11 500 000

第三节　所得税的列报和披露

一、所得税的列报

列报的基本要求是,递延所得税资产和递延所得税负债应当分别作为非流动资产和非流动负债在资产负债表中列示。所得税费用应当在利润表中单独列示。

二、所得税的披露

《所得税准则》要求,企业应当在附注中披露与所得税有关的下列信息:

(1) 所得税费用(收益)的主要组成部分。

(2) 所得税费用(收益)与会计利润关系的说明。

(3) 未确认递延所得税资产的可抵扣暂时性差异、可抵扣亏损的金额(如果存在到期日,还应披露到期日)。

(4) 对每一类暂时性差异和可抵扣亏损,在列报期间确认的递延所得税资产或递延所得税负债的金额,确认递延所得税资产的依据。

(5) 未确认递延所得税负债的,与对子公司、联营企业及合营企业投资相关的暂时性差异金额。

【例10-11】 M公司2023年度报告披露公司未经抵销的递延所得税资产、未经抵销的递延所得税负债、以抵销后净额列示的递延所得税资产或负债递延所得税信息。披露格式如表10-1至表10-3所示。

表10-1　未经抵销的递延所得税资产

项目	期末余额		期初余额	
	可抵扣暂时性差异	递延所得税资产	可抵扣暂时性差异	递延所得税资产
资产减值准备				
内部交易未实现利润				
可抵扣亏损				
销售收入确认时点差异				
预提费用				
递延收益				
开办费				
海外子公司研发支出				
其他				
合计				

表 10-2 未经抵销的递延所得税负债

项目	期末余额		期初余额	
	应纳税暂时性差异	递延所得税负债	应纳税暂时性差异	递延所得税负债
固定资产折旧				
投资收益				
海外子公司尚未分配的利润				
利息资本化				
其他				
合计				

表 10-3 以抵销后净额列示的递延所得税资产或递延所得税负债

项目	递延所得税资产和递延所得税负债期末互抵金额	抵销后递延所得税资产或递延所得税负债期末余额	递延所得税资产和递延所得税负债期初互抵金额	抵销后递延所得税资产或递延所得税负债期初余额
递延所得税资产				
递延所得税负债				

警示案例

天业股份子公司烟台市存宝房地产开发有限公司(以下简称“存宝公司”)开发的天业盛世景苑项目于 2015 年 9 月开盘销售，暂不符合收入确认条件。2015 年第三季度至 2017 年，存宝公司按税法规定预缴企业所得税，将预缴所得税计入其他流动资产科目。2016 年至 2017 年，存宝公司重复计提递延所得税资产并减记所得税费用。上述事项致天业股份《2016 年年度报告》虚增净利润 809.36 万元，《2017 年年度报告》虚增净利润 168.34 万元。

{资料来源：中国证监会行政处罚决定书(天业股份、曾昭秦、王永文等 22 名责任人员)〔2019〕109 号}

职业道德思考

如何保障会计和税务处理的一致性？如何识别和规避会计处理的相对灵活性所导致的舞弊现象？

本章小结

正确地对所得税进行会计处理对于反映企业的经营状况和财务状况非常重要，其关键在于所得税费用的计算。本章系统地探讨了我国所得税会计的基本原理，即资产负债表债务法及报告要求，涉及部分税收法规。本章的难点在于理解会计与税法在处理税负上的差异，以及这些差异对递延所得税资产、递延所得税负债和最终计算出的所得税费用的影响。通过本章的学习，读者能够正确应用《所得税准则》，准确记录和报告所得税活动，为企业的财务报告提供可靠的支持。

练习题

一、简答题

1. 资产负债表债务法的基本逻辑是什么？
2. 什么是计税基础和账面价值？
3. 如何理解计税基础与账面价值之间的差异？
4. 递延所得税资产和递延所得税负债是怎么产生的？
5. 如何对所得税费用进行会计处理？
6. 本章引例中上市公司所得税费用为何为负？

二、实务题

甲公司是一家造纸厂，适用的所得税税率为25%，2024年全年经营情况如下：主营业务收入3 000万元，其他业务收入1 000万元，营业外收入150万元；主营业务成本2 100万元，其他业务成本560万元，营业外支出500万元，税金及附加240万元，销售费用200万元，管理费用110万元，财务费用30万元。

2024年年初，甲公司递延所得税资产和递延所得税负债余额分别为20万元和40万元。

当年，甲公司发生的涉税业务如下：

(1) 年初，与乙公司签订一项特许经营权合同，合同约定乙公司享有特许经营权的期限为3年，使用费总额为120万元。2024年12月31日，甲公司第一次实际收取使用费70万元，已将40万元计入其他业务收入。

(2) 将一笔国债售出，取得收入60万元。该笔国债的买入价为50万元，每年计提应收利息5万元(到期收取国债利息)，已持有满2年。当年，甲公司将5万元利息收入计入投资收益。

(3) 持有一项对丙公司的股权投资(作为以公允价值计量且其变动计入其他综合收

益的金融资产核算)。年末,该笔股权投资公允价值为240万元。期末计量前,该笔股权投资账面价值为200万元(230万元的成本和-30万元的其他综合收益)。

(4) 当年发生广告费支出800万元,以前年度累计结转广告费扣除额为100万元。

(5) 当年发生业务招待费支出50万元,其中10万元未取得合法票据。

(6) 当年实际发放职工工资500万元,其中含福利部门人员工资50万元。除福利部门人员工资外的职工福利费总额为70万元。

(7) 当年拨缴工会经费4万元,发生职工教育经费支出20万元。

(8) 当年向境内关联方借款1 000万元,年利率为8%(金融企业同期同类贷款利率为5%),支付全年利息80万元。关联方甲公司的权益性投资金额为500万元。甲公司不能证明此笔交易符合独立交易原则,也不能证明实际税负不高于关联企业。

(9) 当年转让一项账面价值为400万元的专利技术(已计提减值100万元),转让收入为800万元,该项转让已经省级科技部门认定登记。

(10) 因污水排放,当年付清相关部门30万元行政罚款。

要求:逐项计算业务(1)至(10)的所得税影响(递延所得税资产、递延所得税负债);不考虑其他事项,编制计算甲公司2023年所得税费用的会计分录。

第十一章

每股收益

学习目标

1. 掌握基本每股收益的定义和运算；
2. 掌握稀释每股收益的定义和运算；
3. 熟悉每股收益的列报和披露。

引 例

2022年，河北中瓷电子科技股份有限公司（以下简称“公司”）拟向中国电子科技集团公司第十三研究所（以下简称“中国电科十三所”）发行股份购买其持有的河北博威集成电路有限公司73.00%股权、氮化镓通信基站射频芯片业务资产及负债，拟向中国电科十三所、数字之光智慧科技集团有限公司、北京智芯互联半导体科技有限公司、中电科投资控股有限公司、北京首都科技发展集团有限公司、北京顺义科技创新集团有限公司、中电科国投（天津）创业投资合伙企业（有限合伙）发行股份购买其合计持有的北京国联万众半导体科技有限公司94.602 9%股权，并向不超过35名符合条件的特定投资者非公开发行股份募集配套资金。

一、公司为防范本次交易摊薄即期回报拟采取的措施

虽然本次交易将显著提升公司的资产规模和盈利能力，预计本次交易完成后公司不存在即期回报摊薄情况，但若标的资产未来业绩实现情况不佳，公司的即期回报仍可能被摊薄。为进一步降低公司即期回报可能被摊薄的风险，公司拟采取多种应对措施，具体如下：① 加快标的资产整合，提升公司的盈利能力；② 积极加强经营管理，提升公司经营效率；③ 健全内部控制体系，为公司发展提供制度保障；④ 加强募集资金的管理和运用，提高募集资金使用效率；⑤ 严格执行利润分配政策，强化投资者回报机制。

二、公司董事、高级管理人员关于摊薄即期回报填补措施切实履行的承诺

（1）承诺不无偿或以不公平条件向其他单位或者个人输送利益，也不采用其他方式损害公司利益。

（2）承诺对本人的职务消费行为进行约束。

（3）承诺不动用公司资产从事与其履行职责无关的投资、消费活动。

（4）承诺在自身职责和权限范围内，促使公司董事会或者薪酬与考核委员会制定的薪酬制度与公司填补回报措施的执行情况相挂钩。

（5）若公司后续推出公司股权激励政策，在自身职责和权限范围内，全力促使拟公布的公司股权激励的行权条件与公司填补回报措施的执行情况相挂钩。

{资料来源：河北中瓷电子科技股价有限公司董事会，《河北中瓷电子科技股份有限公司关于本次交易摊薄当期每股收益的影响及填补回报安排的公告》，2022 年 10 月 13 日}

案例思考

1. 中瓷电子案例体现了在并购和股权融资活动中每股收益指标的重要性。结合引例，在学习过程中，思考对于投资者而言每股收益为什么重要，在决策过程中每股收益指标是否有局限，应重点参考基本每股收益和稀释每股收益中的哪一个指标，以及上市公司应如何平衡股权融资带来的资金支持与可能导致的每股收益被摊薄。

分析提示

2. 谈谈财务指标计算对资本市场平稳健康发展的影响，思考会计人员在其中扮演的角色。

第一节　每股收益概述

每股收益是指每份股票分摊或享有的净利润。

每份股票的定义决定该项每股收益是基本每股收益还是稀释每股收益。如果仅考虑普通股，每股收益是基本每股收益。如果考虑普通股和（导致每股收益变小的）潜在普通股，每股收益是稀释每股收益。潜在普通股，是指赋予其持有者在报告期或以后期间享有取得普通股权利的一种金融工具或其他合同，包括可转换公司债券、认股权证、股份期权等。

对于普通股或潜在普通股已公开交易的企业，以及正处于公开发行普通股或潜在普

通股过程中的企业，企业应该计算每股收益。

合并财务报表中，企业应当以合并财务报表为基础计算和列报每股收益。

学术观点

《企业会计准则第34号——每股收益》第十五条规定，企业应当在附注中披露基本每股收益和稀释每股收益分子、分母的计算过程。但是通过翻阅2020年（基本每股收益和稀释每股收益存在）差异公司的年度财务报告，可以发现476家公司中只有27家公司按照准则规定完整披露了指标的具体计算过程，7家公司披露了碎片化信息，剩余442家公司未按照准则规定进行披露和列报，有的公司甚至不披露稀释每股收益的信息，也不做任何补充解释。

尽管准则的出台在一定程度上规范了每股收益的披露，但是统计数据显示，准则落实并不到位，许多企业没有按照准则要求进行披露，尤其是关于稀释每股收益的计算过程。因此，为加强对准则落实的执行监督，保证上市公司信息披露的真实完整，中国证监会应进一步完善对上市公司信息披露的监督制度，加大事后监管力度。如对未按照准则要求进行披露的上市公司给予警告、罚款或其他行政处罚，确保上市公司严格遵守信息披露要求，符合会计准则的相关规定。

在我国现有的会计准则中，还未对反稀释性潜在普通股进行明确定义，也没有针对反稀释现象提出任何披露要求，原因在于每股收益准则是在资本市场发展缓慢、上市公司股权结构简单的背景下提出的，反稀释性潜在普通股十分少见。但是随着市场环境的深入变化，具有反稀释性的潜在普通股将会越来越多，2020年的476家差异公司中就有43家存在反稀释的情况，这些具有反稀释作用的证券在未来很可能产生稀释影响。因此，尚需在现有的披露要求基础上做进一步细化。明确反稀释潜在普通股的概念，剔除反稀释潜在普通股对稀释每股收益的影响，将有利于上市公司真实、完整地披露信息，方便投资者正确判断上市公司的价值。补充计算和披露反稀释性潜在普通股的相关规定，从而对每股收益产生预警效应，避免和防范不良公司利用每股收益造假，进而蒙骗投资者。

{资料来源：徐晴，孙光国. 上市公司基本与稀释每股收益差异探究[J]. 财务与会计，2022(16)：42-44.}

第二节　基本每股收益

企业应当按照归属于普通股股东的当期净利润，除以发行在外普通股的加权平均数计算基本每股收益。

发行在外普通股加权平均数按下列公式计算：

发行在外普通股加权平均数=期初发行在外普通股股数+当期新发行普通股股数×已发行时间÷报告期时间-当期回购普通股股数×已回购时间÷报告期时间

已发行时间、报告期时间和已回购时间一般按照天数计算；在不影响计算结果合理性的前提下，也可以采用简化的计算方法。

新发行普通股股数，应当根据发行合同的具体条款，从应收对价之日（一般为股票发行日）起计算确定。通常包括下列情况：

（1）为收取现金而发行的普通股股数，从应收现金之日起计算。

（2）因债务转资本而发行的普通股股数，从停计债务利息之日或结算日起计算。

（3）非同一控制下的企业合并，作为对价发行的普通股股数，从购买日起计算；同一控制下的企业合并，作为对价发行的普通股股数，应当计入各列报期间普通股的加权平均数。

（4）为收购非现金资产而发行的普通股股数，从确认收购之日起计算。

【例 11-1】 2023 年 1 月 1 日，甲公司发行在外的普通股股数为 20 000 万股；6 月 1 日发行普通股 5 000 万股，用于购买同一控制下乙公司 70% 的股权。2023 年，甲公司合并利润表净利润为 13 000 万元，归属于母公司股东净利润为 10 000 万元（包含 1 月 1 日到 5 月 30 日归属于母公司股东净利润 2 000 万元）。

甲公司 2023 年度合并报表中的基本每股收益=归属于母公司股东净利润/当期实际发行在外普通股加权平均数

同一控制下的企业合并，从最终控制方的角度看，合并后形成的以合并财务报表为基础的报告主体在以前期间就一直存在。因此，当年集团全部归属于母公司股东净利润 10 000 万元都应作为分子。

同理，计算当期实际发行在外普通股加权平均数时，应假设同一控制下企业合并发行股份自期初即存在，分母为 25 000（20 000+5 000×12/12）万股普通股。

因此，甲公司 2023 年度合并报表中的基本每股收益=10 000/25 000=0.4（元/股）。

第三节　稀释每股收益

一、计算稀释每股收益的基本方法

稀释即变小。我们只需要考虑使每股收益变小的潜在普通股，即稀释性潜在普通股。

企业存在稀释性潜在普通股的，应当分别调整归属于普通股股东的当期净利润和发行在外普通股的加权平均数，并据以计算稀释每股收益。

计算稀释每股收益，应当根据下列事项对归属于普通股股东的当期净利润进行调整：

（1）当期已确认为费用的稀释性潜在普通股的利息；

（2）稀释性潜在普通股转换时将产生的收益或费用。上述调整应当考虑相关的所得税影响。

计算稀释每股收益时，当期发行在外普通股的加权平均数应当为计算基本每股收益时普通股的加权平均数与假定稀释性潜在普通股转换为已发行普通股而增加的普通股股数的加权平均数之和。以前期间发行的稀释性潜在普通股，应当假设在当期期初转换；当期发行的稀释性潜在普通股，应当假设在发行日转换。

稀释性潜在普通股应当按照其稀释程度从大到小的顺序计入稀释每股收益，直至稀释每股收益达到最小值。

二、认股权证和股份期权对每股收益的影响

认股权证和股份期权等的行权价格低于当期普通股平均市场价格时，应当考虑其稀释性。计算稀释每股收益时，增加的普通股股数按下列公式计算：

增加的普通股股数=拟行权时转换的普通股股数-行权价格×拟行权时转换的普通股股数÷当期普通股平均市场价格

【例11-2】 甲公司2023年度净利润为4 000万元，发行在外的普通股股数为400万股，普通股平均市场价格为11元。年初，B公司对外发行50万份每份可用于购买1股甲公司普通股的认股权证（18个月后可行权），行权价格为7元。

甲公司2023年度基本每股收益=4 000/400=10（元/股）

发行认股权证调整增加的普通股股数=50-50×7/11≈18.18（万股）

甲公司2023年度稀释每股收益=4 000/（400+18.18）≈9.57（元/股）

三、股份回购承诺对每股收益的影响

企业承诺将回购其股份的合同中规定的回购价格高于当期普通股平均市场价格时，应当考虑其稀释性。计算稀释每股收益时，增加的普通股股数按下列公式计算：

增加的普通股股数=回购价格×承诺回购的普通股股数÷当期普通股平均市场价格-承诺回购的普通股股数

四、发行可转换公司债券对每股收益的影响

企业发行可转换公司债券，应当假设转换为普通股，并在税前调减利息支出。可转换公司债券假设转为普通股会导致分子、分母同时增加，所以企业应当计算归属于普通股及潜在普通股股东税后利润增加值与因转股增加普通股股数的比，并将该比与每股收益进

行比较，据此判断可转换公司债券是否具有稀释性。

【例 11-3】2023 年，甲公司（所得税税率为 25%）归属于普通股股东的净利润为 40 000 万元，期初发行在外的普通股股数为 80 000 万股，年内普通股股数未发生变化。2023 年 6 月 1 日，甲公司按面值发行 5 年期的可转换公司债券 20 000 万元，票面年利率为 6%（利息全部费用化），每 1 000 元债券可转换为 700 股普通股（面值 1 元）。甲公司发行可转换公司债券时二级市场上与之类似的没有转换权的债券市场利率为 9%。

甲公司 2023 年度基本每股收益 = 40 000/80 000 = 0.5（元/股）

可转换公司债券负债成分公允价值 = 1 200（每年利息）×（P/A，9，5）+ 20 000×（P/F，9，5）≈ 17 666.21（万元）

可转换公司债券权益成分公允价值 = 20 000 − 17 666.21 = 2 333.79（万元）

发行后第一年利息费用 = 17 666.21×9% ≈ 1 589.96（万元）

分摊到 2023 年度利息费用 = 1 589.96×7/12 ≈ 927.48（万元）

假设可转换公司债券转股增加当年净利润 = 927.48×（1−25%）= 695.61（万元）

假设可转换公司债券转股增加普通股平均数 = 20 000×700/1 000×7/12 ≈ 8 166.67（万股）

假设可转换公司债券转股增量每股收益 = 695.61/8 166.67 ≈ 0.09（元/股）

增量每股收益小于基本每股收益，可转换公司债券对基本每股收益具有稀释性。

甲公司 2023 年度稀释每股收益 =（40 000+695.61）/（80 000+8 166.67）≈ 0.46（元/股）

第四节　每股收益的列报与披露

一、每股收益的列报

企业应当在利润表中单独列示基本每股收益和稀释每股收益。

企业发行在外普通股或潜在普通股的数量因派发股票股利、公积金转增资本、拆股而增加或因并股而减少，但不影响所有者权益金额的，应当按调整后的股数重新计算各列报期间的每股收益。按照《企业会计准则第 28 号——会计政策、会计估计变更和差错更正》的规定对以前年度损益进行追溯调整或追溯重述的，应当重新计算各列报期间的每股收益。

二、每股收益的披露

企业应当在附注中披露与每股收益有关的下列信息：

（1）基本每股收益和稀释每股收益分子、分母的计算过程；

（2）列报期间不具有稀释性但以后期间很可能具有稀释性的潜在普通股；

（3）在资产负债表日至财务报告批准报出日之间，企业发行在外普通股或潜在普通股股数发生重大变化的情况。

【例 11-4】 通常，上市公司以如下（或类似）表格（表 11-1）形式披露每股收益。

表 11-1　上市公司每股收益

报告期利润	每股收益	
	基本每股收益	稀释每股收益
归属于公司普通股股东的净利润		
扣除非经常性损益后归属于公司普通股股东的净利润		

警示案例

2017 年 8 月 25 日，苏利股份有限公司（以下简称"公司"）披露 2017 年半年度报告。半年度报告披露，公司实现基本每股收益 1.05 元、扣除非经常性损益后的基本每股收益 1.04 元。但公司实际基本每股收益 0.76 元、扣除非经常性损益后的基本每股收益 0.75 元。公司披露的两项每股收益较其实际数值的偏离幅度达 38.16%和 38.67%。当日，公司股价涨停。经监管督促，公司于 2017 年 8 月 29 日发布更正公告。

每股收益是反映上市公司盈利能力的重要财务指标之一，受到市场和投资者的极大关注。如果相关信息披露不准确，可能影响投资者的投资决策及公司股票交易价格。公司应当审慎计算并披露每股收益，但公司未审慎计算，导致公司定期报告中每股收益数据披露不准确，可能对投资者决策产生误导。

{资料来源：《关于对苏利股份有限公司和有关责任人予以监管关注的决定》（上证公监函〔2017〕0066 号）}

职业道德思考

基于每股收益计算可能带来的资本市场反应，如何看待会计知识、技能对投资者利益保护的作用？

本章小结

每股收益是衡量公司盈利能力的重要指标,它不仅可以反映公司的盈利水平,还可以帮助投资者评估公司的盈利潜力和价值。本章详细解析了每股收益的计算方法,包括基本每股收益和稀释每股收益的计算方法。读者需要投入较多精力去理解稀释性股权。了解每股收益的计算方法对于正确解读财务报告中的每股收益数据非常重要。

练习题

一、简答题

1. 什么是每股收益?为什么要计算每股收益?
2. 如何理解稀释每股收益?
3. 如何计算基本每股收益和稀释每股收益?
4. 本章引例中每股收益被“摊薄”的原因是什么?

二、实务题

1. 甲公司 2023 年度实现净利润 50 000 万元,年初发行在外的普通股股数为 20 000 万股,当年 4 月 1 日增发普通股 1 000 万股。2023 年 1 月 1 日,甲公司按票面金额发行 1 200 万股优先股,每股票面金额为 100 元;12 月 31 日,甲公司宣告并以现金全额发放当年优先股股息,股息率为 6%。请计算甲公司 2023 年度基本每股收益。

2. 乙公司 2023 年度归属于普通股股东的净利润为 1 400 万元,发行在外普通股加权平均数为 2 000 万股。2023 年 3 月 1 日,乙公司与其股东签订了一份远期股份回购合同,承诺 1 年后以每股 6.7 元的价格回购其发行在外的 520 万股普通股。乙公司普通股在 2023 年 3 月 1 日到年末平均市场价格为每股 5.8 元。请计算乙公司 2023 年度稀释每股收益。

3. 丙公司 2023 年度实现归属于普通股股东的净利润 3 200 万元,发放的现金股利为 1 200 万元,发行在外的普通股股数为 1 000 万股。2023 年年初,丙公司发行 5 年期可转换公司债券,发行金额为 240 万元(票面金额为 200 万元),票面年利率为 3%。如果全部转股,可转换公司债券可以转换为丙公司普通股 24 万股。丙公司适用的所得税税率为 25%。2023 年,丙公司普通股平均市场价格为 21 元/股,年末市场价格为 34 元/股。请计算丙公司基本每股收益与稀释每股收益。

第十二章

企业合并

学习目标

1. 掌握控制的概念;
2. 掌握企业合并的基本形式;
3. 掌握同一控制下控股合并的会计处理;
4. 掌握非同一控制下控股合并的会计处理;
5. 了解吸收合并的会计处理;
6. 熟悉企业合并中的特殊情形;
7. 熟悉企业合并的披露。

引 例

广东锦龙发展股份有限公司(以下简称“锦龙股份”)2021 年年报显示,中山证券将 4 家结构化主体纳入合并报表范围,纳入结构化主体的资产总额为 2.45 亿元。年审会计师将结构化主体的合并识别为关键审计事项。深圳证券交易所就此问题发出问询函,要求结合结构化主体的法律形式、设立目的、持股比例、锦龙股份相关会计政策及在结构化主体中拥有的权利、享有的可变回报等,说明上市公司将前述结构化主体纳入合并报表的判断标准及依据,是否符合企业会计准则的相关规定。

公司回复部分内容如下:

2021 年年末,中山证券作为管理人的存续结构化主体有 16 家,其中自有资金出资的结构化主体有 8 个,分别是中山证券富盈 1 号集合资产管理计划(以下简称“富盈 1 号”)、中山证券稳健收益集合资产管理计划(以下简称“金汇 2 号”)、中山证券中汇 1 号集合资产管理计划(以下简称“中汇 1 号”)、中山证券中汇 3 号集合资产管理计划(以下简称“中汇3号”)、中山金百灵贵宾定制1号集合资产管理计划(以下简称“金百灵1号”)、中山金百灵贵宾定制2号集合资产管理计划(以下简称“金百灵2号”)、中山金百灵贵宾定制3号集合资产管理计划(以下简称“金百灵3号”)和中山多策略1号集合资产管理计划(以下简称“多策略1号”)。其中纳入合并财务报表范围的结构化主体4个,分别是富盈1号、金汇2号、中汇1号及中汇3号,纳入合并财务报表范围的结构化主体的总资产为2.45亿元。

中山证券作为结构化主体的资产管理人时,需要就是否控制该等结构化主体并将其纳入合并范围做出重大判断标准。中山证券管理层考虑对结构化主体是否达到控制时,考虑对结构化主体相关活动拥有的权力,所承担的风险和享有的报酬,以及通过运用该权力而影响其可变回报的能力。

中山证券管理层评估了不同交易结构下的决策机制、合同权利和义务并以此为基础分析对结构化主体的权力,分析和测试结构化主体的可变回报,包括但不限于直接投资比例、作为资产管理者获得的手续费收入及资产管理费、收益分配、亏损分担、留存的剩余收益等。

此外,中山证券对在结构化主体交易中担任主要责任人还是代理人的角色进行了判断,包括分析和评估了对结构化主体决策权的范围、提供资产管理服务而获得的报酬水平、因持有结构化主体中的其他权益所承担可变回报的风险及其他参与方持有的实质性权利。在综合考虑各项因素的基础上,对是否对结构化主体存在控制并纳入合并报表范围做出判断。

富盈1号、金汇2号、中汇1号及中汇3号合计4家结构化主体为中山证券作为管理人的集合资产管理计划,为开展资产管理业务而设立,截至2021年年末4只产品均处于清算阶段,中山证券持有比例均为100%。中山证券对上述4只产品的资金运作、投资方向、投资时点拥有决策的权利且享有的可变回报均为100%,达到控制程度,故将富盈1号、金汇2号、中汇1号及中汇3号纳入合并范围。

根据金百灵1号、金百灵2号及金百灵3号的合同约定,公司享有相应份额的收益分配权利并承担相应的风险,不享有超额收益与承担超额风险,截至2021年年末,以上3只产品均处于清算阶段;根据多策略1号的合同约定,公司自有资金参与份额占总份额比例小于1%,享有相应份额的收益分配权利并承担相应的风险,不享有超额收益与承担超额风险。其他8只结构化主体,中山证券未有自有资金出资,根据合同约定均享有固定回报(管理费收入),未达到控制程度,故不纳入合并报表范围。《企业会计准则第33号——合并财务报表》第七条规定:“合并财务报表的合并范围应当以控制为基础予以确定”。公司将所有控制的结构化主体纳入合并财务报表范围,符合上述准则的相关规定。

年审会计师回复称，会计师对结构化主体合并的核查程序包括但不限于：① 检查中山证券确定相关合并范围的程序与方法；② 查看结构化主体的相关合同，评估中山证券对结构化主体的权利范围，对结构化主体承担或享有的可变回报及权力与可变回报的联系；③ 复核中山证券在结构化主体中享有的收益情况，包括持有份额应当享有的收益和作为管理人应当收取的管理费等；④ 评估结构化主体是否符合纳入合并范围的条件。

年审会计师核查意见：基于实施的审计程序，就财务报表整体的公允反映而言，公司结构化主体的合并在所有重大方面符合企业会计准则的相关规定。

{资料来源：广东锦龙发展股份有限公司董事会，《关于对广东锦龙发展股份有限公司2021年年报问询函的答复》，2022年3月30日}

案例思考

分析提示

1. 锦龙股份在2021年年报中将中山证券管理的4家结构化主体纳入合并报表范围，这一决定被年审会计师视为关键审计事项。合并的复杂性主要体现在评估结构化主体的法律形式、设立目的、持股比例及公司是否对其具有实际控制权和享有可变回报等方面。结合引例，在学习过程中，尝试理解结构化主体的含义，思考结构化主体能够被纳入合并范围的条件，以及将结构化主体错误地纳入合并范围对企业的合并财务报表产生的影响。

2. 结合企业合并，谈谈会计人员了解和掌握公司法律知识的必要性。

第一节　企业合并概述

一、企业合并的概念

《企业会计准则第20号——企业合并》（以下简称《企业合并准则》）将“企业合并”定义为“将两个或者两个以上单独的企业合并形成一个报告主体的交易或事项”。

（一）控制

要理解企业合并的定义，我们必须解决一个问题，即什么样的交易或事项才能导致两个或者两个以上单独的企业合并形成一个报告主体。

如果交易或事项发生后，使两个或者两个以上单独的企业失去部分或全部法律主体地位，仅保留或生成一个法律主体，那么交易或事项导致企业合并。例如，A 企业和 B 企业合并形成 C 企业，很容易理解这是一项企业合并，因为 A 企业和 B 企业的法律主体地位已经消失。

对于法律主体地位不消失的情况，如 A 企业和 B 企业之间发生的交易或事项并不导致 A 企业和 B 企业法律主体地位消失时，如何判断企业合并是否发生了呢？企业会计准则给出的判断标准是是否形成控制，如果交易或事项能形成控制，那么交易或事项就能导致新报告主体的产生。控制也是《企业会计准则第 33 号——合并财务报表》所规定的确定合并财务报表的合并范围的基础。

准则与实务

国际会计准则理事会（IASB）对于合并报表的原有规范主要是《国际会计准则第 27 号———合并和单独财务报表》（IAS 27），其中主要以控制为确定合并范围的基础，但是对控制概念的解释并不完整，特别是没有对无多数表决权情况下的控制加以明确界定。同时，在 IASB 的《准则解释委员会公告第 10 号》（SIC 10）中，对于纳入合并范围的标准采用了风险报酬法，因此造成了与 IAS 27 之间的差异。为解决上述问题，2008 年，IASB 发布了合并报表准则征求意见稿，并对原 IAS 27 进行了修订。

在此基础上，2011 年 5 月，IASB 发布了《国际财务报告准则第 10 号———合并财务报表》（IFRS 10），要求对所有合并采用统一的会计处理模式，即以控制作为合并的基准，解决了原 IAS 27 以控制为基础和 SIC 12 以风险报酬为基础的分歧；同时还发布了《国际财务报告准则第 12 号——对其他主体中权益的披露》（IFRS 12），将对子公司、联营企业、合营企业及非合并结构化主体的投资的披露要求，集中到一个准则当中。

{资料来源：王霞. 国际财务报告准则修订评析与前瞻：以金融工具、合并报表和收入准则为例[J]. 会计研究，2012(4)：8-13.}

控制，是指投资方拥有对被投资方的权力，通过参与被投资方的相关活动而享有可变回报，并且有能力运用对被投资方的权力影响其回报金额。其中，相关活动，是指对被投资方的回报产生重大影响的活动。被投资方的相关活动应当根据具体情况进行判断，通常包括商品或劳务的销售和购买、金融资产的管理、资产的购买和处置、研究与开发活动及融资活动等。

投资方应当在综合考虑所有相关事实和情况的基础上对是否控制被投资方进行判断。一旦相关事实和情况的变化导致对控制定义所涉及的相关要素发生变化的，投资方应当进行重新评估。相关事实和情况主要包括被投资方的设立目的、被投资方的相关活动及如何对相关活动做出决策、投资方享有的权利是否使其目前有能力主导被投资方的相关活动、投资方是否通过参与被投资方的相关活动而享有可变回报、投资方是否有能力运用对被投资方的权力影响其回报金额、投资方与其他方的关系。投资方自被投资方取得的回报可能会随被投资方业绩变动的,视为享有可变回报。投资方应当基于合同安排的实质而非回报的法律形式对回报的可变性进行评价。

【例 12-1】 甲公司购买乙公司 51%的股份,在此之前乙公司的创始人 A、B 分享乙公司 100%的股份。收购股份时,甲公司与 A、B 签订了一项合同,合同约定:

(1) 甲公司无权干涉乙公司的经营方针、发展战略。

(2) 甲公司对乙公司监事有选举权,但对董事无选举权。

(3) 甲公司无权就乙公司的公司章程进行投票,但与其本身利益相关的条款除外。乙公司章程规定,甲公司的经营计划、投资方案、经理人由董事会表决决定。

(4) 甲公司按持股比例进行分红。

本例中,乙公司的相关活动由 A、B 及董事会主导,甲公司无权参与和影响乙公司主要的决策机制。因此,判断甲公司不能控制乙公司。本例中的甲公司扮演了战略投资者的角色。

在考虑对被投资方相关活动的主导时,应当考虑投资方享有的现时权利,而非权利的实际行使。投资方在判断是否拥有对被投资方的权力时,应当仅考虑与被投资方相关的实质性权利,包括自身所享有的实质性权利及其他方所享有的实质性权利。实质性权利,是指持有人在对相关活动进行决策时有实际能力行使的可执行权利。判断一项权利是否为实质性权利,应当综合考虑所有相关因素,包括权利持有人行使该项权利是否存在财务、价格、条款、机制、信息、运营、法律法规等方面的障碍;当权利由多方持有或者行权需要多方同意时,是否存在实际可行的机制使得这些权利持有人在其愿意的情况下能够一致行权;权利持有人能否从行权中获利;等等。

某些情况下,其他方享有的实质性权利有可能会阻止投资方对被投资方的控制。这种实质性权利既包括提出议案以供决策的主动性权利,也包括对已提出议案做出决策的被动性权利。【例 12-1】中,由于公司章程受 A、B 支配,甲公司对乙公司不具备实质性权利。A、B 是共同创业者,甲公司难以影响 A、B 而形成对乙公司的实质性权利。

与实质性权利相对应的是保护性权利。对被投资方仅享有保护性权利的投资方不拥有对被投资方的权力。保护性权利,是指仅为了保护权利持有人利益却没有赋予持有人对相关活动决策权的一项权利。保护性权利通常只能在被投资方发生根本性改变或某些例外情况发生时才能够行使,它既没有赋予其持有人对被投资方拥有权力,也不能阻止其他方对被投资方拥有权力。【例 12-1】中,甲公司仅享有持股比例分红的可变回报但该回报并不通过参与乙公司的相关活动而获得,因此其仅享有保护性权利,这也是判断甲公司对乙公司不构成控制的依据之一。

除非有确凿证据表明投资方不能主导被投资方相关活动，下列情况，表明投资方对被投资方拥有权力：

（1）投资方持有被投资方半数以上的表决权的；

（2）投资方持有被投资方半数或以下的表决权，但通过与其他表决权持有人之间的协议能够控制半数以上表决权的。

需要注意的是，持股比例权仅是判断控制的重要考量因素，而非绝对标准，因为持股比例并不意味着表决权。【例 12-1】中，甲公司虽然持有乙公司 51%的股份，但在乙公司日常经营中不享有表决权，其不干涉董事会成员选举，也就失去了对与经营管理相关事项的重大表决权。

投资方持有被投资方半数或以下的表决权，但综合考虑下列事实和情况后，判断投资方持有的表决权足以使其目前有能力主导被投资方相关活动的，视为投资方对被投资方拥有权力：

（1）投资方持有的表决权相对于其他投资方持有的表决权份额的大小，以及其他投资方持有表决权的分散程度；

（2）投资方和其他投资方持有的被投资方的潜在表决权，如可转换公司债券、可执行认股权证等；

（3）其他合同安排产生的权利；

（4）被投资方以往的表决权行使情况等其他相关事实和情况。

【例 12-2】甲公司持有乙公司 40%的表决权股份，是乙公司的第一大股东，独立考虑如下事实：

（1）除甲公司外，乙公司所有股东均为持股比例不超过 0.1%的小股东。历史经验表明，乙公司历届股东大会参与的表决权股份从未超过 75%。

（2）甲公司持有乙公司可执行认股权证，折算成表决权股份约占 18%。

（3）乙公司章程约定，第一大股东对股东大会表决事项有一票否决权。

本例中，事实（1）表明乙公司股权非常分散，从历史经验上看，乙公司小股东参与公司决策的能力和意愿都较低；事实（2）表明，甲公司执行认股权证后，拥有表决权股份超过 50%；事实（3）表明，甲公司能够实质性影响股东大会投票结果。因此，上述事实都很可能导致甲公司对乙公司拥有实质性权利，能够控制乙公司。

某些情况下，投资方可能难以判断其享有的权利是否足以使其拥有对被投资方的权力。在这种情况下，投资方应当考虑其具有单方面主导被投资方相关活动的实际能力的证据，从而判断其是否拥有对被投资方的权力。投资方应当考虑的因素包括但不限于下列事项：

（1）投资方能否任命或批准被投资方的关键管理人员；

（2）投资方能否出于其自身利益决定或否决被投资方的重大交易；

(3) 投资方能否掌控被投资方董事会等类似权力机构成员的任命程序,或者从其他表决权持有人手中获得代理权;

(4) 投资方与被投资方的关键管理人员或董事会等类似权力机构中的多数成员是否存在关联方关系。

投资方与被投资方之间存在某种特殊关系的,在评价投资方是否拥有对被投资方的权力时,应当适当考虑这种特殊关系的影响。特殊关系通常包括被投资方的关键管理人员是投资方的现任或前任职工、被投资方的经营依赖于投资方、被投资方活动的重大部分有投资方参与其中或者是以投资方的名义进行、投资方自被投资方承担可变回报的风险或享有可变回报的收益远超过其持有的表决权或其他类似权利的比例等。

一个可能的问题是,如果两个企业都符合上述标准,对被投资方存在控制,应当如何解决。例如,A 企业和 B 企业各持有 C 企业 50%的表决权股份。A 企业和 B 企业都需要进行企业合并的会计处理,并进行合并财务报表编制吗?肯定的答案会导致一个问题,即企业可以通过争议性合并行为分别扩大合并财务报表规模。对此,《企业会计准则第 33 号——合并财务报表》规定,两个或两个以上投资方分别享有能够单方面主导被投资方不同相关活动的现时权利的,能够主导对被投资方回报产生最重大影响的活动的一方拥有对被投资方的权力。但在现实中,“最重大影响”很难判断,也颇具争议。

学术观点

2007~2020 年间,A 股上市公司子公司负债平均占公司合并整体负债的 31.47%,子公司有息负债平均占公司合并整体有息负债的 39.11%。因此,企业合并报表上的账面杠杆率本质是其合并范围内各主体的个别报表杠杆率的会计汇总,而主体是否被纳入合并范围(即认定为子公司)更将直接影响企业整体杠杆率。

上市公司有“特殊合营安排”这种突出的合并范围异化表征,即上市公司将其持股高于 50%的被投资主体认定为合营企业或联营企业,从而排除在自身合并范围之外(即不认定为子公司)的行为。企业合并报表上的杠杆率本质是其合并范围内各主体的个别报表杠杆率的会计汇总。因此,将被投资主体认定为合营安排(指合营或联营企业)还是子公司,即是否将被投资主体纳入合并范围,能直接影响合并报表中杠杆率的高低。具体而言,合营安排不被纳入企业合并范围,只在报表上以“长期股权投资”(资产科目)的形式反映企业对合营安排的股权,由此合并报表不确认被投资主体的负债,并且增加了合并总资产,故合并报表的杠杆率降低;而子公司纳入企业合并范围,其资产、负债、所有者权益需要完全合并体现在合并报表上,导致合并报表的杠杆率总是会高于将被投资主体认定为合营安排时的杠杆率。

特殊合营安排能够降低企业的账面杠杆率，并且是企业极可能采用的操纵账面杠杆率下降的手段。譬如，房地产企业合景泰富 2019 年通过与其他公司签订协议的形式将 3 家 100%持股的子公司认定为合营公司，使得 154 亿的负债无需体现在合并资产负债表，账面杠杆率降低了 1.19%。监管机构亦对此现象极为重视，比如，上交所在对新城控股(SH601155)2018 年年报的事后审核问询函中即明确指出"公司有多家持股比例超过 50%的合(联)营企业未被纳入合并报表"的问题。

{资料来源：张超，张新一，郑国坚，等. 去杠杆监管与企业合并范围异化——来自特殊合营安排的证据[J]. 管理世界，2024，40(07)：221-243.}

（二）业务

在购买交易形成的企业合并中，所购买的企业必须构成业务。

业务，是指企业内部某些生产经营活动或资产的组合，该组合一般具有投入、加工处理过程和产出能力，能够独立计算其成本费用或所产生的收入。简单地说，如果购买的企业不构成业务，那么仅相当于原来的主体购买了一项资产，并没有吸纳新的主体而产生新的报告主体。企业会计准则规定，涉及业务的合并比照《企业会计准则第 20 号——企业合并》规定处理。也就是说，业务可能没有企业的外衣，即不是一个法律主体，但如果企业合并了业务，那么也需要进行类似于企业合并的会计处理，编制合并财务报表。

业务的基本判断原则是，能在一定的管理制度框架内，独立地消耗资源，产生价值。《企业会计准则解释第 13 号》规定了判断企业合并中取得的生产经营活动或资产的组合是否构成业务的标准：第一，业务至少同时具有一项投入和一项实质性加工处理过程，且二者相结合对产出能力有显著贡献，但不要求业务有实际产出。第二，企业应当考虑加工处理过程是不是实质性的。第三，准则解释规定了简化判断方式，此处不做拓展。

（三）《企业合并准则》不涉及的企业合并

《企业合并准则》不涉及的企业合并包括：

（1）两方或者两方以上形成合营企业的企业合并。

（2）通过合同而不是所有权份额将两个或者两个以上单独的企业合并形成一个报告主体的企业合并。

这类企业合并按《企业会计准则第 40 号——合营安排》进行处理，但《企业会计准则解释第 33 号》规定："如果根据有关章程、协议等，表明投资企业能够对被投资单位实施控制的，应当将被投资单位纳入合并财务报表的合并范围。"

（四）与企业合并有关的交易和事项

企业合并可能是购买形成的，比如 A 企业购买了 B 企业的股份，A 企业成为 B 企业的母公司，实现企业合并。A 企业和 B 企业的合并是由股份的购买交易引起的。

企业合并也可能是安排形成的，比如 A 企业是 B 企业和 C 企业的母公司，三者形成

A 集团,A 集团安排 B 企业吸收 C 企业全部业务,C 企业消失,A 集团仅剩下 A 企业和 B 企业,此时 B 企业吸收 C 企业所实现的企业合并就是集团安排事项引起的。再如,A 企业全资出资设立 B 企业,A 企业和 B 企业不存在与合并相关的交易,A 企业与 B 企业的关系属于一项集团安排。

二、企业合并的分类

(一)吸收合并、新设合并和控股合并

若合并后,参与合并的企业有法律主体地位的消失,则为吸收合并或新设合并。吸收合并中,两个或多个企业合并成为一个企业,保留一个参与合并的企业法律主体地位,其他参与合并的企业法律主体地位消失。例如,A 企业吸收合并 B 企业,成为新的 A 企业。新设合并中,两个或多个企业合并成为一个新企业,所有参与合并的企业法律主体地位消失。例如,A 企业与 B 企业合并成为 C 企业。

若合并后,参与合并的企业法律主体地位没有消失,则为控股合并。例如,A 企业控股合并 B 企业,A 企业和 B 企业的法律主体地位均未消失。从公司法的角度看,A 企业和 B 企业的控股合并并不算企业合并,因为没有发生法律主体地位的变化。会计上则要求对控股合并进行相关会计处理,以一个假想的新的报告主体进行报告,体现了实质重于形式原则。

《企业会计准则——基本准则》第五条规定:"企业应当对其本身发生的交易或者事项进行会计确认、计量和报告。"从基本准则与具体准则内在一致性上考虑,准则制定部门将企业合并视为企业本身发生的事项。《企业会计准则第 33 号——合并财务报表》将"合并财务报表"定义为"反映母公司和其全部子公司形成的企业集团整体财务状况、经营成果和现金流量的财务报表"。如果将企业合并和合并财务报表结合起来看,企业合并事项意味着企业范畴的扩大。意思是,企业对企业合并进行会计处理,编制合并财务报表的同时,企业已经不再是之前的企业,会计主体发生了变更。从这个角度看,企业合并和合并财务报表的处理与编制,是对会计主体假设的突破。这一突破主要体现在控股合并中,而在新设合并和吸收合并的合并交易或事项中,法律主体与会计主体仍然是一致的。

(二)同一控制下的企业合并和非同一控制下的企业合并

参与合并的企业在合并前后均受同一方或相同的多方最终控制且该控制并非暂时性的,为同一控制下的企业合并。同一控制下的企业合并,在合并日取得对其他参与合并企业控制权的一方为合并方,参与合并的其他企业为被合并方。合并日,是指合并方实际取得对被合并方控制权的日期。

参与合并的各方在合并前后不受同一方或相同的多方最终控制的,为非同一控制下的企业合并。非同一控制下的企业合并,在购买日取得对其他参与合并企业控制权的一方为购买方,参与合并的其他企业为被购买方。购买日,是指购买方实际取得对被购买方控制权的日期。

需要指出三点：第一，最终控制是指无法再沿控制权网络向前追溯找到其他控制的控制。因此，在判断最终控制时，要穷尽控制权网络。第二，参与合并的企业（各方），仅包括合并方（购买方）和被合并方（被购买方），而不包括处置被合并方（被购买方）的参与者。例如，A 企业直接控制 B 企业，A 企业持有 C 企业 60%的表决权股份，D 企业持有 C 企业 40%的表决权股份，B 企业在同一天分别向 D 企业购买 40%和从 A 企业取得 20%的企业股份，从而实现控制。仅需考虑 C 企业和 B 企业同时受 A 企业最终控制，即判定这项由两项交易形成的企业合并属于同一控制下的企业合并。第三，合并日和购买日在准则和实践上有其确定标准，在此不做展开。

控股合并的合并方和购买方被称为母公司，被合并方和被购买方被称为子公司，母公司对子公司构成控制。

【例 12-3】甲企业控制乙企业，乙企业控制丙企业，丙企业控制丁企业，戊企业和己企业共同控制庚企业、辛企业，庚企业控制壬企业，辛企业控制癸企业。不考虑其他关系，考察如下独立交易（不同时发生）：

（1）乙企业从丙企业获得对丁企业的控制权。

（2）丁企业从戊企业、己企业获得对辛企业的控制权。

（3）壬企业从辛企业获得对癸企业的控制权。

本例中，交易（1）中，乙企业和丁企业同受甲企业最终控制，因此属于同一控制下的企业合并，乙企业为合并方，丁企业为被合并方；交易（2）中，丁企业和辛企业不受同一方或相同多方共同控制，因此属于非同一控制下的企业合并，丁企业为购买方，辛企业为被购买方；交易（3）中，壬企业和癸企业同受戊企业和己企业最终控制，因此属于同一控制下的企业合并，壬企业为合并方，癸企业为被合并方。

【例 12-4】承【例 12-3】，假设各项交易按顺序发生。

本例中，交易（1）（2）仍然分别属于同一控制下和非同一控制下的企业合并；交易（3）中，由于（2）的发生，癸企业受甲企业的最终控制，而壬企业不受甲企业的最终控制，因此属于非同一控制下的企业合并。

学术观点

2020 年 11 月，国际会计准则理事会（IASB）发布《同一控制下的企业合并（讨论稿）》（以下简称《讨论稿》），拟对同一控制下企业合并的会计处理进行规范。我国有大量境外上市企业需要执行国际会计准则，IASB 同一控制下企业合并的规范将对相关企业的财务状况、经营成果等产生重要影响，进而对并购重组、资产调整等企业重大决策产生重要影响。

我国同一控制下企业合并的会计处理方法立足于最终控制人的决策需求，服务于集团内部资源配置，《讨论稿》的规定与我国目前资本市场发展阶段不相适应。首先，我国许多企业尤其是国有企业集团股权结构复杂，许多国有企业持有的土地使用权等无形资产账面价值与公允价值存在较大差异。若以购买法对集团内部资产调整进行会计处理，以公允价值计量被合并的资产，将大幅提高合并方未来期间折旧摊销的成本，给上市公司带来沉重的业绩压力。其次，购买法对公允价值的真实可靠性有着更高的要求。在多数被合并方无公开市场价格的背景下，购买法的应用对资产评估机构提出了更高要求，提高了信息披露成本。同时，若不能保证可辨认净资产公允价值的可靠性，购买法将无法满足少数股东的信息需求，也无益于限制控股股东通过关联并购损害少数股东利益。最后，我国长期应用账面价值法处理同一控制下企业合并，若参考 IASB 的《讨论稿》进行准则趋同，将根本性地改变现行的处理方式，从而产生历史交易的追溯调整、新旧准则的衔接等一系列问题，极大地增加了准则制定及企业信息披露的成本。因此，当前应对扩大购买法适用范围保持审慎态度。

{资料来源：林润雨. 同一控制下企业合并会计模式之比较[J]. 财务与会计，2023(8)：72-73.}

三、企业合并的复杂性

由于企业合并涉及两个或两个以上单独的企业，这意味着企业合并的业务处理是复杂的，且可能伴随争议。不考虑 A 企业到底是不是 B 企业的母公司这一判断标准问题，我们列举一些典型的情形。

情形一：A 企业购买 B 企业的股份，在 A 企业的个别财务报表上将其作为长期股权投资，以成本法核算。如果 A 企业是 B 企业的母公司，在《企业合并准则》的要求下，A 企业应当合并 B 企业成为新的报告主体。对于新的报告主体，就不存在这一笔长期股权投资。

情形二：A 企业购买 B 企业的股份，在 A 企业的个别财务报表上将其作为长期股权投资，以权益法核算。如果事后 A 企业又购买 B 企业的剩余股份，成为其母公司，就涉及权益法转换为成本法，在新的报告主体的财务报表中消灭长期股权投资。

情形三：A 企业购买 B 企业的股份，由此成为 B 企业的母公司。如果 B 企业采用与 A 企业不同的会计政策进行会计确认、计量和报告，那么要考虑新的报告主体采用的会计政策调整问题。

情形四：A 企业是 B 企业的母公司，B 企业是 C 企业的母公司，新的报告主体将包括 A 企业、B 企业、C 企业，我们需要考虑如何处理 C 企业、如何处理 B 企业和 C 企业的关系。

情形五：A 企业是 B 企业的母公司，A 企业与 B 企业之间存在与企业合并无关的其他交易，如销售资产、捐赠、购买债券、担保等。对于这些交易，在新的报告主体视角下如何处理？

情形六：A 企业持有 B 企业 80%的股份，B 企业持有 A 企业 80%的股份，对于交叉持股问题，在新的报告主体视角下如何处理？如何判断在新的报告主体中，谁是母公司？

在本章和第十三章“合并财务报表”的学习中，我们要延伸考虑同一控制下的企业合并、非同一控制下的企业合并、分步实现的企业合并、特殊交易、反向购买、购买少数股东股权、丧失对子公司的控制权等较为复杂的业务。当然，实践上的挑战远非如此，本书只介绍基础、常见、典型的企业合并会计处理。

第二节　同一控制下控股合并的会计处理

首先需要说明，编制合并日或购买日的合并财务报表是《企业合并准则》对企业合并的明确要求。我们考虑的企业合并的会计处理均为合并方或购买方（母公司）的会计处理，目的是编制合并日或购买日的合并财务报表，而被合并方或被购买方（子公司）无须进行会计处理。也就是说，企业合并形成的新报告主体的报告义务实际上是由母公司履行的。同时，基于编制报表的目的，企业合并所涉及的会计科目是报表科目，企业合并的会计处理超脱了从会计凭证、会计账簿到会计报表的会计流程，相关处理记录在合并工作底稿之中。

一、统一会计政策

同一控制下的企业合并中，先要统一母子公司的会计政策。统一的思路是，根据母公司的会计政策对子公司的会计政策进行调整。原因是，如果涉及很多子公司，集团的合并财务报表中的各项会计数字都采用不同的标准产出，会使报表整体缺乏一致口径，也不利于投资者理解合并财务报表信息。母公司是合并财务报表的编制者，因此《企业合并准则》要求以母公司的口径核算会计信息。例如，A 公司和 B 公司同受 C 公司控制，A 公司并购 B 公司即属于同一控制下的企业合并，A 公司作为合并方合并 B 公司财务报表时，采用 A 公司的会计政策对 B 公司财务报表进行调整，再由 A 公司编制 A 公司和 B 公司组成的合并财务报表。C 公司编制合并财务报表时，需要利用与 C 公司一致的会计政策对 A 公司与 B 公司形成的合并财务报表进行调整，编制 C 公司、A 公司和 B 公司组成的合并财务报表。本节中，所谓账面价值，都是采用合并方的会计政策进行调整后的账面价值。

二、合并方个别财务报表的处理

在同一控制下的企业合并中，我们认为合并业务参与者的资产和负债是一种“左口袋倒右口袋”，为了避免利用公允价值计量进行的会计操纵，《企业合并准则》规定，合并方在企业合并中取得的资产和负债，应当按照合并日在被合并方的账面价值计量。合并方取得的净资产账面价值与支付的合并对价账面价值的差额，应当调整资本公积；资本公积不足冲减的，调整留存收益。

合并方为进行企业合并发生的各项直接相关费用，包括为进行企业合并而支付的审计费用、评估费用、法律服务费用等，应当于发生时计入当期损益。为企业合并发行的债券或承担其他债务支付的手续费、佣金等，应当计入所发行债券及其他债务的初始计量金额。企业合并中发行权益性证券发生的手续费、佣金等费用，应当抵减权益性证券溢价收入资本公积，溢价收入不足冲减的，冲减留存收益。

【例12-5】2024年1月1日，A公司发行股份100万股作为合并对价，从其母公司C公司处取得B公司80%的股份，对B公司构成控制，相关手续当日办结。合并日，A公司股价为80元/股，面值1元/股。A公司为企业合并支付审计费用、评估费用和法律费用1 000万元，支付股票发行佣金400万元。B公司合并日按A公司会计政策调整后的净资产账面价值为11 000万元。

合并日，A公司确认长期股权投资8 800(11 000×80%)万元，相应会计处理如下：

借：长期股权投资	88 000 000	
管理费用	10 000 000	
贷：股本		1 000 000
资本公积		83 000 000
银行存款		14 000 000

资本公积8 300万元中，有7 500(7 900−400)万元因发行股份而产生，剩余800万元则是并购行为中B公司净资产账面价值份额高于对价所产生的。本例中的会计处理实际上是一项长期股权投资核算，属于A公司个别财务报表范畴。

三、合并日合并财务报表的处理

前例中，合并财务报表将A公司和B公司打包在一起，应当反映A公司和B公司总和的资产、负债和所有者权益。先看所有者权益的合并，在整个A公司和B公司构成的集团中，A公司股东享有A公司权益，通过A公司享有B公司权益，因此在合并财务报表中，A公司股东所享有的权益仅为对A公司享有的权益。如果重复将A公司所有者权益和B公司所有者权益相加，那么A公司股东所享有的权益就被扩大了——他们只投资了A公司，并没有直接投资B公司。在合并财务报表中，我们将其他股东享有的权益归集到一个会计科目，称为“少数股东权益”。少数股东仅对B公司享有权益，其数额等于B公司所有者权益账面价值扣除A公司享有的B公司所有者权益份额，即“长期股权投资”8 800万元。

再考虑资产和负债，从A公司报表出发，只需要将A公司的资产、负债和B公司的资产、负债相加就可以获得合并财务报表的资产、负债。但是，我们需要扣除重复计算的部分。在合并过程中，A公司产生“长期股权投资”8 800万元，站在合并财务报表的层次，集团并没有这项针对B公司的长期股权投资。

综合以上对合并财务报表中所有者权益、资产和负债的分析，我们得出了抵销重复计算所有者权益、资产和负债的方法，相应的分录称为抵销分录。

【例 12-6】 承【例 12-5】，合并日，B 公司股本 300 万元，资本公积 7 000 万元，盈余公积 700 万元，未分配利润 2 800 万元，假设 B 公司账面净资产按 A 公司会计政策调整仅影响资本公积。为了编制合并财务报表，A 公司编制如下抵销分录：

借：股本	3 000 000	
资本公积	72 000 000	
盈余公积	7 000 000	
未分配利润	28 000 000	
贷：长期股权投资		88 000 000
少数股东权益		22 000 000

需要注意的是，【例 12-5】中企业合并的分录是由一项真实发生的业务引起的，体现在 A 公司个别财务报表的编制过程中。【例 12-6】中的抵销分录却是一项为编制合并日合并财务报表而做的分录，并不是来自真实发生的业务，因此记录在合并工作底稿之中。

第三节 非同一控制下控股合并的会计处理

一、合并成本的确定

《企业合并准则》规定，非同一控制下的企业合并中，购买方应当区别下列情况确定合并成本：

（1）一次交换交易实现的企业合并，合并成本为购买方在购买日为取得对被购买方的控制权而付出的资产、发生或承担的负债及发行的权益性证券的公允价值。

（2）通过多次交换交易分步实现的企业合并，合并成本为每一单项交易成本之和。

（3）购买方为进行企业合并发生的各项直接相关费用也应当计入企业合并成本。

（4）在合并合同或协议中对可能影响合并成本的未来事项做出约定的，购买日如果估计未来事项很可能发生并且对合并成本的影响金额能够可靠计量的，购买方应当将其计入合并成本。

根据以上规定，不同于同一控制下的企业合并，购买方在购买日对作为企业合并对价付出的资产、发生或承担的负债应当按照公允价值计量，公允价值与其账面价值的差额，计入当期损益。原因在于，非同一控制下的企业合并中，利用合并交易进行公允价值计量操纵的风险比较低，至少被现行准则容忍。采用公允价值计量能够使合并财务报表更好地体现集团拥有的资产和承担负债的价值,便于投资者使用这些信息。

【例 12-7】2024 年 1 月 1 日,A 公司从 C 公司(与 A 公司无关)购买 B 公司 80%的股份,对 B 公司构成控制,相关手续当日办结。为了购买 B 公司股份,A 公司发行股票 1 000 000 股,购买日每股价格为 30 元,支付股票发行费用 100 万元;承诺代为偿还 B 公司一项长期应付款,账面价值和公允价值均为 400 万元;向 B 公司股东让渡一项专利,账面价值为 100 万元,公允价值为 400 万元;发生交易费用共计 100 万元。

A 公司购买日应做的会计处理如下:

借:长期股权投资	38 000 000	
贷:无形资产		1 000 000
资产处置损益		3 000 000
股本		1 000 000
资本公积		28 000 000
长期应付款		4 000 000
银行存款		2 000 000

完成上述分录后,购买方在购买日应当对合并成本进行分配,按照《企业合并准则》第十四条的规定确认所取得的被购买方各项可辨认资产、负债及或有负债。

二、被购买方可辨认净资产公允价值

完成初始确认和计量的合并交易会计处理后,购买方应当确定被购买方可辨认净资产公允价值,并根据这一金额进行后续会计处理。《企业合并准则》规定:“被购买方可辨认净资产公允价值,是指合并中取得的被购买方可辨认资产的公允价值减去负债及或有负债公允价值后的余额。”需要说明两点:第一,规定中的净资产指被购买方编制的合并财务报表中的净资产。原因是,合并财务报表编制采取自下而上的逐次合并,需要直接利用子公司合并财务报表信息。第二,一般来说,除商誉外,净资产均为可辨认的净资产。

商誉,是指企业未来获取经济利益的现值高于正常收益的部分。由于会计规则的制约,企业有很多资源并未被承认为资产,这些资源因此并未体现在财务报表上。这些未在财务报表上体现的资源打包就叫作商誉,正因为商誉是一个不明确、难以捉摸的“包”,所以我们认为其不可辨认。企业的声誉、信誉、积攒的客户资源、智慧资本等都是商誉的组成部分。这些组成部分的价值在企业一贯的经营中不会外显出来,或即使外显出来,但由于不对会计产生理论上的挑战可以不需要确认,这部分我们可以称之为自有商誉或自创商誉。然而,在并购过程中,可辨认资产的公允价值可能低于并购对价,这使得商誉的价值外显出来,我们将这部分称为并购商誉。我国准则目前承认并购商誉,要求在合并财务报表上体现并购商誉,但不承认自有商誉。这一规定是提供更多并购交易信息和维护会计信息质量的折中选择。

学术观点

基于商誉理解数据资源入表

2023 年，财政部印发《企业数据资源相关会计处理暂行规定》（简称《规定》），探索性地将数据资源核算纳入会计制度框架。数据资源（或数据资产）的价值并非在《规定》出台之前在会计报表中完全没有体现。在不可辨认、对资产确认条件符合程度不足时，数据资源并未单独被纳入企业的会计报表。通常情况下，数据资源的价值隐藏在自创商誉中，而我国准则并不承认自创商誉——除非经过特定合并交易。理论上，在被允许单独入表之前，非同一控制下企业合并确认商誉的过程中，数据资源的价值被完全涵盖在商誉之中（即便可能不可靠），而未发生并购时，数据资源并未体现在任何资产中。在数据资源入表规定形成之前，数据资源的显化来自商誉的确认。

一方面，购买方和被购买方能够共享数据资源，数据资源产生协同效应，这一协同效应包含在并购对价之中。另一方面，被购买方积累的数据资源不包含在账面净资产中，账面净资产与真实净资产公允价值差异被包含在并购对价之中。假定商誉之中包含未被确认的数据资源（DA）以及其他未被确认的资产和负债（OA），除此之外包含不可辨认的其他净资产（UA）。理论上，DA 和 OA 应当被排除在商誉之外，UA 被包含在商誉之内。数据资源入表的过程实际上就是 DA 移出以购买价款超出被购买方账面净资产（不考虑被购买方已存在的商誉）公允价值的部分（PG）的过程，该过程使 PG 与目前准则规定下的可确认的合并商誉（RG）更接近。因此，数据资源入表本质上就是将合并商誉中的数据资源单独列示，将未被确认的自创商誉中的数据资源进行确认。

｛资料来源：苏子豪，方帅，钟超．数据资源入表：涵义、争议与路径[J]．重庆理工大学学报（社会科学），2024，38（12）：85-94．｝

警示案例

日海智能科技股份有限公司 2018 年对持股 73.835 2%的龙尚科技（上海）有限公司相关商誉减值测试过程中，未按照《企业会计准则第 20 号——企业合并》第十三条和《企业会计准则第 8 号——资产减值》第四条规定考虑归属于少数股东商誉的影响，导致 2018 年少确认资产减值损失 3 130.20 万元，2020 年多确认资产减值损失 3 130.20 万元。

｛资料来源：中国证券监督管理委员会深圳监管局行政处罚决定书〔2023〕18 号｝

职业道德思考

如何看待少数股东商誉、商誉减值的会计违规行为？如何识别和避免商誉高估？作为财会人员，怎么看待商誉减值的经济后果？

被购买方各项可辨认资产、负债及或有负债，符合下列条件的，应当单独予以确认：

(1) 合并中取得的被购买方除无形资产以外的其他各项资产(不仅限于被购买方原已确认的资产)，其所带来的经济利益很可能流入企业且公允价值能够可靠地计量的，应当单独予以确认并按照公允价值计量。合并中取得的无形资产，其公允价值能够可靠地计量的，应当单独确认为无形资产并按照公允价值计量。

(2) 合并中取得的被购买方除或有负债以外的其他各项负债，履行有关的义务很可能导致经济利益流出企业且公允价值能够可靠地计量的，应当单独予以确认并按照公允价值计量。

(3) 合并中取得的被购买方或有负债，其公允价值能够可靠地计量的，应当单独确认为负债并按照公允价值计量。

或有负债在初始确认后，应当按照下列两者孰高进行后续计量：① 按照《企业会计准则第 13 号——或有事项》应予确认的金额；② 初始确认金额减去按照《企业会计准则第 14 号——收入》的原则确认的累计摊销额后的余额。

以上规定的逻辑是，先考虑公允价值的可靠性，再考虑会计信息的谨慎性。

【例 12-8】 承【例 12-7】，购买日，B 公司的资产包括账面价值为 1 000 万元的存货、2 000 万元的无形资产、3 000 万元的固定资产，公允价值分别为 1 000 万元、2 400 万元和 3 600 万元，另包括 1 500 万元的商誉。B 公司的负债账面价值与公允价值均为 2 800 万元，不存在或有负债。

本例中，A 公司需要对 B 公司可辨认净资产公允价值进行确定，其中包括 1 000 万元的存货、2 400 万元的无形资产、3 600 万元的固定资产，扣除 2 800 万元的负债，可得 B 公司可辨认净资产公允价值为 4 200 万元。A 公司所购买的 80%股权对应的可辨认净资产公允价值为 3 360(4 200×80%)万元。

企业合并形成母子公司关系的，母公司应当设置备查簿，记录企业合并中取得的子公司各项可辨认资产、负债及或有负债等在购买日的公允价值。编制合并财务报表时，应当以购买日确定的各项可辨认资产、负债及或有负债的公允价值为基础对子公司的财务报表进行调整。调整的方法是在合并财务报表层次上编制调整分录，调整分录与抵销分录类似，均是为编制合并财务报表准备的，因此也不存在相应的记账凭证，而记录在合并工作底稿之中。

【例 12-8】中，A 企业编制的调整分录如下：

借:无形资产　　4 000 000

　固定资产　　6 000 000

　贷:子公司资产负债公允价值调整　　10 000 000

其中,"子公司资产负债公允价值调整"是为了理解而设计的一个过程性科目。

三、商誉的确认

《企业合并准则》规定,购买方对合并成本大于合并中取得的被购买方可辨认净资产公允价值份额的差额,应当确认为商誉。需要说明的是,购买方在合并财务报表中确认商誉,而在个别报表中不做处理。需要补充的是,我国准则要求企业在资产负债表日对商誉进行减值测试,而无须考虑是否存在减值迹象,商誉的计量符合减值会计要求。

【例 12-8】中,A 企业的合并成本为 3 800 万元,被购买方 B 公司可辨认净资产公允价值份额为 3 360 万元,A 企业应将差额 440 万元确认为商誉。A 企业编制的会计分录如下:

借:商誉　　4 400 000

　贷:长期股权投资　　4 400 000

需要说明两点:第一,合理推算,若购买 B 公司 100% 的股权,则需要出资 4 750(3 800/80%)万元,B 公司可辨认净资产公允价值为 4 200 万元,B 公司全部商誉为 550 万元。由上述会计分录可以看出,我国准则只承认在并购交易中实现的商誉,而不承认少数股东所享有的商誉。第二,上述会计分录是一个合并财务报表层次的分录。

下面讨论负商誉。企业在经营过程中可能声誉很差、客户关系不佳,在这种情况下,可能出现企业预期未来现金流量折现小于净资产公允价值的情形,即为负商誉。在并购交易中,体现为购买方的合并成本小于合并中取得的被购买方可辨认净资产公允价值份额。《企业合并准则》不承认负商誉,而是采取如下观点:合并成本小于合并中取得的被购买方可辨认净资产公允价值份额的差额被视为原股东低于合理价格出售股份。在个别财务报表层次上,被视为购买方的利得。在合并财务报表层次上,与经营无关的差额从原股东流入集团,被视为总体(合并财务报表)的利得。《企业合并准则》要求购买方对取得的被购买方各项可辨认资产、负债及或有负债的公允价值及合并成本的计量进行复核,如果经复核后合并成本仍小于合并中取得的被购买方可辨认净资产公允价值份额的,其差额应当计入当期损益(营业外收入)。

【例 12-9】 承【例 12-7】,购买日,B 公司的资产包括账面价值为 1 000 万元的存货、2 000 万元的无形资产、3 000 万元的固定资产,公允价值分别为 1 000 万元、2 800 万元和 4 500 万元,另包括 1 500 万元的商誉。B 公司的负债账面价值与公允价值均为 2 800 万元,不存在或有负债。

本例中，B公司可辨认净资产公允价值为5 500(1 000+2 800+4 500-2 800)万元。A公司所购买的80%股权对应的可辨认净资产公允价值为4 400(5 500×80%)万元。合并成本(3 800万元)小于被购买方可辨认净资产公允价值份额，差额为600万元。A公司应编制如下会计分录：

借：长期股权投资	6 000 000	
贷：营业外收入		6 000 000

需要注意的是，与【例12-8】不同，本例中的分录不是一个合并财务报表层次的分录。在个别财务报表中，购买方就应当做这样的会计处理，而由于这一会计处理与母子公司之间的关系无关，以后也不会在合并财务报表中对这个分录进行抵销，因此这个分录会从购买方的个别财务报表一直影响到合并财务报表。

总之，不论购买方支付的交易对价与被购买方可辨认净资产公允价值份额孰高孰低，都应当将长期股权投资金额调节为后者，差额计入商誉（合并财务报表）或营业外收入（个别财务报表和合并财务报表）。

四、合并日合并财务报表的编制

《企业合并准则》规定，非同一控制下的企业合并，母公司应当编制购买日的合并资产负债表，因企业合并取得的被购买方各项可辨认资产、负债应当以公允价值列示。

我们已经明确，在购买日，购买方编制调整分录，以将被购买方的资产、负债调整为公允价值。由于合并财务报表上，子公司的各项可辨认资产、负债均以公允价值呈现，因此合并财务报表上不存在“子公司资产负债公允价值调整”这一过程性科目，我们需要编制抵销分录对该科目数额进行转出。同时，与同一控制下的企业合并在购买日编制合并财务报表的思路类似，我们还需要抵销子公司所有者权益的账面价值，以及母公司个别财务报表上的长期股权投资。

【例12-10】承【例12-7】【例12-8】，B公司账面股东权益包括股本300万元、资本公积2 500万元、盈余公积1 500万元、未分配利润400万元。购买日，A公司编制合并财务报表的抵销分录如下：

借：子公司资产负债公允价值调整	10 000 000	
股本	3 000 000	
资本公积	25 000 000	
盈余公积	15 000 000	
未分配利润	4 000 000	
贷：长期股权投资		33 600 000
少数股东权益		23 400 000

本例中，母公司支付了3 800万元的合并成本，购买了子公司80%的股份，但少数股东享有的权益2 340万元远高于子公司可辨认净资产公允价值份额的20%[4 200×20%=840(万元)]，也远高于合并成本的1/4[3 800×1/4=950(万元)]。840万元和950万元的差额110万元是合并中未被确认的20%商誉。2 340万元和840万元的差额1 500万元是子公司编制的合并财务报表上的商誉1 500万元，该部分商誉不是由本次合并引起的，已出售股权部分也不对应这部分商誉，因此全部由少数股东享有。

第四节 吸收合并的会计处理

一、同一控制下的吸收合并

在吸收合并中，被合并方法律主体地位消失，不会导致合并财务报表的产生，因此只需要将被合并方的资产和负债纳入合并方的财务报表即可。同一控制下的吸收合并要求按照合并方账面价值计量合并对价，被合并方的资产和负债需要按照合并方的会计政策进行金额调整，差额计入资本公积，资本公积不足冲减的，依次冲减盈余公积和未分配利润。同一控制下的吸收合并，合并方的会计处理如下：

借：被合并方的资产

　贷：被合并方的负债

　　合并对价(合并方的各种资产或负债)

　　资本公积(或借方)

二、非同一控制下的吸收合并

与同一控制下的吸收合并的会计处理不同，非同一控制下的吸收合并要求按照公允价值计量合并对价，相应确认处置损益，按公允价值计量被购买方可辨认资产、负债及或有负债。如果合并对价高于被购买方可辨认净资产公允价值，购买方个别财务报表确认商誉，此时购买方个别财务报表本质上仍然按合并财务报表思路编制。如果合并对价低于被购买方可辨认净资产公允价值，差额计入营业外收入。非同一控制下的吸收合并，购买方的会计处理如下：

借：被购买方可辨认资产

　营业外支出等(合并对价低于给付资产或承担负债账面价值的差额)

　商誉(合并对价高于被购买方可辨认净资产公允价值的差额)

　贷：被购买方可辨认负债及或有负债

营业外收入等(合并对价高于给付资产或承担负债账面价值的差额)
营业外收入(合并对价低于被购买方可辨认净资产公允价值的差额)
合并对价(合并方的资产或负债)

第五节　特殊情形的考虑

一、分步实现的企业合并

(一) 同一控制下分步实现的企业合并

分步实现企业合并的处理思路是将每一单项交易成本之和确认为合并成本。对于个别财务报表,应按照以下步骤进行会计处理:

(1) 在合并日,根据合并后应享有被合并方净资产在最终控制方合并财务报表中的账面价值的份额,确定长期股权投资的初始投资成本。

(2) 合并日长期股权投资的初始投资成本,与达到合并前的长期股权投资账面价值加上合并日进一步取得股份新支付对价的账面价值之和的差额,调整资本公积(资本溢价或股本溢价),资本公积不足冲减的,冲减留存收益。

(3) 合并日之前持有的股权投资,因采用权益法核算或金融工具确认和计量准则核算而确认的其他综合收益等,暂不进行会计处理。

编制合并财务报表时,应视同参与合并的各方在最终控制方开始控制时即以目前的状态存在进行调整。

(二) 非同一控制下分步实现的企业合并

《企业会计准则解释第 4 号》规定,企业通过多次交易分步实现非同一控制下企业合并的,个别财务报表应按照以下步骤进行会计处理:

(1) 以购买日之前所持被购买方的股权投资的账面价值与购买日新增投资成本之和,作为该项投资的初始投资成本。

(2) 购买日之前持有的被购买方股权涉及其他综合收益的,应当在处置该项投资时,将其与相关的其他综合收益转入投资收益。

在合并财务报表中,对于购买日之前持有的被购买方股权,应当按照该股权在购买日的公允价值进行重新计量,公允价值与其账面价值的差额计入当期投资收益;购买日之前持有的被购买方股权涉及其他综合收益的,与其相关的其他综合收益应当转为购买日所属当期投资收益。

二、企业合并中的或有对价

在某些情况下,合并方或购买方取得被合并方或被购买方股权时,可能约定一些条件，这些条件使得股权的取得成本不确定，即涉及或有对价。一般来说，涉及或有对价的企业合并中，合并双方通常签订对赌条款。

例如，A 企业并购 B 企业，同时签订对赌条款，约定如果 B 企业合并当年业绩未能达到某一标准，那么在年末 B 企业原股东向 A 企业赔偿一定金额。这是一个典型的业绩承诺条款，A 企业愿意支付一定对价取得 B 企业股权的基础是 B 企业有良好的业绩，而这一基础是否存在取决于未来发生的事项。再如，A 企业并购 B 企业，同时签订对赌条款，约定 B 企业当年业绩达到某一标准时，A 企业向 B 企业原股东补充支付一定价款。

上述两例中，合并对价均是可能的对价，它们可能依据未来发生的事项而发生调整。在合并日或购买日，合并方或购买方可能承担了未来补偿被合并方或被购买方原股东的义务，也可能享有获得被合并方或被购买方原股东补偿的权利。

准则与实务

长期股权投资准则的应用指南中有如下规定：同一控制下企业合并方式形成的长期股权投资，初始投资时，应按照或有事项准则的规定，判断是否应就或有对价确认预计负债或者确认资产，以及应确认的金额。但是针对非同一控制下企业合并形成的长期股权投资的或有对价，则要求参照企业合并准则的有关规定进行会计处理。然而，企业合并准则中并未明确何为“或有对价”，仅指出“在购买日，若未来事项很可能发生且金额能够可靠计量的，应计入合并成本”。从这个描述看，企业合并准则中提及的或有对价，也比较符合或有事项的定义（或有事项，是指过去的交易或者事项形成的，其结果须由某些未来事项的发生或不发生才能决定的不确定事项）。

虽然在企业合并准则中仅仅是“暗示性地”提到了或有事项，但是在长期股权投资准则中已明确要求“同一控制下企业合并”适用或有事项准则，那么应当有理由相信“非同一控制下企业合并”在相关要求不明确的情况下，参考或有事项准则也是相对合理的。另外，或有事项的应用典型之一即为债务担保合同，对赌协议除了“期权合同”的法律定位之外，也有部分人认为具有“担保合同”的性质，因此按或有事项处理也在一定程度上符合准则的应用惯例。

{资料来源：彭瑞清. 企业合并中对赌协议会计处理准则依据的探讨[J]. 中国注册会计师，2021(5)：87-89，3.}

（一）同一控制下企业合并涉及的或有对价

对于同一控制下企业合并涉及的或有对价，应在长期股权投资初始计量中予以考虑。如果或有对价符合《企业会计准则第 13 号——或有事项》规定的资产或负债确认条件，那么应当确认或有对价涉及的资产或负债。未来或有对价结算时，相关资产或负债与结算金额的差额计入资本公积,资本公积不足冲减的,调整留存收益。这么规定的理由是,相关资产或负债的形成来自企业合并行为,同一控制下的企业合并中,以账面价值计量合并对价,不涉及损益发生,因此未来发生差额时也不影响损益。

【例12-11】A公司和B公司均受C公司控制。2024年1月1日,A公司从C公司处取得B公司80%的股权。合并日,C公司合并财务报表中,B公司可辨认净资产账面价值为800万元,商誉为200万元。A公司与C公司会计政策一致。A公司以账面价值600万元的固定资产作为合并对价。A公司和B公司约定,如果B公司2024年年末能够实现20%的利润增长率,那么A公司需要额外付给C公司100万元。A公司根据内部财务专家调研论证,认为B公司很可能完成约定业绩。合并日,A公司进行如下会计处理:

借:长期股权投资 8 000 000

　贷:固定资产 6 000 000

　　预计负债 1 000 000

　　资本公积 1 000 000

如果2024年年末,B公司未能达到约定业绩,A公司进行如下会计处理:

借:预计负债 1 000 000

　贷:资本公积 1 000 000

如果2024年年末,B公司达到约定业绩,A公司进行如下会计处理:

借:预计负债 1 000 000

　贷:银行存款 1 000 000

准则与实务

中红医疗收购迈德瑞纳中的对赌条款

中红普林医疗用品股份有限公司于2023年9月27日召开董事会,基于公司战略规划及业务发展需要,公司作为收购方与赵国庆、冯奇山、王春艳、张彩焕(合称“创始股东”)及深圳市启汇投资咨询企业签订《关于深圳迈德瑞纳生物科技有限公司之股权转让协议》,以部分超募资金不超过5 888.12万元收购迈德瑞纳70%股权。公司收购迈德瑞纳70%股权的交易价格为5 888.12万元。本次交易完成后,公司持有迈德瑞纳70%股权,迈德瑞纳成为公司控股子公司,纳入公司合并报表范围。

根据股权转让协议,各方同意以创始股东经穿透后的股权转让总对价的20%,合计为1 177.62万元的股权转让对价作为对赌款项。对赌周期分为两期,分别为2023年第四季度至2024年全年、2025年全年。对赌金额将分两期支付，每期对赌金额588.81万元，受让方应当于各创始股东完成/部分完成每一期对赌目标后，于该期对赌对应的年度审计后十日内依据具体对赌指标完成情况全额或扣减支付当期的对赌金额，对赌指标包括外销收入、外销毛利率及新产品注册三项指标。截至2024年12月31日，各创始股东均完成对赌第一期的各项业绩承诺指标，公司将按股权转让协议中对赌条款相关约定分别向上述创始股东支付其对应股权转让对价，合计应支付金额为588.81万元。

{资料来源：《国泰海通证券股份有限公司关于中红普林医疗用品股份有限公司控股子公司深圳迈德瑞纳生物科技有限公司业绩对赌第一期实现情况说明的专项核查意见》，国泰海通证券股份有限公司，2025}

（二）非同一控制下企业合并涉及的或有对价

非同一控制下企业合并涉及的或有对价可能形成资产、负债，也可能形成权益。总体思路是，采用公允价值对或有对价进行计量。购买方应当将合并协议约定的或有对价作为企业合并转移对价的一部分，按照其在购买日的公允价值计入企业合并成本。原因是，非同一控制下的企业合并是无关企业产生相关性的过程，与非同一控制下的企业合并形成长期股权投资进行初始确认和计量的逻辑一致，准则允许以交易的思路进行处理，即允许确认损益，认为相关经济资源流入或流出集团总体。为了实现公允价值计量，现行处理要求将或有对价确认为金融资产或负债，或权益工具（仅在初始确认时）。

1. 形成资产的情形

如果或有对价可能在未来为企业带来经济利益，且符合资产确认条件，那么构成一项资产。

《企业会计准则第22号——金融工具确认和计量》规定，企业在非同一控制下的企业合并中确认的或有对价构成金融资产的，该金融资产应当分类为以公允价值计量且其变动计入当期损益的金融资产，不得指定为以公允价值计量且其变动计入其他综合收益的金融资产。原因仍然是，准则将非同一控制下的企业合并视为一项购买交易，即使或有事项的确认和计量工作要持续较长时间，可能与一段时间的交易或事项有关，但企业合并涉及的或有事项无法脱离合并交易本身，因此仍然与长期股权投资的初始确认原则一致，相关差额计入损益，而非所有者权益。简言之，该规定服从了会计信息质量要求中的可比性。

【例12-12】A公司从不相关的C公司取得B公司80%的股权，对B公司构成控制，购买日支付全部合并对价（8 000万元现金）。A公司与C公司约定，在下一个会计年度，如果B公司未能实现10%的利润增长率，那么退回20%的合并对价。根据宏观环境预期，A公司专家预计B公司基本不可能实现业绩增长10%的目标。

此时,A 公司基本可以确定能够获得合并对价的补偿,根据或有事项准则的思路,可以确认一项资产。目前,我们对非同一控制下的企业合并形成资产的或有对价按金融工具相关准则规定处理。

购买日,A 公司编制如下会计分录:

借:长期股权投资	64 000 000
交易性金融资产	16 000 000
贷:银行存款	80 000 000

日后业绩明确后,根据 A 公司是否收回或有对价,贷记"交易性金融资产",借记"银行存款"或"公允价值变动损益"。

2. 形成负债的情形

与形成资产的情形相对称,《企业会计准则第 22 号——金融工具确认和计量》规定,在非同一控制下的企业合并中,企业作为购买方确认的或有对价形成金融负债的,该金融负债应当按照以公允价值计量且其变动计入当期损益进行会计处理。

【例 12-13】 A 公司从不相关的 C 公司取得 B 公司 80%的股权,对 B 公司构成控制,购买日支付合并对价(8 000 万元现金)。A 公司与 C 公司约定,在下一个会计年度,如果 B 公司能实现 10%的利润增长率,那么再支付给 C 公司 1 000 万元。根据宏观环境预期,A 公司专家预计 B 公司很可能实现业绩增长 10%的目标。

购买日,A 公司编制如下会计分录:

借:长期股权投资	90 000 000
贷:交易性金融负债	10 000 000
银行存款	80 000 000

日后业绩明确后,根据 A 公司是否支付或有对价,借记"交易性金融负债",贷记"银行存款"或"公允价值变动损益"。

3. 形成权益的情形

如果或有对价可能导致购买方权益变动,就属于此种情形。典型的是,如果购买方以自身股份结算或有对价,则可能符合权益工具的定义。企业会计准则规定,或有对价符合权益工具定义的,购买方应当将拟支付的或有对价确认为一项权益。如果购买方有取得或付出自身权益工具的权利,需要考察权益工具数量是否固定,若不固定,则属于一项金融资产或负债。

【例 12-14】 A 公司从不相关的 C 公司取得 B 公司 80%的股权,对 B 公司构成控制,购买日支付合并对价(面值 1 元/股,股价 10 元/股的 100 万股 A 公司股票)。A 公司与 C 公司约定,在下一个会计年度,如果 B 公司能实现 10%的利润增长率,那么再支付给C公司10万股A公司股票。根据宏观环境预期,A公司专家预计B公司很可能实现业绩增长10%的目标。

购买日,A公司编制如下会计分录:

借:长期股权投资 11 000 000

贷:其他权益工具 1 000 000

股本 1 000 000

资本公积 9 000 000

日后业绩明确后,根据A公司是否支付或有对价,借记"其他权益工具",贷记"库存股""其他综合收益"等。

【例12-15】A公司从不相关的C公司取得B公司80%的股权,对B公司构成控制,购买日支付合并对价(票面1元/股,股价10元/股的100万股A公司股票)。A公司与C公司约定,在下一个会计年度,如果B公司未能实现10%的利润增长率,那么A公司以1元/股的票面价从C公司回购10万股A公司股票。根据宏观环境预期,A公司专家预计B公司基本不可能实现业绩增长10%的目标。

购买日,A公司编制如下会计分录:

借:长期股权投资 9 100 000

交易性金融资产 900 000

贷:股本 1 000 000

资本公积 9 000 000

日后业绩明确后,根据A公司是否收回或有对价,贷记"交易性金融资产",借记"库存股"或"公允价值变动损益"。

4. 对长期股权投资的调整

购买日后12个月内出现对购买日已存在情况的新的或进一步证据需要调整或有对价的,应当予以确认并对原计入合并商誉的金额进行调整;其他情况下发生的或有对价变化或调整,应当区分情况进行会计处理:或有对价为权益的,不进行会计处理;或有对价为资产或负债性质的,如果属于会计准则规定的金融工具,应当按照以公允价值计量且其变动计入当期损益的金融资产或负债进行会计处理。购买日后超过12个月出现对购买日已存在情况的新的或进一步证据需要调整或有对价的,按照金融工具相关准则规定确认"公允价值变动损益";或有对价为权益的,不进行会计处理。

我们梳理一下上述规则:首先,判断或有对价的调整是否出现在购买日后12个月内,若不是,则不调整"长期股权投资"及合并财务报表中的"商誉",仅根据资产或负债变化调整相应金融资产或负债金额,确认损益。相应地,由于或有负债实现,表明商誉价值可能发生变化,需要对商誉进行减值测试。其次,若是,则需要调整"长期股权投资"及合并财务报表中的“商誉”。最后,需要注意权益性交易的处理,若或有对价形成权益,则不做后续处理。

准则与实务

权益性交易

上市公司与其控股股东或者其他关联方之间可能以多种形式进行权益性交易,其主要特征概括如下:

(一)权益性交易的交易对象。权益性交易除所有者以其所有者身份与主体之间的交易外,还包括不同所有者之间的交易,且后者多为合并财务报表层面不同所有者(母公司与子公司少数股东)之间。

(二)权益性交易对主体权益总额的影响。主体与所有者之间的权益性交易会导致主体权益总额发生增减变动,所有者之间的权益性交易不影响权益总额,但会改变权益内部各项目金额。

(三)权益性交易的会计处理结果。与权益性交易有关的利得和损失应直接计入权益,不会影响当期损益。

对于所有者之间的权益性交易,如果涉及合并财务报表的,应从合并财务报表主体的范围来界定其是否属于权益性交易。如果母公司因转让子公司股权(权益)而丧失控制权的,被转让公司不再纳入合并财务报表范围,母公司不以所有者身份进行交易;如果母公司转让子公司股权(权益)但未丧失控制权,该子公司仍然纳入合并财务报表范围,就合并财务报表主体而言,母公司以子公司所有者身份与其他所有者之间进行的交易应作为权益性交易处理。

监管实践发现,部分公司对于权益性交易的认定和会计处理存在偏差和分歧。现就如何适用上述原则的意见如下:

对于上市公司的股东、股东控制的其他关联方、上市公司的实际控制人对上市公司进行直接或间接的捐赠、债务豁免等单方面的利益输送行为,由于交易是基于双方的特殊身份才得以发生,且使得上市公司明显的、单方面的从中获益,因此,应认定其经济实质具有资本投入性质,形成的利得应计入所有者权益。上市公司在判断是否属于权益性交易时应分析该交易是否公允以及商业上是否存在合理性。上市公司与潜在股东之间发生的上述交易,应比照上述原则进行处理。

{资料来源:《监管规则适用指引——会计类第1号》,证监会,2020}

【例12-16】 A公司从不相关的C公司取得B公司80%的股权,对B公司构成控制,购买日支付合并对价(2 000万元现金)。A公司与C公司约定,在下两个会计年度,如果B公司能实现10%的利润增长率，那么该年度再支付给C公司200万元现金。

(1) 初始确认时，根据宏观环境预期，A公司专家预计B公司很可能连续两年实现业绩增长10%的目标。A公司相应会计处理如下：

借：长期股权投资　　24 000 000

　贷：交易性金融负债　　4 000 000

　　银行存款　　20 000 000

(2) 第一个会计期末之前，A公司专家重新评判了B公司的经营情况，发现在购买日的业绩预期上忽略了B公司涉及生产安全诉讼的重要事实。由此，A公司专家认为，B公司很可能在第一个会计年度能够实现业绩增长目标，但第二个会计年度由于上述事实的影响很可能无法实现业绩增长目标。该事项属于购买日后12个月内购买方对购买日已存在情况的新的或进一步证据。因此，需要调整"长期股权投资"金额。A公司个别财务报表相应会计处理如下：

借：交易性金融负债　　2 000 000

　贷：长期股权投资　　2 000 000

在合并财务报表中，应将调整后的"长期股权投资"金额视为初始确认金额，重新计量"商誉"。

第一个会计期末，B公司报告未实现业绩增长10%的目标，A公司专家预计B公司第二年仍不太可能实现业绩增长目标。第一个会计期末虽然处于购买日后12个月内，但B公司未实现第一年度业绩增长10%目标的事实不属于对购买日已存在情况的新的或进一步证据。因此，仅对"交易性金融负债"进行公允价值调整，相关调整记入损益。A公司个别财务报表相应会计处理如下：

借：交易性金融负债　　2 000 000

　贷：公允价值变动损益　　2 000 000

在合并财务报表中，需要进行商誉减值测试，以确定未实现业绩增长目标是否可能涉及"商誉"金额的高估。

(3) 第二个会计期末，B公司报告实现业绩增长10%的目标，A公司转款，业绩承诺契约终结。A公司相应会计处理如下：

A公司确认交易性金融负债公允价值变动时

借：公允价值变动损益　　2 000 000

　贷：交易性金融负债　　2 000 000

A公司完成转款时

借：交易性金融负债　　2 000 000

　贷：银行存款　　2 000 000

三、反向并购

反向并购是非同一控制下企业合并的特殊形式。通常,反向并购的目的是实现上市。

【例 12-17】 顺丰控股通过借壳鼎泰新材实现上市目的。2016 年 5 月 23 日,上市公司鼎泰新材发布公告称公司将其全部资产和负债与顺丰控股全部股权的等值股份进行置换。当时,鼎泰新材公司价值评估约 8 亿元,顺丰控股公司价值评估约 433 亿元。置换后,鼎泰新材账面为 433 亿元对顺丰控股的投资,而贷方扣除鼎泰新材公司原有的股东权益后将产生 425 亿元的差额。这部分差额由鼎泰新材通过定向增发的方式向顺丰控股股东出售股票补偿。也就是说,顺丰控股股东享有对并购后鼎泰新材 425 亿元的权益。

2016 年 10 月 11 日,顺丰控股顺利登陆 A 股市场,鼎泰新材主营业务变为快递业务。该事件中,鼎泰新材获得了顺丰控股的全部股权,在法律上鼎泰新材是母公司,顺丰控股是子公司。但是,顺丰控股能够对并购后的鼎泰新材实现事实上的控制,而顺丰控股股东与顺丰控股是决策一致的主体,因此顺丰控股是反向并购交易中实质的母公司,鼎泰新材是实质的子公司。会计上,基于实质重于形式原则,我们称顺丰控股是会计上的母公司,鼎泰新材是会计上的子公司。

基于顺丰控股借壳上市的例子,我们将反向并购的一般特点总结如下:反向并购交易的参与者一般是规模有差距的大公司和小公司;大公司一般是法律上的子公司,小公司一般是法律上的母公司;小公司对大公司拥有形式上的控制权;大公司股东通过持有小公司股权对小公司实现控制。因此,大公司成为会计上的母公司,小公司成为会计上的子公司。

处理反向并购交易的逻辑与处理非同一控制下企业合并的一般规则一致,关键在于辨别会计上的子公司(被购买方)和会计上的母公司(购买方)。反向并购中,只有购买方需要编制合并财务报表,保留被购买方股东权益项目,抵销被购买方股东权益项目。合并成本为购买方支付的并购对价。如果购买方以发行权益性证券的方式实现交易,那么合并成本为被购买方的股东发行的权益性证券数量乘以其公允价值。

第六节　企业合并的披露

《企业合并准则》规定,企业合并发生当期的期末,合并方应当在附注中披露与同一控制下企业合并有关的下列信息:

(1) 参与合并企业的基本情况。

(2) 对于同一控制下企业合并的判断依据。

(3) 合并日的确定依据。

（4）支付现金、转让非现金资产及承担债务作为合并对价的，所支付对价在合并日的账面价值；以发行权益性证券作为合并对价的，合并中发行权益性证券的数量及定价原则，以及参与合并各方交换有表决权股份的比例。

（5）合并方的资产、负债在上一会计期间资产负债表日及合并日的账面价值；被合并方自合并当期期初至合并日的收入、净利润、现金流量等情况。

（6）合并合同或协议约定将承担被合并方或有负债的情况。

（7）合并方采用的会计政策与合并方不一致所做调整情况的说明。

（8）合并后已处置或准备处置被合并方资产、负债的账面价值、处置价格等。

企业合并发生当期的期末，购买方应当在附注中披露与非同一控制下企业合并有关的下列信息：

（1）参与合并企业的基本情况。

（2）购买日的确定依据。

（3）合并成本的构成及其账面价值、公允价值及公允价值的确定方法。

（4）购买方各项可辨认资产、负债在上一会计期间资产负债表日及购买日的账面价值和公允价值。

（5）合并合同或协议约定将承担被购买方或有负债的情况。

（6）购买方自购买日起至报告期期末的收入、净利润和现金流量等情况。

（7）商誉的金额及其确定方法。

（8）合并成本小于合并中取得的被购买方可辨认净资产公允价值的份额计入当期损益的金额。

（9）合并后已处置或准备处置被购买方资产、负债的账面价值、处置价格等。

【例 12-18】2023 年，福耀玻璃工业集团股份有限公司（以下简称“福耀玻璃”）年度报告披露被投资单位名称或形成商誉的事项，以及它们对本期商誉的影响数，如表 12-1 所示。

表 12-1　福耀玻璃商誉账面原值　　单位：万元

被投资单位名称或形成商誉的事项	期初余额	本期增加	本期减少	期末余额
		企业合并形成的	处置	
厦门精密	7 494			7 494
福清汽车玻璃	6 274			6 274
海南文昌硅砂	1 193			1 193
三锋控股	409			409
江苏饰件	123			123
合计	15 494			15 494

以被投资单位厦门精密为例，公司披露，“福耀香港于 2018 年以 12 675 000 美元（折合人民币 80 900 850 元）收购厦门精密 78%股权（账面净资产为-32 352 314 元），收购价与可辨认净资产公允价值份额的差额计人民币 74 942 227 元确认为商誉”。当年福耀玻璃未确认商誉减值。

本章小结

企业合并包括吸收合并、新设合并和控股合并。由于控股合并涉及合并财务报表的编制，作为衔接章节，本章的重点在于控股合并。控股合并的确认是一项非常重要的知识，不论是在理论上还是在实践上，读者应当对企业合并会计上的控制有充分的理解。本章全面介绍了同一控制下和非同一控制下企业合并的会计处理要求，并介绍了或有对价、分步实现企业合并、反向并购等特殊情形的会计处理技术。本章涉及的会计分录有些是个别财务报表层面的，有些是合并财务报表层面的，这要求读者仔细区分，并充分理解两种报表立场、内容上的差异。

练习题

一、简答题

1. 企业合并有哪些类型？
2. 如何理解企业合并中的控制？
3. 如何理解商誉？
4. 同一控制下的控股合并如何进行会计处理？
5. 非同一控制下的控股合并如何进行会计处理？
6. 或有对价如何对企业合并中的会计处理产生影响？
7. 什么是反向并购？
8. 如何理解个别财务报表和合并财务报表分录？

二、实务题

1. 甲企业正在考虑投资两家无关的目标公司 A 公司和 B 公司，以扩大其业务范围。以下是 A、B 两家公司的相关信息：

（1）A 公司是一家在本地市场具有显著影响力的制造企业。甲企业计划通过收购其 51%的股份来获得控制权。

（2）B 公司是一家科技创新企业，其董事会由五名成员组成，甲企业已经拥有其中两名董事的提名权。此外，甲企业拟持有 B 公司 30%的股份，成为最大的单一股东。除了上述股权和董事会安排外，甲企业还与 B 公司签订了一系列协议，授予甲企业对 B 公司的部分常规经营活动的控制权。

投资完成后，请判断甲企业是否对A、B两家公司形成控制；讨论甲企业对A、B两家公司股权的会计处理。

2. 乙上市公司2021年1月1日以现金5亿元从丙企业购买其持有的C公司100%股权，并于当日向C公司董事会派出成员，主导其财务和生产经营决策。股权转让协议约定，丙企业就C公司在收购完成后的经营业绩向乙公司做出承诺：C公司2021年度、2022年度、2023年度经审计扣除非经常性损益后归属于母公司股东的净利润分别不低于2 600万元、3 100万元和4 000万元。如果C公司未达到承诺业绩，企业需要在C公司每一相应年度的审计报告出具后30日内，按C公司实现的净利润与承诺利润差额的150%以现金方式对A公司进行补偿。

购买日，经过乙公司相关部门测算，乙公司认为C公司能够完成承诺期利润。

2021年，C公司实现净利润3 000万元；2022年，C公司实现净利润2 400万元，经乙公司相关部门重新测算，乙公司预期2023年C公司能够实现净利润约2 500万元。

要求：编制乙公司收购C公司后会计处理的分录。

3. 2024年1月1日，丁企业通过定向增发本公司股票，以2股换1股的方式自戊企业原股东（戊企业、戊企业原股东与丁企业无关）取得100%戊企业股权（800万股）。当日，有如下情形：

（1）丁企业普通股公允价值为33元/股，戊企业普通股市场价格为66元/股。账面价值均为1元/股。

（2）丁企业除非流动资产公允价值较账面价值高2 500万元以外，其他资产、负债项目的公允价值与其账面价值相同。

丁企业和戊企业合并前的简化资产负债表如表12-2所示。

表12-2 丁企业和戊企业合并前的简化资产负债表 单位：万元

项目	丁企业	戊企业
流动资产	1 500	2 000
非流动资产	24 000	29 000
资产总计	25 500	31 000
流动负债	800	1 200
非流动负债	3 000	900
负债合计	3 800	2 100
所有者权益：		
股本	1 500	800
资本公积		
盈余公积	5 500	16 100
未分配利润	14 700	12 000
所有者权益合计	21 700	28 900

请说明该项合并交易中，戊企业为会计上的母公司的理由；确定戊企业的合并成本；在丁企业的可辨认资产、负债中分配合并成本；编制2025年1月1日戊企业简化合并资产负债表。

表12-3　2025年1月1日戊企业简化合并资产负债表　　单位：万元

项目	戊企业
流动资产	
非流动资产	
商誉	
资产总计	
流动负债	
非流动负债	
负债合计	
所有者权益：	
股本	
资本公积	
盈余公积	
未分配利润	
所有者权益合计	

第十三章

合并财务报表

学习目标

1. 掌握合并财务报表的编制主体和合并范围；
2. 掌握合并财务报表编制的总体思路；
3. 熟悉合并财务报表编制的具体操作。

引　例

上海艾为电子技术股份有限公司（以下简称“艾为电子”或公司）主审会计师事务所大信会计师事务所（特殊普通合伙）对上海证券交易所《关于上海艾为电子技术股份有限公司首次公开发行股票并在科创板上市申请文件的审核问询函》就集团内部交易问题进行回复。

一、上海证券交易所问询内容

（1）上海艾为和无锡艾为向母公司采购库存商品的具体用途，上海艾为和无锡艾为向香港艾唯销售商品的原因，与“主要从事研发”的相关表述是否矛盾，未来上海艾为和无锡艾为实现盈利的具体形式，可抵扣亏损确认递延所得税资产是否恰当；

（2）境内主体和境外主体（供应链公司）之间约定的交易价格及差异情况，说明相关会计处理是否恰当，境内主体是否存在通过代理报关公司向境外主体采购晶圆的情形；

（3）定量说明报告期各期内部交易抵销、外币报表折算差额和未实现内部交易利润的计算过程及金额的准确性，是否符合企业会计准则的规定，报告期各期末存货计价是否准确。请申报会计师对上述事项进行核查并发表明确意见。

二、公司回复

1. 对问题(1)的回复

为吸引当地技术人才，公司分别于2016年及2018年设立上海艾为及无锡艾为。报告期内，上海艾为及无锡艾为主要职能定位为研发中心，为满足日常经营所需的员工薪酬、房屋租赁等现金流支出，支持区域经济发展，上海艾为及无锡艾为向母公司采购库存商品并销售给香港艾唯，以此增加现金流入。随着上海艾为、无锡艾为研发成果的逐步形成，未来上海艾为与无锡艾为将获得母公司支付的技术使用费收入，随着收入规模的扩大逐步实现盈利，预计未来期间很可能获得足够的应纳税所得额抵扣可抵扣暂时性差异，因此报告期内可抵扣亏损均确认递延所得税资产。综上，可抵扣亏损确认递延所得税资产合理，具有恰当性。

2. 对问题(2)的回复(部分)

因为境内主体与境外主体通过供应链公司的交易实质为境内外主体之间的关联交易，故将与供应链公司的交易按照内部关联交易的会计处理方法进行账务处理是恰当的。报告期内，境内主体的晶圆均系直接向晶圆厂商采购或者通过境外子公司香港艾唯采购，不存在通过代理报关公司向境外主体采购晶圆的情形。

3. 对问题(3)的回复(部分)

公司内部母子公司之间存在原材料、库存商品及技术服务费等内部关联交易。其中，原材料以实际成本价格进行交易，库存商品在销售给非关联方的平均销售价格基础上再给予一定的折扣后进行交易。合并报表时，将内部关联交易产生的相应收入、成本与未实现关联交易利润均做合并抵销。

公司及境内子公司记账本位币为人民币，香港艾唯记账本位币为美元，在编制合并报表时，需对香港艾唯报表进行外币折算，其中美元存货按资产负债表日的即期汇率折算，收入/成本以即期近似汇率折算；合并报表及香港艾唯利润表均按月折算。由于期末库存商品难以区分未实现销售的因关联交易形成的库存商品，且库存商品成本中包含因关联交易外币折算而形成的汇率影响，为合理推算未实现关联交易利润及关联交易汇率影响金额，故在编制合并报表时，以委托加工物资出库，库存商品实际入库时的成本，在合并层面采用加权平均法进行核算的方式计算当期库存商品出库单价，并以此单价计算当期实际对外销售商品的营业成本，在此基础上计算未实现关联交易利润及汇率差。

由于公司内部关联交易的多样性，且报告期内外币汇率变动较大，为更准确核算公司期末库存商品的实际成本，在编制合并会计报表时，将库存商品中因交易计价币种不同及关联交易外币折算形成的汇率影响，计入其他综合收益。根据企业会计准则合并会计报表抵销及外币报表折算的相关规定，在抵销境内外关联公司交易形成的内部收入和成本时，应将收入和成本及期末存货的金额（都已折算到人民币）全额抵销，差额作为合并报表层面的外币折算差额，计入其他综合收益。

报告期内，由于外汇汇率变动的影响，减少了期末库存商品金额，为更准确及真实地反映期末库存商品价值，并合理计算库存商品跌价准备，公司将前述汇率的影响计入其他综合收益，以确保各期经营业绩的准确性及合理性，符合企业会计准则的相关规定。

三、申报会计师核查及意见（部分）

1. 核查程序

申报会计师履行了以下核查程序：① 对公司管理层访谈了解上海艾为和无锡艾为向母公司采购库存商品的具体用途及其销售给香港艾唯的原因，获取上海艾为和无锡艾为未来的盈利能力预测数据，复核可抵扣亏损确认递延所得税是否合理恰当。② 获取境内外主体与供应链公司签订的三方协议，查看有关交易价格与款项支付的约定，并核对其货物流转与资金收入情况；了解境内外主体与供应链公司交易的相关会计处理，判断其会计处理的恰当性；获取境内主体通过代理报关公司向境外主体采购的产品明细，检查是否采购晶圆的情形。③ 获取并核对公司内部交易合同、交易明细等资料，获取合并报表编制底稿，获取并核查内部交易抵销过程，复核未实现内部交易利润的计算过程，复核期末存货计价的准确性。④ 取得并查阅了香港律师事务所 JTGC HK 就香港艾唯出具的香港法律意见书。

2. 核查意见

经核查，申报会计师认为：① 上海艾为和无锡艾为向母公司采购库存商品的具体用途是销售，上海艾为和无锡艾为向香港艾唯销售商品的主要原因是为满足日常经营所需的员工薪酬、房屋租赁等现金流支出，支持区域经济发展；可抵扣亏损确认递延所得税资产具有恰当性。② 境内主体和境外主体（供应链公司）之间约定的交易价格差异为境内公司缴纳的增值税，相关会计处理具有恰当性，不存在通过代理报关公司向境外主体采购晶圆的情形。③ 公司内部交易抵销、外币报表折算、未实现内部交易利润的金额计算准确，符合企业会计准则的相关规定，报告期各期末存货计价准确。

｛资料来源：大信会计师事务所，《关于上海艾为电子技术股份有限公司首次公开发行股票并在科创板上市申请文件的第二轮审核问询函有关财务问题的专项说明回复》，2021 年 3 月 1 日｝

案例思考

1. 艾为电子在编制合并财务报表时，须处理境内外子公司之间的多种关联交易。结合引例，在学习过程中，思考在编制合并财务报表过程中，如何完成内部交易的收入和成本抵销，如果会计处理不当对合并财务报表有何种影响，并评价这种影响将如何引起上市公司基于内部交易进行舞弊的风险。有余力的读者可以进一步思考涉及外币时，上述工作如何开展。

分析提示

2. 结合合并财务报表编制过程，思考会计人员应当如何对公司财务健康运行起到监督作用。

第一节　合并财务报表概述

一、编制主体和合并范围

（一）基本要求

合并财务报表基于母子公司形成的控股关系而产生。因此，合并财务报表仅涉及控股合并。新设合并和吸收合并不会导致合并财务报表的产生，因为编制主体和财务报表所反映内容没有范畴上的差异。

合并财务报表的编制依据主要是《企业会计准则第 33 号——合并财务报表》（以下简称《合并财务报表准则》）。合并资产负债表反映企业集团的财务状况，合并利润表反映企业集团的经营成果，合并现金流量表反映企业集团的现金流量，合并所有者权益变动表反映企业集团所有者权益变动情况。合并财务报表的编制主体是母公司，合并范围包括所有子公司。需要注意的是，合并财务报表要反映企业集团整体的情况，合并范围要囊括每个子公司的全部，而不是母公司在每个子公司中的权益份额。

【例 13-1】 A 公司是 B 公司、C 公司的母公司，C 公司是 D 公司的母公司。站在 C 公司的角度，C 公司应当基于 C、D 两家公司的个别财务报表编制 C、D 两家公司形成企业集团的合并财务报表。站在 A 公司的角度，A 公司应当基于 A、B 两家公司的个别财务报表及 C 公司的合并财务报表编制 A 公司、B 公司、C 公司形成企业集团的合并财务报表。

警示案例

2015年年底，浙江亚太药业股份有限公司（以下简称"亚太药业"）收购上海新高峰生物医药有限公司（以下简称"上海新高峰"）100%股权，上海新高峰成为亚太药业全资子公司并纳入合并报表范围。2016年至2018年期间，上海新高峰在未开展真实业务的情况下，确认来自安徽贤林生物科技有限公司等客户的销售收入，并通过第三方主体实现资金流转。2016年，上海新高峰合计虚增营业收入10 053.27万元，虚增营业成本6 470.94万元，虚增利润总额3 351.73万元，分别占亚太药业同期披露营业收入、营业成本、利润总额的11.65%、12.37%和23.29%。2017年，上海新高峰合计虚增营业收入17 608.24万元，虚增营业成本10 186.04万元，虚增利润总额7 370.78万元，分别占亚太药业同期披露营业收入、营业成本、利润总额的16.26%、16.96%和31.08%。2018年，上海新高峰合计虚增营业收入17 731.65万元，虚增营业成本10 817.32万元，虚增利润总额6 687.03万元，分别占亚太药业同期披露营业收入、营业成本、利润总额的13.54%、14.73%和27.70%。上述财务数据纳入亚太药业合并报表后，导致亚太药业2016年、2017年、2018年年度报告的财务数据及相关披露信息存在虚假记载。

{资料来源：中国证券监督管理委员会浙江监管局行政处罚决定书〔2021〕4号}

职业道德思考

如何识别和避免企业通过报表合并进行财务造假？

（二）豁免编制合并财务报表的情形

首先介绍投资性主体的概念。《合并财务报表准则》规定，同时满足如下所有要求的母公司是投资性主体：

（1）该公司是以向投资者提供投资管理服务为目的，从一个或多个投资者处获取资金。

（2）该公司的唯一经营目的，是通过资本增值、投资收益或两者兼有而让投资者获得回报。

（3）该公司按照公允价值对几乎所有投资的业绩进行考量和评价。

投资性主体通常情况下应当符合下列所有特征：

（1）拥有一个以上投资。

（2）拥有一个以上投资者。

（3）投资者不是该主体的关联方。

（4）其所有者权益以股权或类似权益方式存在。

【例13-2】 甲公司设立X基金，该基金专门投资于新能源公司，从而获取资本增值。甲公司持有X基金51%的权益并且控制该基金，X基金剩余49%的权益由其他无关投资者持有。甲公司同时持有以公允价值购买X基金所持有投资的选择权，如果行使该选择权，甲公司将从X基金所持被投资方开发的新技术中受益。X基金没有明确的退出投资计划，且X基金由X基金代理人作为投资顾问管理。

X基金的投资目的是获取资本增值，并向其投资者提供投资管理服务。但是，X基金不能作为投资性主体。原因在于：其一，甲公司持有购买X基金所持有投资的选择权，且X基金投资企业开发的新技术将使甲公司受益，因此除资本增值外，X基金还提供其他利益；其二，X基金的投资计划不包括作为权益投资的投资退出战略，甲公司持有的购买选择权并非由X基金控制，也不构成退出战略。

由于投资性主体通常不介入以资本增值为目的的被投资公司（子公司）的经营，因此即使其有可能形成控制权，但不会使用其控制权。所以，对于投资性主体而言，需要考察其是否有不以对其投资而赚取资本利得的子公司，也即与其经营管理直接相关的子公司。《合并财务报表准则》将这类子公司定义为为其投资活动提供相关服务的子公司。若有，则需要编制合并财务报表，且合并范围内只有为其投资活动提供相关服务的子公司。对于不纳入合并财务报表合并范围的子公司，作为投资性主体的母公司应当对投资按照公允价值计量且其变动计入当期损益。

投资性主体的母公司本身不是投资性主体，则投资性主体的母公司应当将其控制的全部主体，包括那些通过投资性主体间接控制的主体，纳入合并财务报表范围。

当母公司由非投资性主体转变为投资性主体时，除仅将为其投资活动提供相关服务的子公司纳入合并财务报表范围编制合并财务报表外，企业自转变日起对其他子公司不再予以合并，按照视同在转变日处置子公司但保留剩余股权的原则进行会计处理。母公司在不丧失控制权的情况下部分处置对子公司的长期股权投资，在合并财务报表中，处置价款与处置长期股权投资相对应享有子公司自购买日或合并日开始持续计算的净资产份额之间的差额，应当调整资本公积（资本溢价或股本溢价），资本公积不足冲减的，调整留存收益。

当母公司由投资性主体转变为非投资性主体时，应将原未纳入合并财务报表范围的子公司于转变日纳入合并财务报表范围，原未纳入合并财务报表范围的子公司在转变日的公允价值视同为购买的交易对价。

二、合并报表项目

（一）独特项目

合并财务报表有一些有别于个别财务报表项目的独特项目，主要包括商誉、少数股东权益、少数股东损益、归属于少数股东的综合收益总额、归属于母公司所有者的净利润。

1．商誉

商誉在非同一控制下的企业合并中产生，企业会计准则规定每个会计期末应当对商誉进行减值测试，按规定处理即可。

2．少数股东权益

子公司所有者权益中不属于母公司的份额，应当作为少数股东权益，在合并资产负债表中所有者权益项目下以“少数股东权益”项目列示。个别财务报表中，所有者权益中的所有者是指编制主体的所有者。如果合并范围内存在非全资控股子公司，合并资产负债表中所有者权益中的所有者既包括母公司股东，也包括少数股东。母公司一般按照持股比例享有子公司权益，这部分权益最终被母公司股东享有，剩下的部分即少数股东权益。由于合并资产负债表反映了母子公司整体，而非母公司与部分子公司整体，因此合并资产负债表中的所有者权益同时反映母公司股东（同个别财务报表中的所有者）的权益与少数股东权益。

母公司股东享有企业集团整体权益按项目细致展开，而对于少数股东权益采用打包的方式，这是因为对于编制主体而言，这部分信息并不是那么重要。

3．少数股东损益和归属于少数股东的综合收益总额

与少数股东权益产生的逻辑相同，合并利润表需要单独列示少数股东损益和归属于少数股东的综合收益总额。子公司当期净损益中属于少数股东权益的份额，应当在合并利润表中净利润项目下以“少数股东损益”项目列示。子公司当期综合收益中属于少数股东权益的份额，应当在合并利润表中综合收益总额项目下以“归属于少数股东的综合收益总额”项目列示。

4．归属于母公司所有者的净利润

合并利润表中的利润扣除归属于少数股东的部分即“归属于母公司所有者的净利润”，也就是常常被简称的“归母净利润”。

（二）长期股权投资

个别财务报表中，长期股权投资的后续计量按控制是否实现划分为成本法和权益法。其中，母公司对子公司的长期股权投资均采用成本法进行核算。合并财务报表层面上，企业集团整体并不拥有对子公司的投资，因此要将以成本法进行后续计量的长期股权投资全部抵销。所以，合并资产负债表中的长期股权投资均采用权益法进行后续计量。

现行处理规则要求母公司在编制合并资产负债表之前将对子公司的长期股权投资由成本法转为权益法，否则母公司长期股权投资无法与子公司所有者权益中母公司享有的部分抵销。母公司对子公司的投资在编制个别财务报表和合并财务报表时的处理原则不同，这使得个别财务报表能够提供相对于合并财务报表更多的信息。但也正是长期股权投资后续计量的复杂性造成了一定处理和理解成本，这使得相关准则的研究者、制定者产生了一些理念上的分歧。

第二节 编制合并财务报表的总体思路

一、准备工作与合并工作底稿

（一）准备工作

在编制合并财务报表前，要先收集编制合并财务报表所需要的基本资料，包括母公司个别财务报表、子公司个别财务报表及其他相关资料。

在编制合并财务报表时，子公司除了应当向母公司提供财务报表外，还应当向母公司提供下列有关资料：

（1）采用的与母公司不一致的会计政策及其影响金额。

（2）与母公司不一致的会计期间的说明。

（3）与母公司、其他子公司之间发生的所有内部交易的相关资料。

（4）所有者权益变动的有关资料。

（5）编制合并财务报表所需要的其他资料。

（二）合并工作底稿

编制合并财务报表的一般做法是先建立合并工作底稿，用以汇集母子公司信息、记录合并财务报表各项数据的产生过程。合并财务报表的编制在报表层次展开，而非在业务层次展开，因此编制过程中的会计分录登记在合并工作底稿中。相关会计分录包括调整分录和抵销分录。

编制调整分录的目的是对个别财务报表中的数据进行调整，并以调整后的数据作为基础编制合并财务报表。编制抵销分录的目的是消除个别财务报表中存在而合并财务报表层面上不存在的数据。

合并工作底稿是一项重要的过程记录，最好一直留存。在连续编制合并财务报表时，需要保证合并财务报表跨期的可比性和期初与期末的一致性，这就需要利用以前年度的合并工作底稿。

二、合并财务报表编制的一般思路

（一）调整会计政策和会计期间

在编制合并财务报表前，母公司应当统一子公司所采用的会计政策，使子公司采用的会计政策与母公司保持一致。子公司所采用的会计政策与母公司不一致的，应当按照母公司的会计政策对子公司财务报表进行必要的调整；或者要求子公司按照母公司的会计政策另行编报财务报表。

母公司应当统一子公司的会计期间，使子公司的会计期间与母公司保持一致。子公司的会计期间与母公司不一致的，应当按照母公司的会计期间对子公司财务报表进行调整；或者要求子公司按照母公司的会计期间另行编报财务报表。

【例13-3】中国上市公司甲公司收购乙公司100%的股权，并实现控制。在编制当年合并财务报表时，甲公司注意到母子公司会计处理的不一致之处：

(1) 乙公司位于境外，当地会计年度为公历4月1日至次年3月31日。

(2) 乙公司采用双倍余额递减法对固定资产进行折旧，甲公司对类似固定资产采用折现法。

(3) 乙公司发出存货成本计量方法为先进先出法，甲公司对类似存货采用移动加权平均法。

(4) 乙公司采用成本法对合营企业长期股权投资进行后续计量，甲公司采用权益法。

为编制合并财务报表，甲公司应当调整乙公司的会计年度、发出存货成本计量方法、长期股权投资后续计量方法，使之与甲公司一致；甲公司不必对乙公司的固定资产折旧政策进行调整，因为固定资产折旧政策属于会计估计（当然，甲公司也可以进行调整）。

（二）合并母子公司报表项目

在做好统一会计政策和会计期间的调整后，母公司应当将母公司与子公司的资产、负债、所有者权益、收入、费用和现金流等项目予以合并（相加）。

（三）抵销长期股权投资和权益份额

合并资产负债表中，集团公司不再拥有对子公司的投资，因为子公司的财务状况已经反映在合并资产负债表之中。因此，应当消除母公司对子公司的长期股权投资。相应地，母公司（股东）在子公司所有者权益中所享有的份额既体现在母公司的个别财务报表上，也体现在子公司财务报表的所有者权益中，两项相加会导致母公司（股东）在子公司所有者权益中所享有的份额被计算两次，因此应当消除一次。

为了使母公司对子公司的长期股权投资与权益份额能够抵销，首先需要使长期股权投资能够反映权益份额累积的变动，即采用权益法。所以，抵销母公司对子公司的长期股权投资与母公司在子公司所有者权益中所享有的份额的操作分为两步：第一步，将母公司的长期股权投资由成本法调整为权益法计量；第二步，将二者抵销。在合并利润表中，应当抵销母公司对子公司、子公司相互之间持有对方长期股权投资的投资收益。

（四）抵销母公司与子公司、子公司相互之间的债权债务与内部交易

1. 抵销债权债务

合并财务报表的报告主体是企业集团，不能说企业集团自己对自己有债权与债务，因此要让合并范围内的债权与债务项目相互抵销，同时抵销相应的减值准备。

《合并财务报表准则》规定，母公司与子公司、子公司相互之间的债权与债务项目应

当抵销。母公司与子公司、子公司相互之间持有对方债券所产生的投资收益、利息收入及其他综合收益等,应当与其相对应的发行方利息费用相互抵销。

2. 抵销内部交易

母公司与子公司、子公司相互之间的内部交易能够产生个别财务报表上的影响,但站在合并财务报表层面,内部交易不过是企业集团内部的"左手到右手"。因此,《合并财务报表准则》规定,母公司编制合并财务报表时,应当抵销母公司与子公司、子公司相互之间发生的内部交易的影响。具体来说,母公司与子公司、子公司相互之间销售商品(或提供劳务,下同)或其他方式形成的存货、固定资产、工程物资、在建工程、无形资产等所包含的未实现内部销售损益应当抵销。对存货、固定资产、工程物资、在建工程和无形资产等计提的跌价准备或减值准备与未实现内部销售损益相关的部分应当抵销。除此之外,《合并财务报表准则》还规定,内部交易表明相关资产发生减值损失的,应当全额确认该部分损失。这是因为相关资产发生减值损失独立于内部交易关系,是一项客观事实。

需要注意的是,有时内部交易可能导致少数股东损益发生变化,即对于母公司股东而言,一部分损益可能已经实现,这时这部分实现的损益不应抵销。换言之,只有对于母公司股东而言未实现的损益才应被抵销。为了划分清楚,我们将内部交易划分为顺流交易和逆流交易。

顺流交易是指母公司向子公司出售资产的交易,逆流交易是指子公司向母公司出售资产或子公司之间出售资产的交易。

对于顺流交易,认为内部交易损益全部未实现,应当全额抵销"归属于母公司所有者的净利润";对于母子公司之间发生的逆流交易,站在母公司股东视角,认为部分内部交易损益未实现,部分内部交易损益实现,应当按照母公司对该子公司的分配比例在"归属于母公司所有者的净利润"和"少数股东损益"之间分配抵销;类似地,对于子公司之间发生的逆流交易未实现内部交易损益,应当按照母公司对出售方子公司的分配比例在"归属于母公司所有者的净利润"和"少数股东损益"之间分配抵销。

(五)编制合并财务报表项目

最后,根据调整分录和抵销分录计算合并财务报表项目,填到合并财务报表中。

三、特殊交易的会计处理

(一)母公司购买子公司少数股东拥有的子公司股权

母公司购买子公司少数股东拥有的子公司股权的,在合并财务报表中,因购买少数股权新取得的长期股权投资与按照新增持股比例计算应享有子公司自购买日或合并日开始持续计算的净资产份额之间的差额,应当调整资本公积(资本溢价或股本溢价),资本公积不足冲减的,调整留存收益。

(二)企业因追加投资等能够对非同一控制下的被投资方实施控制

企业因追加投资等能够对非同一控制下的被投资方实施控制的,在合并财务报表中,对于购买日之前持有的被购买方的股权，应当按照该股权在购买日的公允价值进行重新计量，公允价值与其账面价值的差额计入当期投资收益；购买日之前持有的被购买方的股权涉及权益法核算下的其他综合收益等的，与其相关的其他综合收益等应当转为购买日所属当期损益。

购买方应当在附注中披露其在购买日之前持有的被购买方的股权在购买日的公允价值、按照公允价值重新计量产生的相关利得或损失的金额。

（三）母公司在不丧失控制权的情况下部分处置对子公司的长期股权投资

母公司在不丧失控制权的情况下部分处置对子公司的长期股权投资，在合并财务报表中，处置价款与处置长期股权投资相对应享有子公司自购买日或合并日开始持续计算的净资产份额之间的差额，应当调整资本公积（资本溢价或股本溢价），资本公积不足冲减的，调整留存收益。

（四）企业因处置部分股权投资等丧失了对被投资方的控制权

企业因处置部分股权投资等丧失了对被投资方的控制权的，在编制合并财务报表时，对于剩余股权，应当按照其在丧失控制权日的公允价值进行重新计量。处置股权取得的对价与剩余股权公允价值之和，减去按原持股比例计算应享有原有子公司自购买日或合并日开始持续计算的净资产份额之间的差额，计入丧失控制权当期的投资收益，同时冲减商誉。与原有子公司股权投资相关的其他综合收益等，应当在丧失控制权时转为当期投资收益。

四、连续编制合并财务报表的考虑

母公司每年都需要在企业集团层次编制合并财务报表。由于调整分录和抵销分录都在合并工作底稿上完成，并不影响实际的账务处理，因此每年编制合并财务报表时，都需要重新编制调整分录和抵销分录。重新编制时，因为要保证期初余额和期末余额在合并财务报表上的连贯性，资产负债表项目一般保持不变。利润表科目，由于以前年度发生的调整和抵销都不会影响本年利润，因此要使用“未分配利润”项目替换利润表项目，记载合并事项对以前年度的影响。需要注意的是，由于涉及金额调整和抵销，母公司长期股权投资与子公司所有者权益的抵销分录，以及母公司投资收益与子公司利润分配的抵销分录必须重新站在新的合并时点开始编制。

第三节　编制合并财务报表的具体操作

一、编制合并资产负债表

合并资产负债表应当以母公司和子公司的资产负债表为基础，在抵销母公司与子公司、子公司相互之间发生的内部交易对合并资产负债表的影响后，由母公司合并编制。

（一）抵销母公司的长期股权投资项目与子公司的所有者权益类项目

1. 同一控制下取得子公司合并财务报表编制

【例13-4】甲公司2023年1月1日以38 500万元的价格取得乙公司60%的股权。乙公司净资产的公允价值为40 000万元。甲公司在合并过程中发生审计、法律服务等相关费用100万元，以银行存款支付。

甲公司与乙公司为同一控制下的企业，按同一控制下企业合并的规定进行处理。甲公司采用的会计政策与乙公司的一致。2023年1月1日，乙公司股东权益总额为39 000万元，其中，股本为20 000万元，资本公积为10 000万元，盈余公积为5 000万元，未分配利润为4 000万元。

合并后，甲公司在乙公司股东权益中所享有的份额为23 400(39 000×60%)万元。甲公司对乙公司长期股权投资的初始投资成本为23 400万元。审计、法律服务等相关费用计入当期管理费用。

(1) 合并日，甲公司对母子公司投资和权益做如下抵销分录：

借：股本	200 000 000	
资本公积	100 000 000	
盈余公积	50 000 000	
未分配利润	40 000 000	
贷：长期股权投资	234 000 000	
少数股东权益		156 000 000

乙公司2023年实现净利润10 000万元，经公司董事会提议并经股东会批准2023年提取盈余公积1 000万元，向股东宣告分派现金股利3 000万元。年末，个别财务报表中，甲公司对乙公司长期股权投资的账面价值为23 400万元，甲公司当年确认投资收益1 800(3 000×60%)万元。

编制合并财务报表时：

(1) 甲公司将成本法核算的长期股权投资调整为权益法核算：

借：长期股权投资	60 000 000	
贷：投资收益		60 000 000
借：投资收益	18 000 000	
贷：长期股权投资		18 000 000

经过上述调整后，甲公司对乙公司长期股权投资的账面价值为27 600万元。乙公司股东权益总额为46 000万元，其中甲公司享有27 600万元，少数股东享有剩余40%股权对应的18 400万元。

(2) 甲公司长期股权投资与乙公司所有者权益相互抵销：

借：股本　200 000 000
　资本公积　100 000 000
　盈余公积　60 000 000
　未分配利润　100 000 000
　贷：长期股权投资　276 000 000
　　少数股东权益　184 000 000

(3) 甲公司对长期股权投资的投资收益进行抵销：

借：投资收益　60 000 000
　少数股东损益　40 000 000
　年初未分配利润　40 000 000
　贷：提取盈余公积　10 000 000
　　向股东分配利润　30 000 000
　　年末未分配利润　100 000 000

该抵销分录是利润表上的抵销。投资收益与少数股东损益分配的比例为 60%：40%，与甲公司与少数股东持股比例一致，两方面分摊了乙公司 2023 年实现的净利润。抵销的投资收益不包括宣告发放的现金股利部分，因为该部分已经在调整甲公司长期股权投资的账面价值时抵销过了，无须再进行抵销。

2. 非同一控制下取得子公司合并财务报表编制

【例 13-5】 2023 年 1 月 1 日，甲公司通过定向增发普通股 10 000 万股（每股面值为 1 元，每股市场价格为 4.1 元），收购无关的乙公司 60%股份，对乙公司形成控制。甲公司并购乙公司属于非同一控制下的企业合并。甲公司将购买取得的乙公司 60%股权作为长期股权投资入账：

借：长期股权投资　410 000 000
　贷：股本　100 000 000
　　资本公积　310 000 000

编制购买日的合并资产负债表时，将乙公司公允价值（9 900 万元）与账面价值（8 900 万元）存在差额的存货调增金额。

(1) 甲公司编制调整分录：

借：存货　10 000 000
　贷：资本公积　10 000 000

乙公司原有股本 40 000 万元，资本公积 7 000 万元，盈余公积 5 000 万元，未分配利润 8 000 万元，股东权益总额 60 000 万元。进行公允价值调整后，乙公司资本公积为

8 000 万元，股东权益总额为 61 000 万元，其中少数股东权益为 24 400(61 000×40%)万元。产生合并商誉 4 400(41 000-61 000×60%)万元。

(2) 甲公司编制长期股权投资与其在乙公司所有者权益中享有的份额抵销的抵销分录：

借:股本	400 000 000	
资本公积	80 000 000	
盈余公积	50 000 000	
未分配利润	80 000 000	
商誉	4 4000 000	
贷:长期股权投资		410 000 000
少数股东权益		244 000 000

乙公司 2023 年实现净利润 20 000 万元，提取盈余公积 2 000 万元，向股东分配现金股利 7 000 万元。截至 2023 年 12 月 31 日，购买日公允价值增值的存货已对外销售 40%。

2023 年 12 月 31 日，甲公司编制合并财务报表时，应根据存货增值导致的成本上调调整本年乙公司实现的净利润。

乙公司调整后净利润=20 000-1 000×40%=19 600(万元)

乙公司调整后年末未分配利润=8 000+19 600-2 000-7 000=18 600(万元)

权益法下，甲公司长期股权投资因乙公司实现净利润取得的投资收益=19 600×60%=11 760(万元)，因分配现金股利产生的投资损失=7 000×60%=4 200(万元)，长期股权投资期末余额为 48 560(41 000+11 760-4 200)万元。

少数股东损益=19 600×40%=7 840(万元)

少数股东权益年末余额=24 400+7 840-7 000×40%=29 440(万元)

甲公司编制 2023 年度合并财务报表时：

(1) 调整乙公司存货项目：

借:存货	10 000 000	
贷:资本公积		10 000 000

(2) 甲公司对存货项目公允价值高于账面价值导致的乙公司净利润减少进行调整：

借:营业成本	(10 000 000×40%)4 000 000	
贷:存货		4 000 000

(3) 甲公司对乙公司长期股权投资由成本法转为权益法核算：

借:长期股权投资	117 600 000	
投资收益	42 000 000	
贷:投资收益		117 600 000
长期股权投资		42 000 000

(4) 合并资产负债表中,将甲公司对乙公司的长期股权投资与其在乙公司所有者权益中享有的份额予以抵销:

借:股本	400 000 000	
资本公积	80 000 000	
盈余公积	70 000 000	
未分配利润	186 000 000	
商誉	44 000 000	
贷:长期股权投资		485 600 000
少数股东权益		294 400 000

(5) 合并利润表中,将甲公司投资收益与乙公司利润分配等项目予以抵销:

借:投资收益	117 600 000	
少数股东损益	78 400 000	
年初未分配利润	80 000 000	
贷:提取盈余公积		20 000 000
向股东分配利润		70 000 000
年末未分配利润		186 000 000

除合并财务报表编制的一般思路外,《合并财务报表准则》还规定,子公司持有母公司的长期股权投资,应当视为企业集团的库存股,作为所有者权益的减项,在合并资产负债表中所有者权益项目下以“减:库存股”项目列示。

(二) 抵销内部债权债务

【例 13-6】 承【例 13-4】,乙公司本年宣告分派现金股利 3 000 万元,股利款项尚未支付,乙公司已将其计列应付股利。甲公司根据乙公司宣告分派现金股利的公告,按照其所享有的金额,已确认应收股利 1 800 万元。

甲公司应当在编制合并财务报表时,对甲公司应收股利与乙公司应付股利进行抵销:

借:应付股利	18 000 000	
贷:应收股利		18 000 000

(三) 抵销内部交易

1. 内部交易形成存货

【例 13-7】 甲公司是乙公司的母公司,拥有乙公司 60% 的股权。2023 年,甲公司向乙公司销售产品取得收入 4 000 万元(顺流交易),成本为 2 500 万元。乙公司当期对外销售该产品的 40%,销售收入为 2 200 万元,成本为 1 600 万元。

甲公司编制合并财务报表时，将内部销售收入和内部销售成本予以抵销：

借：营业收入　　24 000 000

　贷：营业成本　　24 000 000

同时，根据未实现内部销售损益900[(4 000－2 500)×(1－40%)]万元抵销乙公司对外销售产品确认的收入、成本和乙公司存货：

借：营业收入　　16 000 000

　贷：存货　　9 000 000

　　营业成本　　7 000 000

抵销的营业成本合计3 100万元，其金额等于对外销售部分的成本1 600(4 000×40%)万元，加上甲公司销售成本2 500万元乘以未对外销售比例60%的1 500万元(未实现的成本)。

2. 内部交易形成固定资产或无形资产

【例13-8】内部交易形成固定资产。

情形一：向关联方出售固定资产，关联方作为固定资产核算。

乙公司和丙公司为甲公司控制下的两个子公司。乙公司将其净值为1 000万元的某设备，以1 100万元的价格出售给丙公司作为固定资产使用。乙公司因该内部固定资产交易实现收益100万元，并列示于其个别利润表之中。丙公司以1 100万元的金额将该设备作为固定资产的原价入账，并列示于其个别资产负债表之中。

乙公司因交易实现资产处置收益100万元。编制合并财务报表时，甲公司将乙公司因该固定资产交易实现的资产处置收益与固定资产原值中包含的未实现内部销售损益的数额予以抵销：

借：资产处置收益　　1 000 000

　贷：固定资产原价　　1 000 000

情形二：向关联方出售存货，关联方作为固定资产核算。

乙公司和丙公司为甲公司控制下的两个子公司。2023年1月1日，乙公司将其净值为1 000万元的某设备(作为存货核算)，以1 100万元的价格出售给丙公司作为固定资产使用。乙公司因该内部存货交易实现收益100万元，并列示于其个别利润表之中。丙公司以1 100万元的金额将该设备作为固定资产的原价入账，并列示于其个别资产负债表之中。

编制合并财务报表时，甲公司应当将该存货的销售收入1 100万元及其销售成本1 000万元，以及丙公司固定资产原价中包含的未实现内部销售损益100万元予以抵销：

借:营业收入　11 000 000

　贷:营业成本　1 000 000

　　固定资产　1 000 000

假设丙公司购买的该设备用于单位内部食堂,当月开始计提折旧,折旧期限为2年,预计净残值为0,采用直线法计提折旧(每年折旧550万元)。甲公司需要将当年丙公司计提的折旧和累计折旧中包含的未实现内部销售损益予以抵销。

累计折旧550万元中,包含未实现内部销售损益的摊销额50(100/2)万元。在合并工作底稿中应进行如下抵销处理:

借:累计折旧　500 000

　贷:管理费用　500 000

【例13-9】 内部交易形成无形资产。

甲公司为乙公司的母公司,2023年1月1日向乙公司转让一项无形资产,转让价格为800万元,账面价值为600万元。乙公司购入该无形资产后,即投入使用,确定使用年限为10年,预计净残值为0,采用直线法进行摊销(每年摊销80万元)。

(1) 甲公司将乙公司受让取得该内部交易无形资产时其价值中包含的未实现内部销售利润予以抵销:

借:资产处置收益　2 000 000

　贷:无形资产　2 000 000

2023年12月31日,乙公司个别资产负债表中该无形资产项目的金额为720万元,摊销产生利润表管理费用80万元。

(2) 甲公司将乙公司未实现内部交易损益予以摊销:

借:累计摊销　200 000

　贷:管理费用　200 000

不论是折旧、摊销还是清理、转让,这些环节都使得经济资源被耗费了,因此之前未实现的内部交易形成的损益都已经实现,即转让到整个集团外部。

3. 考虑所得税的影响

《合并财务报表准则》规定,因抵销未实现内部销售损益导致合并资产负债表中资产、负债的账面价值与其在所属纳税主体的计税基础之间产生暂时性差异的,在合并资产负债表中应当确认递延所得税资产或递延所得税负债,同时调整合并利润表中的所得税费用,但与直接计入所有者权益的交易或事项及企业合并相关的递延所得税除外。

【例13-10】 甲公司是乙公司的母公司,持有乙公司50%的股权。甲公司2023年度利润表中,营业收入中有600万元是本年向乙公司销售产品取得的销售收入,该产品销售成本为400万元。当年,乙公司将该批内部购进商品的40%对外销售,销售收入为300万元,销售成本为240万元,并列示于其利润表中;该批商品剩余的60%部分形成乙公司期末存货360万元,列示于其资产负债表中。甲公司和乙公司适用的所得税税率均为25%。

甲公司在编制合并财务报表时,其合并抵销处理如下:

(1)将内部销售收入与内部销售成本及存货价值中包含的未实现内部销售利润予以抵销:

借:营业收入　　6 000 000

　贷:营业成本　　4 800 000

　　存货　　1 200 000

其中,存货金额根据剩余存货比例计算得到,即1 200 000(2 000 000×60%)万元。

(2)确认因编制合并财务报表导致的存货账面价值与其计税基础之间的暂时性差异相关递延所得税资产:

借:递延所得税资产　　300 000

　贷:所得税费用　　300 000

(四)在编制合并资产负债表时考虑新增或处置子公司的影响

母公司在报告期内因同一控制下企业合并增加的子公司及业务,编制合并资产负债表时,应当调整合并资产负债表的期初数,同时应当对比较报表的相关项目进行调整,视同合并后的报告主体自最终控制方开始控制时点起一直存在。因非同一控制下企业合并或其他方式增加的子公司及业务,编制合并资产负债表时,不应当调整合并资产负债表的期初数。

母公司在报告期内处置子公司及业务,编制合并资产负债表时,不应当调整合并资产负债表的期初数。

(五)列报

子公司所有者权益中不属于母公司的份额,应当作为少数股东权益,在合并资产负债表中所有者权益项目下以"少数股东权益"项目列示。

(六)合并资产负债表示例(表13-1)

表13-1　合并资产负债表

编制单位:　　　　____年____月____日　　　　会合01表

单位:元

资产	期末余额	上年年末余额	负债和所有者权益(或股东权益)	期末余额	上年年末余额
流动资产:			**流动负债:**		
货币资金			短期借款		

（续表）

资产	期末余额	上年年末余额	负债和所有者权益（或股东权益）	期末余额	上年年末余额
结算备付金			向中央银行借款		
拆出资金			拆入资金		
交易性金融资产			交易性金融负债		
衍生金融资产			衍生金融负债		
应收票据			应付票据		
应收账款			应付账款		
应收款项融资			预收款项		
预付款项			合同负债		
应收保费			卖出回购金融资产款		
应收分保账款			吸收存款及同业存放		
应收分保合同准备金			代理买卖证券款		
其他应收款			代理承销证券款		
其中：应收利息			应付职工薪酬		
应收股利			应交税费		
买入返售金融资产			其他应付款		
存货			其中：应付利息		
合同资产			应付股利		
持有待售资产			应付手续费及佣金		
一年内到期的非流动资产			应付分保账款		
其他流动资产			持有待售负债		
流动资产合计			一年内到期的非流动负债		
			其他流动负债		
			流动负债合计		
			非流动负债：		
			保险合同准备金		
			长期借款		
			应付债券		
			其中：优先股		
			永续债		
			租赁负债		
			长期应付款		

（续表）

资产	期末余额	上年年末余额	负债和所有者权益（或股东权益）	期末余额	上年年末余额
			长期应付职工薪酬		
非流动资产：			预计负债		
发放贷款和垫款			递延收益		
债权投资			递延所得税负债		
其他债权投资			其他非流动负债		
长期应收款			非流动负债合计		
长期股权投资			负债合计		
其他权益工具投资			**所有者权益（或股东权益）：**		
其他非流动金融资产			实收资本（或股本）		
投资性房地产			其他权益工具		
固定资产			其中：优先股		
在建工程			永续债		
生产性生物资产			资本公积		
油气资产			减：库存股		
使用权资产			其他综合收益		
无形资产			专项储备		
开发支出			盈余公积		
商誉			一般风险准备		
长期待摊费用			未分配利润		
递延所得税资产			归属于母公司所有者权益（或股东权益）合计		
其他非流动资产			少数股东权益		
非流动资产合计			所有者权益（或股东权益）合计		
资产总计			**负债和所有者权益（或股东权益）总计**		

二、编制合并利润表

合并利润表应当以母公司和子公司的利润表为基础，在抵销母公司与子公司、子公司相互之间发生的内部交易对合并利润表的影响后，由母公司合并编制。

（一）抵销

（1）抵销母公司与子公司、子公司相互之间销售商品所产生的营业收入和营业成本。

母公司与子公司、子公司相互之间销售商品，期末全部实现对外销售的，应当将购买方的营业成本与销售方的营业收入相互抵销。

母公司与子公司、子公司相互之间销售商品，期末未实现对外销售而形成存货、固定资产、工程物资、在建工程、无形资产等资产的，在抵销销售商品的营业成本和营业收入的同时，应当将各项资产所包含的未实现内部销售损益予以抵销。

在对母公司与子公司、子公司相互之间销售商品形成的固定资产或无形资产所包含的未实现内部销售损益进行抵销的同时，也应当对固定资产的折旧额或无形资产的摊销额与未实现内部销售损益相关的部分进行抵销。

(2) 抵销母公司与子公司、子公司相互之间持有对方债券所产生的投资收益、利息收入及其他综合收益与其相对应的发行方利息费用。

(3) 抵销母公司对子公司、子公司相互之间持有对方长期股权投资的投资收益。

(二) 考虑新增或处置子公司的影响

母公司在报告期内因同一控制下企业合并增加的子公司及业务，应当将该子公司及业务合并当期期初至报告期末的收入、费用、利润纳入合并利润表，同时应当对比较报表的相关项目进行调整，视同合并后的报告主体自最终控制方开始控制时点起一直存在。因非同一控制下企业合并或其他方式增加的子公司及业务，应当将该子公司及业务购买日至报告期末的收入、费用、利润纳入合并利润表。

母公司在报告期内处置子公司及业务，应当将该子公司及业务期初至处置日的收入、费用、利润纳入合并利润表。

(三) 列报

子公司当期净损益中属于少数股东权益的份额，应当在合并利润表中净利润项目下以“少数股东损益”项目列示。子公司当期综合收益中属于少数股东权益的份额，应当在合并利润表中综合收益总额项目下以“归属于少数股东的综合收益总额”项目列示。

子公司少数股东分担的当期亏损超过了少数股东在该子公司期初所有者权益中所享有的份额的，其余额仍应当冲减少数股东权益。

(四) 合并利润表示例(表 13-2)

表 13-2　合并利润表

编制单位：　　　　　　　　　　____年____月　　　　　　　　　　会合 02 表

单位：元

项目	本期金额	上期金额
一、营业总收入		
其中：营业收入		
利息收入		
已赚保费		

（续表）

项目	本期金额	上期金额
手续费及佣金收入		
二、营业总成本		
其中:营业成本		
利息支出		
手续费及佣金支出		
退保金		
赔付支出净额		
提取保险责任准备金净额		
保单红利支出		
分保费用		
税金及附加		
销售费用		
管理费用		
研发费用		
财务费用		
其中:利息费用		
利息收入		
加:其他收益		
投资收益(损失以“-”号填列)		
其中:对联营企业和合营企业的投资收益		
以摊余成本计量的金融资产终止确认收益		
汇兑收益(损失以“-”号填列)		
净敞口套期收益(损失以“-”号填列)		
公允价值变动收益(损失以“-”号填列)		
信用减值损失(损失以“-”号填列)		
资产减值损失(损失以“-”号填列)		
资产处置收益(损失以“-”号填列)		
三、营业利润(亏损以“-”号填列)		
加:营业外收入		
减:营业外支出		
四、利润总额(亏损总额以“-”号填列)		

（续表）

项目	本期金额	上期金额
减：所得税费用		
五、净利润（净亏损以“-”号填列）		
（一）按经营持续性分类		
1. 持续经营净利润（净亏损以“-”号填列）		
2. 终止经营净利润（净亏损以“-”号填列）		
（二）按所有权归属分类		
1. 归属于母公司股东的净利润（净亏损以“-”号填列）		
2. 少数股东损益（净亏损以“-”号填列）		
六、其他综合收益的税后净额		
（一）归属于母公司所有者的其他综合收益的税后净额		
1. 不能重分类进损益的其他综合收益		
（1）重新计量设定受益计划变动额		
（2）权益法下不能转损益的其他综合收益		
（3）其他权益工具投资公允价值变动		
（4）企业自身信用风险公允价值变动		
……		
2. 将重分类进损益的其他综合收益		
（1）权益法下可转损益的其他综合收益		
（2）其他债权投资公允价值变动		
（3）金融资产重分类计入其他综合收益的金额		
（4）其他债权投资信用减值准备		
（5）现金流量套期储备		
（6）外币财务报表折算差额		
……		
（二）归属于少数股东的其他综合收益的税后净额		
七、综合收益总额		
（一）归属于母公司所有者的综合收益总额		
（二）归属于少数股东的综合收益总额		
八、每股收益		
（一）基本每股收益（元/股）		
（二）稀释每股收益（元/股）		

三、编制合并现金流量表

合并现金流量表应当以母公司和子公司的现金流量表为基础，在抵销母公司与子公司、子公司相互之间发生的内部交易对合并现金流量表的影响后，由母公司合并编制。合并现金流量表及其补充资料也可以根据合并资产负债表和合并利润表进行编制。

（一）抵销

（1）抵销母公司与子公司、子公司相互之间当期以现金投资或收购股权增加的投资所产生的现金流量。

（2）母公司与子公司、子公司相互之间当期取得投资收益、利息收入收到的现金与分配股利、利润或偿付利息支付的现金相互抵销。

（3）抵销母公司与子公司、子公司相互之间以现金结算债权与债务所产生的现金流量。

（4）抵销母公司与子公司、子公司相互之间当期销售商品所产生的现金流量。

（5）母公司与子公司、子公司相互之间处置固定资产、无形资产和其他长期资产收回的现金净额与购建固定资产、无形资产和其他长期资产支付的现金相互抵销。

（6）抵销母公司与子公司、子公司相互之间当期发生的其他内部交易所产生的现金流量。

（二）考虑新增或处置子公司的影响

母公司在报告期内因同一控制下企业合并增加的子公司及业务，应当将该子公司及业务合并当期期初至报告期末的现金流量纳入合并现金流量表，同时应当对比较报表的相关项目进行调整，视同合并后的报告主体自最终控制方开始控制时点起一直存在。因非同一控制下企业合并增加的子公司及业务，应当将该子公司购买日至报告期末的现金流量纳入合并现金流量表。

母公司在报告期内处置子公司及业务，应当将该子公司及业务期初至处置日的现金流量纳入合并现金流量表。

（三）合并现金流量表示例（表 13-3）

表 13-3　合并现金流量表

编制单位：　　　　　　　　____年____月　　　　　　　　会合 03 表

单位：元

项目	本期金额	上期金额
一、经营活动产生的现金流量		
销售商品、提供劳务收到的现金		
客户存款和同业存放款项净增加额		
向中央银行借款净增加额		

（续表）

项目	本期金额	上期金额
向其他金融机构拆入资金净增加额		
收到原保险合同保费取得的现金		
收到再保业务现金净额		
保户储金及投资款净增加额		
收取利息、手续费及佣金的现金		
拆入资金净增加额		
回购业务资金净增加额		
代理买卖证券收到的现金净额		
收到的税费返还		
收到其他与经营活动有关的现金		
经营活动现金流入小计		
购买商品、接受劳务支付的现金		
客户贷款及垫款净增加额		
存放中央银行和同业款项净增加额		
支付原保险合同赔付款项的现金		
拆出资金净增加额		
支付利息、手续费及佣金的现金		
支付保单红利的现金		
支付给职工及为职工支付的现金		
支付的各项税费		
支付其他与经营活动有关的现金		
经营活动现金流出小计		
经营活动产生的现金流量净额		
二、投资活动产生的现金流量		
收回投资收到的现金		
取得投资收益收到的现金		
处置固定资产、无形资产和其他长期资产收回的现金净额		
处置子公司及其他营业单位收到的现金净额		
收到其他与投资活动有关的现金		
投资活动现金流入小计		

（续表）

项目	本期金额	上期金额
购建固定资产、无形资产和其他长期资产支付的现金		
投资支付的现金		
质押贷款净增加额		
取得子公司及其他营业单位支付的现金净额		
支付其他与投资活动有关的现金		
投资活动现金流出小计		
投资活动产生的现金流量净额		
三、筹资活动产生的现金流量		
吸收投资收到的现金		
其中:子公司吸收少数股东投资收到的现金		
取得借款收到的现金		
收到其他与筹资活动有关的现金		
筹资活动现金流入小计		
偿还债务支付的现金		
分配股利、利润或偿付利息支付的现金		
其中:子公司支付给少数股东的股利、利润		
支付其他与筹资活动有关的现金		
筹资活动现金流出小计		
筹资活动产生的现金流量净额		
四、汇率变动对现金及现金等价物的影响		
五、现金及现金等价物净增加额		
加:期初现金及现金等价物余额		
六、期末现金及现金等价物余额		

四、合并所有者权益变动表

合并所有者权益变动表应当以母公司和子公司的所有者权益变动表为基础,在抵销母公司与子公司、子公司相互之间发生的内部交易对合并所有者权益变动表的影响后,由母公司合并编制。合并所有者权益变动表也可以根据合并资产负债表和合并利润表进行编制。

母公司对子公司的长期股权投资应当与母公司在子公司所有者权益中所享有的份额相互抵销。

母公司对子公司、子公司相互之间持有对方长期股权投资的投资收益应当抵销。

母公司与子公司、子公司相互之间发生的其他内部交易对所有者权益变动的影响应当抵销。

有少数股东的，应当在合并所有者权益变动表中增加“少数股东权益”栏目，反映少数股东权益变动的情况。

本章小结

合并财务报表是企业实现控股合并后母公司需要编制的财务报表，反映整个企业集团的财务状况、经营成果和现金流量(变动)，以提供给利益相关者全面的信息。合并财务报表主要包括合并资产负债表、合并利润表、合并现金流量表和附注。本章系统介绍了合并财务报表的编制原理和编制思路，其中的难点是企业集团内部业务的抵销。通过对本章内容的深入学习，读者能够系统掌握合并财务报表的理论框架、编制方法和相关规则，从而更好地理解和应用合并财务报表。

练习题

一、简答题

1. 合并财务报表是如何产生的？新设合并和吸收合并会不会导致合并财务报表的产生？
2. 合并财务报表有哪些有别于个别财务报表项目的独特项目？
3. 编制合并财务报表的基本步骤是什么？
4. 如何理解合并财务报表编制过程中的抵销分录？
5. 编制合并财务报表时，如何对内部交易进行会计处理？
6. 重新理解第十二章引例中“结构化主体”的认定。
7. 重新理解本章引例中合并财务报表编制中的关键环节。

二、实务题

1. 甲公司2023年1月1日购入乙公司70%的股权(非同一控制下的控股合并)，能够对乙公司的财务和经营决策实施控制。除乙公司外，甲公司无其他子公司，当日乙公司可辨认净资产公允价值为5 000万元。2023年度，乙公司按照购买日可辨认净资产公允价值为基础计算实现的净利润为750万元，分派现金股利300万元。2023年年末，甲公司个别财务报表中所有者权益总额为7 000万元。

请计算2023年度，甲公司合并资产负债表中归属于母公司的股东权益、少数股东权益，合并利润表中归属于母公司的利润、少数股东损益。假定不考虑内部交易等因素。

2. 丙公司持有丁公司60%的股权,实现对丁公司的控制。2023年5月1日,丙公司将本公司生产的一批产品出售给丁公司,售价为700万元,成本为450万元,未计提存货跌价准备。截至2023年12月31日,丁公司已对外出售该批存货的70%,剩余部分存货可变现净值为180万元。

请计算2023年度,丙公司合并资产负债表中应列示该存货的金额。

3. 戊公司持有己公司50%的股权,能够对己公司实施控制。2023年12月31日,己公司无形资产中包含一项从戊公司购入的专利权。该专利权系己公司于2023年7月1日从戊公司购入,购入价格为1 000万元。己公司购入该专利权后立即投入使用,预计使用年限为8年,预计净残值为0,采用直线法进行摊销。戊公司该专利权原有效期为10年,取得时入账价值为800万元,至出售日已累计摊销640万元,未计提减值准备。戊公司和己公司对该专利权的摊销均计入管理费用。

请计算2023年该内部交易对合并利润的影响数,以及该项无形资产在戊公司合并资产负债表中应列示的金额。

4. 庚公司是辛公司的母公司,持有辛公司80%的股权。庚公司、辛公司适用的所得税税率均为25%。2023年4月30日,庚公司从辛公司购进其生产的管理用设备(辛公司作为存货核算)一台,作为固定资产核算。设备成本为600万元,未计提存货跌价准备,售价为800万元,庚公司已支付款项且该设备当月投入使用,设备预计使用年限为5年,预计净残值为0,采用直线法计提折旧。

请计算2023年庚公司合并资产负债表中因该内部交易应确认的递延所得税。

5. 壬公司2023年1月1日以40 500万元的价格取得癸公司75%的股权。癸公司净资产的公允价值为50 000万元。壬公司在合并过程中发生审计、法律服务等相关费用400万元,以银行存款支付。

壬公司与癸公司为同一控制下的企业,按同一控制下企业合并的规定进行处理。壬公司采用的会计政策与癸公司的一致。2023年1月1日,癸公司股东权益总额为46 000万元,其中,股本为20 000万元,资本公积为20 000万元,盈余公积为2 000万元,未分配利润为4 000万元。

癸公司2023年实现净利润9 000万元,经公司董事会提议并经股东会批准2023年提取盈余公积900万元,向股东宣告分派现金股利1 000万元。

请编制:

(1) 合并日,壬公司个别财务报表分录。

(2) 合并日,在合并工作底稿中,壬公司对母子公司投资和权益的抵销分录。

(3) 年末,在合并工作底稿中,壬公司调整长期股权投资后续计量方法的调整分录。

(4) 年末,在合并工作底稿中,壬公司对母子公司投资和权益抵销的分录。

(5) 年末,在合并工作底稿中,壬公司对投资收益的抵销分录。

(6) 年末,在合并工作底稿中,壬公司对应收股利的抵销分录。

参考文献

[1]《企业会计准则第11号——股份支付》(2006年财政部发布)
[2]《企业会计准则第12号——债务重组》(2019年财政部发布)
[3]《企业会计准则第13号——或有事项》(2006年财政部发布)
[4]《企业会计准则第16号——政府补助》(2017年财政部发布)
[5]《企业会计准则第17号——借款费用》(2006年财政部发布)
[6]《企业会计准则第18号——所得税》(2006年财政部发布)
[7]《企业会计准则第19号——外币折算》(2006年财政部发布)
[8]《企业会计准则第20号——企业合并》(2006年财政部发布)
[9]《企业会计准则第21号——租赁》(2019年财政部发布)
[10]《企业会计准则第24号——套期会计》(2017年财政部发布)
[11]《企业会计准则第33号——合并财务报表》(2014年财政部发布)
[12]《企业会计准则第34号——每股收益》(2006年财政部发布)
[13]《企业会计准则第37号——金融工具列报》(2017年财政部发布)
[14] 毛新述.财务会计理论与实务[M].北京:中国人民大学出版社,2022.
[15] 周华.高级财务会计:立体化数字教材版[M].4版.北京:中国人民大学出版社,2022.